조선시대 사람들은 어떻게 살았을까 1

조선시대 사람들은 어떻게 살았을까 1

한국역사연구회 지음

초판 1쇄 펴낸날 1996년 9월 22일
개정판 1쇄 펴낸날 2005년 4월 29일
전면개정판 펴낸날 2022년 1월 3일 초판1쇄 | 2023년 1월 19일 초판2쇄
펴낸이 김남호 | 펴낸곳 현북스
출판등록일 2010년 11월 11일 | 제313-2010-333호
주소 07207 서울시 영등포구 양평로 157 투웨니퍼스트밸리 801호
전화 02)3141-7277 | 팩스 02)3141-7278
홈페이지 http://www.hyunbooks.co.kr | 인스타그램 hyunbooks
ISBN 979-11-5741- 288-4 04910 ISBN 979-11-5741- 287-7 (세트)

편집 전은남 이영림 | 디자인 박세정 | 마케팅 송유근 함지숙

ⓒ 한국역사연구회 2022

한국역사연구회

조선시대 사람들은 어떻게 살았을까

| 전면 개정판 |

정치·사회 이야기

1

현 북스

전면 개정판을 내며

역사학자들이 역사 대중화의 기치를 내걸고 대중과 소통하던 열정 넘치는 시대가 있었다. 1990년대 치열했던 역사 대중화를 위한 연구 활동과 열정, 그리고 그 성과로 '어떻게 살았을까' 시리즈가 시대별로 잇달아 나왔다. 부담 없이 무겁지 않게 옛사람들의 삶의 이야기를 담은 이 시리즈는 역사 대중화를 선도하여 스테디셀러가 되었다.

그로부터 20년이 넘게 흐른 지금, 역사는 여전히 무겁게 느껴진다. 21세기에 들어서 본격화되었던 역사 전쟁이 국정교과서 파동을 정점으로 잠시 잠잠해졌지만, 교과서 문제는 언제 폭발할지 모르는 휴화산에 가깝다. 하지만 역사 전쟁에서 싸움터가 되는 것은 정치사이지 생활사가 아니다. 그러다 보니 삶의 역사에 관한 관심도 잦아들어 가는 듯하다. 삶의 역사를 놓고는 역사 전쟁이 일어나지 않는다는 사실도 많은 생각을 하게 한다.

삶의 역사를 들여다본다는 것은 그 삶을 살아가는 사람들의 말과 행동에 관심을 가진다는 것을 의미한다. 흔히 생활사라고 하면 사람들의 의식주 또는 사람들을 둘러싼 물질세계를 떠올린다. 또한 삶에 기운을 북돋우거나 삶을 제약하기도 하는 정신세계를 떠올리기도 한다. 하지만 생활사는 그 물질세계와 정신세계를 빚고 엮어 가는 사람들의 이야기이다.

한편으로 생활사는 과거를 살았던 사람들과 오늘날을 살아가는 현대인을 이어 주는 연결고리이기도 하다. 어떤 점에서는 우리와 너무나 다른 것 같지만, 또 크게 변하지 않는 과거 사람들을 만나는 시간여행이기도 하다. 따라서 생활사는 결코 '작고 시시한' 이야기가 아니다. 그 안에서도 시대적 특징을 고스란히 드러내는 진중한 역사를 만날 수 있다.

첫 번째 책이 발간된 1996년으로부터 26년이 지난 2022년, '어떻게 살았을까' 시리즈는 새로운 개정판으로 다시 세상에 나오게 되었다. 이번 개정판의 기획은 지난 2020년 당시 여호규 회장(고대사분과)의 발의로 시작되었다. 정요근 회원(중세사 1분과)이 기획위원장을 맡고 각 분과 소속의 기획위원들이 내용 구성의 기획과 필자 섭외를 담당하였다. 정동준 회원과 권순홍 회원(이상 고대사분과), 정동훈 회원(중세사 1분과), 박경 회원과 최주희 회원(이상 중세사 2분과), 한승훈 회원과 고태우 회원(이상 근대사분과), 이정은 회원(현대사분과) 등 모두 8명이 기획위원을 맡아 주었다. 전상우 회원(고대사분과)은 간사로서 출판사와의 연락 등을 비롯한 잡다한 실무를 도맡아 처리하였고, 위가야(고대사분과) 회원은 미디어·출판위원장으로서 기획위원회 활동에 최선의 지원을 다해 주었다. 전 김정인 회장(근대사분과)의 배려와 지원 역시 이번 개정판 출간에 큰 동력이 되었다.

이번 개정판의 출간과 관련해서는 나름의 복잡한 과정이 담겨 있다. 그 내용을 간략히 기록으로 남기고자 한다. '어떻게 살았을까' 시리즈는 지난 1996년 조선시대 편 1, 2권이 청년사에서 발간된 이래, 1997년에 고려시대

편 1, 2권, 1998년에 고대사(삼국시대) 편이 청년사에서 출간되었다. 이로써 이른바 '전근대 생활사' 시리즈가 총 5권으로 완성되었으며, 2005년에는 5권 모두 개정판이 발간되었다. 한편 '근현대 생활사' 시리즈는 역사비평사를 통해서, 1998~99년에《우리는 지난 100년 동안 어떻게 살았을까》라는 제목으로 3권의 책이 발간된 바 있다.

그런데 지난 2020년 청년사의 폐업으로 '전근대 생활사' 시리즈의 출간이 더는 어렵게 되었다. 그러나 다행히도 현북스의 제안으로 새로운 개정판의 출간이 가능하게 되었다. 나아가 역사비평사의 양해를 얻어 근현대 편 3권의 판권을 인수하였고, 이 역시 현북스를 통해 개정판을 발간하기로 하였다. 이에 두 시리즈를 합쳐서 전근대와 근현대의 생활사 모두를 아우르는 '어떻게 살았을까' 시리즈의 '통합' 개정판 출간이 실현되기에 이른 것이다. 이 지면을 통해 역사비평사 정순구 대표에게 다시 한번 깊은 감사의 뜻을 표한다. 아울러 이 과정에서 여호규 전 회장의 수고와 노력이 큰 역할을 하였음은 두말할 나위 없다.

기획위원회에서는 최초 발간으로부터 20년이 넘은 원고를 그대로 실어 개정판을 내기에는 부담이 있었다. 다행히도 검토 결과, 기존의 원고들이 여전히 생명력을 가지고 있다고 판단되어 대부분의 기존 원고를 그대로 싣되, 필자들에게는 필요한 부분에 대한 수정을 요청하여 반영하였다. 한편 기존의 원고에서 다루지 못한 주제 가운데, 그동안 연구가 축적되어 원고 집필이 가능한 사례도 여럿 확인되었다. 그리하여 이번 개정판에서는 기존에 1권이었던 고대사(삼국시대사) 분야를 2권으로 늘리고 기존에 3권이었던 근현대사 분야를 4권으로 늘렸다. 이를 통해 한국사 전체를 아우르는 '어떻게 살았을까' 시리즈를 모두 10권으로 구성하였다. 다만 논의되었던 모든 주제를 원고로 포함하지 못한 점이 아쉬울 따름이다.

기존 원고의 필진 중에는 현역에서 은퇴하여 일선에서 물러난 연구자도 있다. 화살같이 빠른 세월의 흐름을 새삼 느낀다. 새로 추가된 원고는 학계에서 왕성하게 활동하는 40대 전후의 연구자들이 맡아서 집필하였다. 따라서 이번 개정판은 신구 세대를 아우르는 회원들로 필진이 구성된 셈이 된다. 어느덧 한국사학계의 중추가 된 한국역사연구회의 연륜과 위상을 실감하게 하는 대목이다.

책을 처음 낼 때만큼은 아니겠지만, 기존 책의 개정판을 내는 것 또한 결코 쉬운 작업은 아니다. 특히 '어떻게 살았을까' 시리즈는 20년 넘게 스테디셀러로 명성을 쌓은 터라, 개정판의 발간을 추진하는 일은 부담이 작지 않았다. 기존 원고에 비하여 새로운 원고가 많은 편은 아니라서, 독자들의 반응이 어떠할지도 걱정이 앞선다. 하지만 소박하게 한 걸음을 더한다는 태도로 용기를 내어 출간에 이르게 되었다. 출판계의 어려운 상황 속에서도 흔쾌히 출간을 맡아 좋은 책으로 만들어 준 현북스 김남호 대표와 전은남 편집장, 이영림 편집자에게 깊은 감사의 뜻을 표한다.

2022년 1월 한국역사연구회

전면 개정판 조선시대권

머리말

《조선시대 사람들은 어떻게 살았을까》1권과 2권 초판이 나온 때로부터
어느덧 25년이 지났다. 이후 2005년에 1차 개정판이 발간된 지도 16년이 훌
쩍 지나 버렸지만, 아직도 수요가 끊이지 않는다고 한다. 모든 것이 빠르게
변화하는 디지털 시대에 생활사 분야를 대표하는 대중서로서 25년간 생명
력을 유지하고 있다는 사실 자체가 고맙기 그지없지만, 다른 한편으로 이는
역사 대중서에 대한 일반인들의 갈망이 여전히 강렬함을 보여 주는 현상으
로도 해석할 수 있다. 그동안 일반 대중과 소통하려는 학계의 노력이 부족
했음을 통감하는 바이다.

2년에 가까운 준비 끝에 드디어 《조선시대 사람들은 어떻게 살았을까》의
전면 개정판이 새롭게 구성되어 출간된다. 이번 전면 개정판은 삼국시대부
터 근현대사에 이르기까지 한국사의 전 시기를 망라하여 기획한 '어떻게 살
았을까' 시리즈의 조선시대 편에 해당하는 내용이다. 전면 개정판이지만,
특별한 사정이 있는 경우를 제외하면 기존의 글들은 그대로 싣는 것을 원칙
으로 하였다. 다만 최초 출간으로부터 오랜 시일이 지난 만큼, 원고와 도판

사진 등의 전면적인 검토와 수정이 이루어졌다.

초판과 1차 개정판에 실렸던 글들은 한국역사연구회 활동의 1세대라 할 수 있는 70~80년대 학번 연구자들이 집필하였다. 당시 30~40대의 소장파 연구자이던 이들은 어느덧 50대 이상의 중견 연구자가 되었으며, 정년 퇴임하여 현역에서 은퇴한 연구자도 있다. 이에 소장파 연구자들의 글을 새롭게 실어 집필진 구성에 신구 조화를 이루려고 노력하였다. 아울러 기존에는 포함되지 않았지만 왕성한 연구 활동을 펼치는 중견 연구자들의 글도 추가하였다. 초판과 1차 개정판에서는 1권을 '사회·경제 이야기', 2권을 '정치·문화 생활 이야기'로 구성했으나, 이번 전면 개정판에서는 전체적인 구성을 변경하였다. 1권은 '정치·사회 이야기', 2권은 '경제·문화 이야기'로 편성하고, 배치를 전면적으로 조정하였다. 그리하여 1권에는 25편의 글을, 2권에는 26편의 글을 실었다. 귀찮음과 번거로움을 마다하지 않고 원고의 수정과 집필을 맡아 주신 48명의 필자에게 이 지면을 통해 깊은 감사의 말씀을 드린다.

마지막으로 이번 전면 개정판 발간에 큰 역할을 해 주신 분들을 언급하지 않을 수 없다. 발간 기획위원으로 참여한 박경 회원과 최주희 회원은 전체적인 기획, 신규 주제 발굴과 필자 섭외 등을 도맡아 수고해 주셨다. 원고 수합과 편집 실무 등은 고대사분과의 전상우 회원이 도맡아 헌신해 주셨다. 바쁘신 가운데에도 자기 일처럼 수고해 주신 세 분 회원에게 진심으로 고마움을 표한다. 이번 전면 개정판의 발간이 계기가 되어, 조선시대 역사 콘텐츠를 매개로 학계와 일반 대중 사이에 유익하고 다양한 소통의 창구가 늘어나기를 기대해 본다.

2022년 1월 한국역사연구회 중세사 2분과

2005년
개정판 서문

지난 몇 해 동안 나라 안팎에서 '역사 전쟁'이 벌어지는 것을 보며, '역사란 무엇일까?'에 대해 새삼스럽게 생각을 해 본 이가 한둘이 아닐 것이다.

일본이 역사 교과서에 과거 일본 제국주의에 의해 정신적으로나 물질적으로 엄청난 피해를 입은 한국과 중국 그리고 동남아시아 여러 나라 국민들의 자존심을 짓밟으며 왜곡된 내용을 담으려 할 때에도, 그에 대한 반발이 강력했었지만 그것을 '역사 전쟁'이라고 부르지는 않았었다. 그런데 중국이 고구려의 역사를 자기 나라의 역사로 편입하려 한다는 사실이 알려지면서 '역사 전쟁'이라는 말이 자주 입에 오르내리게 되었다. 중국의 시도는 단순한 역사 왜곡을 넘어서 한 왕조의 역사를 통째로 빼앗는 것으로 판단되었고, 이로부터 '역사 전쟁'이라는 말이 공공연히 쓰이게 되었던 것이다.

자세히 살펴보면 역사 전쟁은 나라와 나라 사이에서만 벌어지고 있는 것이 아님을 알 수 있다. 참여정부가 출범한 이래로 격화된 과거 청산을 놓고 벌어지고 있는 다툼도, 한국 근현대사 교과서의 서술을 놓고 전개된 갈등도 모두 역사 전쟁이다. 이렇게 역사 전쟁이 안팎에서 벌어지는 동안 다시금 역사에 대한 관심이 높아지고 있는 것은 역사를 연구하고 가르치는 사람 중의 하나로서 한편으로는 씁쓸하면서도 불행 중 다행이라는 생각을 떨쳐 버리기 쉽지 않다.

한국역사연구회에서 각 시대 각 분야의 전문 연구자들의 힘을 모아 우리 역사 속에서 조상들이 과거에 '어떻게 살았을까'를 살펴 책으로 묶어 내기 시작한 지 어느덧 햇수로 10년이라는 시간이 흘렀다. 첫 성과물로 나온 것은《조선시대 사람들은 어떻게 살았을까》였으나, 실제 먼저 작업에 들어간 것은《고려시대 사람들은 어떻게 살았을까》였다. 그리고 기획에 들어간 때로부터 치자면 이미 10년을 더 넘긴 시점에 이르렀다. 그 사이에 우리 사회도 여러 굵직굵직한 사건을 겪으며 성장하였고, 한국 역사 연구도 여러 측면에서 새로운 진전이 이루어졌다. 이러한 까닭으로 수만의 독자 여러분께서 삼국시대에서 조선시대까지 선조들의 삶의 자취를 묶어 펴낸 이 책자들을 애독해 주신 것에 대한 고마움이 미안함으로 바뀌어 가던 차에 출판사로부터 개정판을 내자는 제안을 받고 선뜻 응하게 되었다.

새삼스럽지만 다시금 이 '어떻게 살았을까' 시리즈를 소개하기로 한다. 새로 나온 국사 교과서나 한국 근현대사 교과서가 전보다 내용이 풍부해지기는 했으나, 여전히 커다란 정치적 사건과 주요 제도 및 인물 중심으로 내용이 짜여져 있다. 그 반면에 근래에 쏟아져 나오다시피 출간된 역사 대중서 중에는 흥미를 끄는 단편적인 사실에 치우친 것들이 적지 않다. 이와 달리 이 '어떻게 살았을까' 시리즈는 각 시대 사람들의 삶에 초점을 맞추면서 당시의 역사상을 어느 정도 재구성할 수 있도록 내용을 갖추었다. 예를 들어《조선시대 사람들은 어떻게 살았을까》를 보면, 당시의 인구와 물가를 통해 사회와 경제의 전체적 모습을 볼 수 있도록 하는 동시에 여인들의 의복 패션이 어떻게 변화했으며 농민들이 하루에 몇 끼 어떤 음식을 먹었는지를 소개하며 구체적 삶의 내용을 알 수 있도록 배려하였다. 그리고 이번 개정판에서는 글의 수정과 보완에도 힘을 썼지만, 그보다도 그림과 유물 등의 사진 자료를 보강하는 데 더 많은 노력을 기울였다. 이렇게 지배층만의 역사가 아닌 당시 사회 구성원 전체의 역사로, 딱딱한 제도의 틀에 갇히지 않고 삶의 실상을 알려 주는 역사로, 흥미 위주로 매몰되지 않고 과학적으로 탐구한 진실을 전하는 역사로 만드는 일 역시 하나의 '역사 전쟁'이었다. 아무튼 이로써 독자들이 조상들의 삶을 전보다 더 생생하게 이해하기를 바라 마지 않는다.

워낙 많은 연구자들이 함께 한 일이어서 개정 작업도 처음 책을 낼 때만큼이나 쉽지 않았다. 연구자 대부분이 전보다 훨씬 바쁜 삶에 몰리고 있었고, 외국에 나가 있는 이도 있었으며, 이제는 다른 사회 활동으로 몹시 분주한 이도 있었다. 연구회 회원 몇 분이 중간에서 애를 써 준 덕분에 개정판 작업이 마무리될 수 있었다. 독자 여러분이 새 책을 보고 흡족해할지에 대한 걱정이 앞서기는 하나, 바쁜 와중에도 글을 다시 손봐 준 연구자 여러분, 사진 자료를 구하느라 또 더 예쁜 책으로 꾸미느라 고생한 청년사의 정성현 대표와 편집부 여러분께 감사의 말씀을 전하지 않을 수 없다.

2005년 4월

초판 조선시대권
머리말

근래에 다양한 역사책들이 독자 여러분의 사랑을 받고 있다. 우리나라 역사를 다룬 것만이 아니라 머나먼 외국의 오랜 옛날을 다룬 책도 적지 않다. 그중에서도 독자들이 가장 많이 찾는 것은 아마도 조선시대를 다룬 책들인 듯싶다. 사극의 주제도 대개는 조선시대이다. 이러한 점에서 보면 우리에게는 '역사'라면 다른 시대보다도 먼저 조선시대가 생각나는가 보다.

조선시대는 이러저러한 이유로 우리에게 가장 친숙한 시기임에 틀림없다. 그렇다고 해서 우리가 조선시대를 잘 알고 있다고는 할 수 없다. 우리가 조선시대에 대해 아는 것은 대개 사화나 전쟁과 같은 정치적 사건이 언제 일어났는가, 신문고를 처음 설치한 왕은 누구이며 허생전을 지은 이는 누구인가, 삼사는 어떠어떠한 관청인가 등등에 지나지 않는다. 정치적 사건이나 제도, 몇몇 주요 인물들에 대한 단편적인 지식들을 알고 있을 따름인 것이다. 그뿐만 아니라 전혀 잘못 알려져 있는 사실들도 적지 않다.

여러분은 조선시대에 인구가 얼마쯤 되었는지 궁금했던 적은 없는가? 돈 한 냥으로 쌀을 얼마나 살 수 있었으며, 하루에 몇 끼 어떤 음식을 먹었는지 알고 싶어 한 일은 없는가? 관리들이 몇 시쯤에 출근해서 어떻게 근무했는지, 여인네들의 의복에 유행하던 패션은 없었는지 생각해 본 일은 없는가? 더 나아가 사극에서 흥선대원군이 신하들의 반열 제일 앞에 서서 고종과 만나는 장면을 보고 '과연 그랬을까' 하고 의심한 일이 있다면, 이미 아마추어의 경지를 넘어섰다고 할 수 있을 것이다.

이 책은 이처럼 중요하면서도 교과서에서는 쉽게 접할 수 없는 사실들을 일반 독자들에게 알리려는 목적에서 기획되었다. 대부분의 항목은 해당 전문가가 맡아 서술하였다. 다만 종래의 역사책에서 많이 다루지 않은 구체적 생활의 모습을 알리고자 기획한 까닭에 항목에 따라서는 내용의 일부를 새로이 연구하여 서술하여야 했다. 또한 같은 이유로 책 이름을 《조선시대 사람들은 어떻게 살았을까》로 정했으나, 내용을 모두 생활사로만 채우지는 않았다. 조선시대의 역사를 이해하기 위해 중요한 내용들을 사회·경제·정치·문화의 네 부문에 걸쳐 망라하였다.

이 책을 펼쳐 본 분들은 곧 역사가 이렇게 재미있을 수도 있다는 것을 깨닫게 될 것이다. 주제 자체가 흥미를 느끼게 하는 것들도 있겠지만, 가급적 쉽고 지루하지 않게 쓰고자 노력한 까닭이다. 그렇다고 해서 이 책의 각 내용을 흥미거리로만 여기지는 말기를 바란다. 과거는 현재의 원인이고, 현재는 과거의 결과이다. 미래는 또한 현재의 결과이다. 조선시대 사람들의 삶을 거울로 삼아 현재 우리의 삶을 되새겨 보라. 그리고 민족과 인류의 미래를 한 번 더 생각하게 된다면 이 책의 지은이로서 더할 나위 없는 보람을 얻게 될 것이다.

이 책을 기획할 때 성사 여부에 대해 반신반의하는 이들이 꽤 많았다. 그럼에도 당시의 계획에서 크게 벗어나지 않고 책이 출간될 수 있었던 것은 무엇보다도 연구자 여러분의 노고와 협력 덕분이다. 이해준 교수를 비롯한 여러분이 바쁜 가운데 좋은 글을 써 주셨으며, 특히 권순형 님과 신동원 님은 연구회 회원이 아니면서도 어려운 부탁을 기꺼이 들어주셨다. 이분들과 아울러 항목을 제공해 주고 격려 말씀을 아끼지 않은 연구회 회원 모든 분께 깊이 감사의 뜻을 표한다. 이 책의 기획과 윤문에는 오종록, 연갑수, 이희중, 신병주, 이욱, 이정희, 김정현 등과 여러 중세사 2분과 분과원들이 수고하였다. 끝으로 책의 출판을 흔쾌히 맡아 주신 청년사의 정성현 대표와 책을 예쁘게 꾸미느라 애쓰신 편집부 여러분께 감사드린다.

1996년 9월 10일 한국역사연구회 중세사 2분과

차례

차례

1부 궁궐 안 사람들

위화도회군에서 왕자의 난까지

국정의 중심 궁궐

왕실 호칭의 이모저모

경종과 영조는 어떤 사이였을까

어린 왕은 왕 노릇을 할 수 없었나

위화도회군에서 왕자의 난까지

오종록

역사 기록과 진실

한동안 "성공한 쿠데타는 처벌할 수 없다."라는 말이 사람들 입에 오르내리던 적이 있었다. 주권이 국민에게 있는 오늘날 그러한 말이 성립할 수 없는 억지라는 것은 다시 말할 필요가 없다. 그렇지만 그 '성공한 쿠데타'의 역사적 사례로 들먹여졌던 사건이 위화도회군이었다. 그리고 이방원(태종)이 주도한 두 차례의 '왕자의 난'과 이유(세조)가 주도한 '계유정난' 또한 성공한 쿠데타의 주요 역사적 사례였다. 조선시대에 이 사건들을 비판할 수 없었다는 것을 빌미로 당국자들은 1979년 12월 12일에 일어난 쿠데타에 대한 평가도 역사에 맡기자고 주장하였다. 1979년의 쿠데타는 새로운 사실들이 밝혀지면서 사회의 심판을 받게 되었는데, 600여 년 전에 일어난 위화도회군은 과연 어떻게 심판할 수 있을까? 그리고 왕자의 난은?

우리가 위화도회군의 진실에 접근할 수 있는 자료는 《고려사》, 《고려사절요》, 《태조실록》, 《용비어천가》 등 몇몇에 불과하다. 그런데 이 책들은 모두 조선 건국 초기에, 다시 말해서 위화도회군이나 조선 건국 과정을 전혀 비판할 수 없는 정치적 조건 아래에서 국가사업으로 편찬되었다. 더구나 그 편찬 의도가 한결같이 조선 건국의 정당성을 입증하고 조선 왕실의 권위를 높이는 데에 있었다. 따라서 위화도회군을 포함하여 조선이 건국되는 과정 전체에서 이성계가 얼마나 아름다운 생각을 가지고 훌륭하게 행동하였는지에 초점이 맞추어져 기록되어 있을 뿐이다.

특히 《용비어천가》에는 잘 알려져 있다시피 이성계 본인과 그의 선조들의 활약이 천우신조를 입지 않고는 불가능한 양상으로 묘사되어 있다. 이성계의 증조부인 익

〈태조대왕 어진〉 부분(이모본, 전주 경기전 소장)
정면으로 그린 까닭에 매부리코로 대표되는 이성계 얼굴의 특징이 두드러지지 않으나, 콧날이 우뚝하였음은 잘 나타나 있다.

조(翼祖)가 경흥 지역에서 살다가 여진족에게 쫓겨 바다를 건너 적도(赤島)라는 섬으로 갈 때에 본래 조수의 변화가 없는 지역임에도 갑자기 물이 빠져 부인과 따르는 사람들을 데리고 건넜고, 이들이 다 건넌 뒤 다시 물이 차서 적이 쫓아오지 못했다는 것은 그 대표적 예이다.

한편 이성계의 집안이 대대로 전주에서 살다가 그의 고조부인 목조(穆祖) 때에 조정에서 파견한 산성별감과 관아 소속 기생 때문에 마찰이 생겨 수령이 군사를 동원하려 하자 삼척으로 이주하였고, 이때 목조를 존경하는 170여 가구가 따라왔다는 기록도 있다. 이 시기는 고려가 몽골의 침입을 맞아 항쟁을 벌이던 때로서, 조정은 각지에 산성별감을 보내 주민들을 강제로 산성에 입주시켜서 전쟁에 대비하였다. 산성에 수용되면 제대로 농사를 지을 수 없기에 많은 주민이 도주하는 상황이 벌어졌으며, 산성별감은 명령에 따르지 않는 자를 사형에까지 처할 수 있는 막강한 권력을 행사했다. 목조를 따라 170여 가구가 전주에서 삼척으로, 뒤에 함께 다시 덕원으로 이주한 것으로 볼 때, 개인적인 처벌을 피한 도주가 아니라 산성 수용을 피한 집단 이주였다는 것을 이해할 수 있다.

이성계와 그의 선조들에 대한 내용이 한쪽으로 치우쳐 기록되어 있는 것은 바로 승리자에 의한 역사 서술이기 때문이다. 따라서 역사적 진실은 상당 부분이 앞의 경우처럼 기록 이면에 숨겨져 있다. 조선 건국의 발판이 된 위화도회군은 이러한 점을 고려하며 살펴보아야 할 사건 가운데 하나이다.

1388년 음력 4월 18일부터 5월 22일까지의 경과

환조는 1356년(공민왕 5)에 고려가 쌍성총관부를 없애고 함경도 지역의 땅을 되찾을 때 내응하여 공을 세웠고, 이성계는 이러한 아버지의 공훈을 바탕으로 삼아 그해에 22세의 나이로 중앙 정계에 진출하였다. 이 뒤 이성계는 홍건적 토벌, 여러 차례의 왜구 토벌 등을 통해 전공을 쌓으면서 착실히 승진하였다. 1388년(우왕 14) 음력 1월(이하 모두 음력임)에는 최영을 도와 임견미, 염흥방 등 권력을 전횡하던 무리들을 몰아냄으로써 수상 다음가는 벼슬인 수문하시중에 올랐다. 위화도회군은 이로부터 불과 넉 달 뒤에 일어났다. 실상을 따지기에 앞서, 먼저 《고려사》 등에 기록된 회군 과정을 정리하면 다음과 같다.

1388년 2월, 명에서 사신이 돌아와 명이 철령위를 세우려 한다고 보고하였다. 고려 조정은 곧바로 '과거 고려의 땅이었던 지역은 명의 영토로 삼을 수 없다'는 뜻을 전달코자 명에 사신을 파견하였고, 우왕은 수상 최영과 요동 공격 계획을 몰래 의논하였다. 3월, 명의 철령위 설치 착수를 보고받자 우왕은 팔도의 정예 병사 징발을 명령하고, 스스로 평안도로 행차하겠다고 나서며 요동 공격 준비를 본격화하였다.

4월 1일, 우왕이 황해도 봉산에 도착하여 최영과 이성계를 불러 처음으로 요동 공벌 계획을 알렸다. 이성계가 네 가지 불가한 이유를 대며 반대했으나, 우왕은 듣지 않았다. 3일, 우왕이 평양에 도착하여 압록강에 부교를 설치토록 하고 요동 정벌군의 장수로서 최영을 팔도 도통사, 조민수를 좌군 도통사, 이성계를 우군 도통사에 임명하였다.

4월 18일, 정벌군이 평양을 출발하여, 5월 7일 압록강을 건너 위화도에 주둔하였다. 11일, 니성 원수와 강계 원수가 먼저 요동에 침투하여 살육, 약탈을 하고 돌아왔다. 13일, 조민수와 이성계가 "강물이 불어 압록강을 건너기도 어려운데, 요동까지 가려면 큰 강을 몇 차례 건너야 하므로 곤란하다. 군량도 다 떨어져 진군하기 어렵다."라고 아뢰었으나 왕은 듣지 않았다. 21일, 두 장수가 최영에게 회군을 요청했으나 역시 거절당하였다. 이튿날 새벽, 정벌군이 회군하였다.

이처럼 4월 18일 평양을 떠났던 정벌군은 5월 22일 아침에 위화도에서

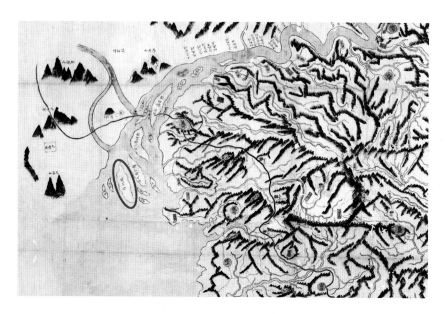

〈관서청북전도〉 부분(영남대학교 박물관 소장)
압록강 주변의 위화도(밤색 원)가 보인다.

다시 압록강을 건너 개경으로 향하였다. 여기에서 가장 납득하기 어려운 것은 어째서 정벌군이 평양을 떠나 위화도에 주둔하기까지 20일 가까이 걸렸는가 하는 점이다. 당시 음력 4월부터 비가 많이 왔었는지, 실제로 건너기 어려울 정도로 압록강의 물이 불어났었는지 등등 의심한다면 끝이 없을 수도 있다. 이와 관련하여 주목되는 사실이 위화도에서 회군할 무렵 "큰 비가 며칠 내렸지만 물은 불지 않았다. 회군하여 겨우 물가에 닿았을 때 큰 물이 몰려와 온 섬이 물에 잠겼다. 사람들이 모두 신기하게 여겼다."라는 기록이다. 즉 큰 비는 회군하기 직전 며칠 동안 내렸던 것이다. 따라서 이성계는 일부러 행군 속도를 늦추고 또 장기간 위화도에 머무르며 큰 비를 기다렸다고 짐작된다. "이때 민간에 목자(木子 곧 李씨)가 나라를 얻는다는 노래가 있었는데 이번에 군 중에서도 모두 불렀다."라는 기록도 있어서, 군사들이 이성계가 왕이 되려 한다고 판단했음을 알 수 있다.

본래 요동 정벌군의 최고사령관은 최영이었다. 그럼에도 이성계가 조민수와 함께 정벌군을 이끌고 가게 된 까닭에는 우왕이 최영에게 가지 말도록 만류한 점도 작용했지만, 최영이 이성계를 신임한 데다가 이성계가 공민왕 때 두 차례나 성공적으로 요동을 공벌한 경력이 있었기 때문이다. 그러나 그때는 모두 겨울 또는 가을에 출전하였다. 이러한 점에서 이성계가 네 가지 불가한 이유로서 작은 나라가 큰 나라를 치는 것, 온 나라의 힘을 기울여 원정을 가면 그 허를 타고 왜가 침입한다는 것과 아울러 여름에 군대를 출동시키는 것은 때가 바야흐로 장마철이라 활과 쇠뇌의 아교풀이 녹고 군사들이 염병이 든다는 것을 들어 정벌을 반대한 일은 타당하다고 할 수 있다.

그러나 앞서 본 바와 같이 이성계가 본격적인 더위와 비를 기다렸다는 혐의는 면키 어렵다. 최영도 "지금 군대가 열흘에서 한 달쯤 지체하게 된다면 일을 성공할 수 없다."라는 이유로 우왕에게 직접 지휘하겠다고 청한 바 있다. 따라서 정벌군이 평양에서 위화도까지 가는 데 19일 걸리고, 위화도에서 14일을 머물렀다는 점은 일부러 정벌이 불가능하도록 유도한 것일 가능성이 크다. 그리고 그 이면에는 새 왕조를 세우려는, 또는 적어도 권력을 장악하려는 이성계의 야심이 작용했다고 판단되는 것이다.

이성계의 여러 아들 중 둘째인 이방과(정종)는 장수로 이성계 등을 따라 출정하였다가 회군하였고, 다섯째인 이방원은 회군한다는 정보를 입수하자 곧 두 어머니(신의왕후 한씨, 신덕왕후 강씨)와 여러 식솔들을 이끌고 함흥으로 옮겨가서 이성계가 개경을 공략하는 데에 어려움이 없도록 하였다.

개혁과 보수의 갈등

이성계의 사람됨은 정치적 술수에 능한 정치가라기보다는 솔직 담백한 성격의 순진한 무장에 가까웠다. 이성계가 공개적으로 무예 자랑을 일삼자 여진족 추장 출신으로 그의 부하가 된 이두란이 '신변에 위험을 자초할 수 있다'고 충고하였다는 기록에서 그의 기질을 엿볼 수 있다. 이러한 이성계가 본래 권력을 장악할 의도를 가지고 있었다면, 대군의 사령관이 될 기회를 마다하고 정벌을 반대하지는 않았을 것이다. 따라서 정벌군이 출병할 무렵에 이성계가 누군가로부터 충고 또는 사주를 받고 회군을 결심했으리라는 짐작을 할 수 있다. 그리고 당시 여러 정황으로 미루어 정도전, 조준 등의 신진 사대부 세력이 바로 이성계가 회군 결심을 굳히도록 한 존재로 부각된다.

정벌군은 회군한 지 9일 만인 6월 1일에 우왕의 뒤를 쫓아 개경에 도착하였다. 평양에서 위화도까지 19일 걸렸던 것과 비교하면 서너 배 정도 빠른 속도로 진군했음을 알 수 있다. 그럼에도 역사 기록에는 이성계가 우왕을 급박하게 쫓지 않고 "일부러 사냥을 하면서 속도를 늦추었다."라고 적혀 있으니, '눈 가리고 아웅 하는 꼴'이라 할 수 있다. 여하튼 정벌군의 두 사령관 조민수와 이성계는 곧바로 우왕과 최영을 몰아내고 권력을 장악하였다. 이로부터 이성계와 신진 사대부들로 구성된 개혁 세력과 기득권을 유지하려는 세력 사이에 치열한 권력 쟁탈전이 벌어지게 되었다. 신진 사대부들이 주장한 개혁의 대상은 다방면에 걸치지만, 가장 중요한 것은 토지제도와 노비제도의 개혁이었다. 이 두 부문은 당시 중대한 모순을 드러내고 있던 사회·경제 질서를 바로잡기 위해서 근본적인 수술이 필요했다.

개혁 세력 가운데 전면에 나서서 개혁론을 펴는 역할은 조준이 주로 담당하였다. 당시 대사헌 지위에 있던 조준은 우왕 아들 창왕의 즉위에 결정적 역할을 한 조민수를 '빼앗은 남의 민전을 돌려주었다가 다시 빼앗았다'는 죄로 탄핵하여 중앙 정계에서 축출하는 데 성공하였다. 그 전후 4개월 사이에 이성계의 지원 아래 조준과 그의 동료들이 연달아 토지제도, 정치제도, 지방 제도 등 사회 전반에 걸친 개혁을 주장하여 일부를 성사시키는 성과를 거두었다. 1389년 가을에는 개혁의 초점을 이루는 토지제도에 대해서도 입법에 성공하였으나, 대간직에 있던 이색 휘하의 관료들이 서경(署經)을 하지 않아 시행을 지연시킴으로써 두 세력 사이의 대립이 격화되었다.

1389년 11월에 최영의 사위가 유배 중인 우왕을 만난 사건이 일어나자, 개혁 세력은 이를 이용하여 꼭 막힌 상황을 타개하였다. 그들은 즉시 이를 빌미로 창왕을 폐위시키고 공양왕을 즉위시키는 한편 개혁 반대 세력에 대한 정치적 공세를 강화하면서 전면적인 체제 개편, 그리고 새 왕조 창립 시도로 나아갔다. 당시 정황으로 볼 때 이 과정에서 개혁 세력이 여러 사건을 날조했다는 것이 의심을 넘어 사실로 인정된다. 그럼에도 이들의 개혁은 사회 저변으로부터 폭넓은 지지를 받았기에 정치를 주도할 수 있었다. 이성계의 군사권은 사건을 날조하여 밀어붙임으로써 상대방에게 정치적 타격을 입히기에 충분할 정도로 강력하였으며, 또한 그 힘의 상당 부분은 개혁 명분에 의해 뒷받침되고 있었다.

토지제도의 개혁은 불법적으로 빼앗긴 토지는 본래 주인에게 돌려주고, 모든 농경지는 국가 또는 국가로부터 권리를 위임받은 관료 등에게 조세를 바치고, 국가의 위임을 받은 관료 등이 조세를 거두는 땅은 경지 지역에 국한하여 새로이 지급하는 것 등의 내용으로 구성되었다. 즉 권문세족이 불법적으로 차지한 토지를 몰수하고, 토지를 받지 못하던 신진 사대부 세력은 관리로서 받아야 할 토지를 받도록 하겠다는 의도가 담겨 있었다. 이처럼 이해가 상반되는 만큼 개혁을 둘러싼 대립도 심각하였으나, 개혁 세력은 토지조사를 거쳐 1391년(공양왕 3) 과전법을 단행하고 기존의 토지대장을 모두 불살라 없앰으로써 토지제도 개혁을 완성하였다. 이로써 새 왕조 건립을 위한 물적 기반이 확보되었던 것이다.

노비제도의 개혁은 본래 양인이었던 노비를 양인으로 되돌리는 것과 아울러 노비에게도 경제적 혜택을 베풀어 국가의 역을 지우도록 하는 방안까지 추진되었다. 특히 노비에게도 국역을 지우는 일은 노비도 일반 백성과 똑같은 사람으로 간주하는 획기적 의미를 담고 있었다. 반대 명분이 약했던 토지제도 개혁과는 달리 노비제도 개혁에 대해서는 수구 세력은 물론 공양

이한철, 〈정몽주상〉(1880, 국립중앙박물관 소장)과 개성 선죽교
정몽주는 조선왕조에서 '고려 충신'으로 기억되었다.

왕 옹립까지의 과정에 개혁 세력에 협력하여 온 정몽주까지도 강력히 반발하였고, 끝내는 정몽주 등이 정치 주도권을 장악하는 상황이 초래되었다. 정치적 주도권은 이방원이 부하들을 시켜 선죽교에서 정몽주를 살해하는 극단적 수단이 동원된 결과 다시 조선 건국 주체들에게 돌아왔다. 이러한 변화가 일어난 1392년(공양왕 4) 봄은 이들이 새 왕조 창립을 본격적으로 추진하던 단계에 해당한다. 이에 따라 이들은 기존 정치 세력을 무마하려는 의도 아래 노비제도의 개혁을 포기하고 말았다.

이성계의 즉위와 조선 건국

공양왕이 재위하는 동안 조선 건국 주체 세력의 활동은 개혁 추진과 아울러 왕에게 성리학적 명분에 맞는 제대로 된 왕 노릇을 요구하는 데에 무게 중심이 두어졌다. 공양왕은 계속 경연에 나아가야 했으며, 자신을 왕에 책봉하는 교지를 내린 정비(定妃: 공민왕비)를 자주 찾아뵙지 않는 것이 삼강오륜에 어긋난 행위로 비판되었다. 공양왕이 연복사라는 절을 늘려 지으려고 민가 30여 호를 헐어 버린 사건을 절호의 기회로 삼아 척불 상소가 연이었고, 여기에는 성균관 유생들까지 동원되었다. 각종 천재지변은 공양왕의 왕으로서의 자질을 의심케 하는 증거로 이용되었다. 상대적으로 이성계는 그가 세운 여러 전공과 특히 위화도회군을 통해 백성을 도탄에 빠지지 않도록 구한 존재로 부각되었다. 나아가 송악산의 소나무가 송충이로 말미암아 헐벗게 되자 고려의 명이 다했다는 소문이 퍼지게 되었다. 삼척동자라도 조만간 이성계가 왕이 되리라는 것을 알 수 있는 상황이었다.

이처럼 상당 부분이 인위적으로 조성된 사회 분위기를 바탕으로 하여 마침내 1392년 7월 왕조가 바뀌었다. 관료들의 상소에 따라 정비는 공양왕으로부터 옥새를 회수하였다. 이어서 도평의사사의 결의에 따라 수상 배극렴 등 백관의 추대를 받아 이성계가 왕위에 올랐다. 이 과정의 전반적인 틀은 정도전이 계획하였으나, 세세한 실무 집행은 이방원이 지휘하였다. 이방원은 공양왕 즉위 이후 모친상을 당해 상복을 입은 기간을 제외하곤 대개 밀직사 대언(代言)을 지냈는데, 그는 조선시대로 치면 승정원 승지에 해당하는 이 직책을 맡음으로써 공양왕과 그 주위에서 일어나는 일들을 파악할 수 있었다. 왕위가 공양왕으로부터 이성계에게로 넘어가는 데에는 이방원의 기여도가 클 수밖에 없었다.

형식적으로 볼 때 이성계는 새 왕조를 세운 것이 아니라 기존 고려왕조의 왕위를 계승한 임금이었다. 왕씨가 아닌 이씨였지만 무혈 역성(易姓)혁명을 통해 고려 왕이 된 까닭에 이성계는 즉위 직후 당분간 국호를 그대로 '고려'라 하고 모든 제도와 조직을 기존대로 유지하면서 점진적인 개혁을 이룰 것을 밝혔다. 그러나 이성계와 건국 주체들은 곧이어 개국공신과 아울러 위화도회군 이래의 협력자들을 회군 공신으로 책봉하고, 고려 왕족의 대다수를 잔혹하게 살해하였다. 이성계의 즉위교서에는 고려의 제도들을 계승한다는 것과 아울러 유교가 지배 이념이라는 것을 표명하였다. 불교가 지배 이념에서 탈락하고 유교가 유일한 지배 이념으로 기능함으로써 불교 우위의 시대도 마감되었다. 개국 이듬해에 이성계는 사대 명분에 입각하여 명나라 황제에게 요청하여서 조선이라는 국호를 받아 냈다. 이로써 고려왕조가 더는 존재하지 않는다는 것, 그리고 조선이라는 새 왕조가 개창되어 모든 백성이 그 통치를 받게 되었음이 분명해졌다.

무인정사? 왕자의 난!

1398년(태조 7) 8월 이방원이 휘하 세력을 이끌고 반란을 일으켜 권력을 장악하였다. 이 사건은 보통 '왕자의 난'이라 하고 또 태조 이성계의 넷째 아들이자 이방원의 바로 위 형인 이방간이 2년 뒤에 반란을 시도했다가 실패한 사건과 구별하여 '제1차 왕자의 난'이라고도 한다. 이 사건의 빌미는 조선이 건국하자마자 생겨났다. 태조는 즉위한 지 33일 만에 우리 나이로 11살인 막내 아들 이방석을 세자로 정하고, 같은 날에 개국공신의 명단과 서열도 한 차례 정리를 하였다. 방석이 세자가 됨으로써 주요 신하들이 맏아들을 세자로 삼아야 하는가 아니면 가장 유능한 아들을 세자로 삼아야 하는가를 놓고 벌인 논란은 아무런 의미를 가질 수 없게 되었다. 이 뒤 몇 차례

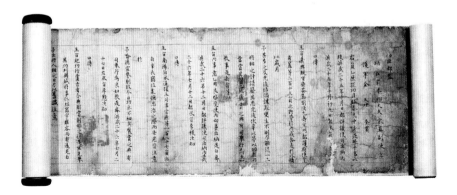

〈조선개국원종공신록권〉(1395, 보물, 성균관대학교 박물관 소장)
공신은 지위를 세습하는 정공신과 후손도 혜택을 보는 데 그치는 원종공신으로 구분되었다. 조선개국공신의 정공신은 52명이며, 원종공신은 1천여 명이다.

추가로 개국공신 책봉이 이루어졌으나, 이방원은 끝내 공신책봉에서 제외되었다. 태조는 조선의 왕위가 이방석의 후손들에게 전승되어야 한다고 결정하면서 개국공신 책봉을 통해 그 친위세력도 정하였던 것이다.

"한 고조가 장자방을 쓴 것이 아니라, 장자방이 곧 한 고조를 쓴 것이다." 정도전이 조선 건국 무렵 술에 취하면 남몰래 했던 말이라 한다. 한 고조는 한나라 첫 번째 황제 유방이고 장자방은 그의 책사 장량으로, 각기 이성계와 정도전을 가리킨다. 대개 이 말은 정도전이 자신의 구상에 맞춰 새 왕조를 세웠고, 이를 위해 자기가 이성계를 이용한 것이지 이성계가 자기를 이용한 것이 아니라는 자부심을 나타낸 것으로 해석한다. 정도전은 재상 중심 국정 운영을 도모하였다. 그러는 데에 이방원이 세자가 되어 왕위를 잇는 것은 전혀 바람직하지 않았다. 그런데 정도전도 난관을 맞게 되었다. 명 태조 주원장이 조선에서 보낸 표전에 황제를 업신여기는 문자를 사용했다고 트집을 잡아 보내라고 요구한 것이다. 이런 명의 태도는 정도전이 다시금 요동 공격을 준비하는 동기가 되었다. 전에 명나라는 함흥 지역까지 포괄하여 철령위를 설치하려다가 이에 반발한 고려가 비록 회군하기는 하였지만 요동 공격에 나섰던 사실에 놀라 더 이상 그 지역에 대한 요구를 하지 않았다. 이렇게 철령위를 유명무실하게 만들었던 경험을 한 터라 정도전은 요동 정벌이라는 무력 공격 의지를 다시 불태울 수 있었다.

정도전은 요동 공격을 위해 군사들에게 진법을 훈련하면서 사병(私兵)의 성격을 불식시키고자 하였다. 고려 말에 국가의 정규 군대가 사병처럼 운영된 이유는 국가가 전쟁터에 나간 군사들을 먹여 살릴 수 없었던 데에 있었다. 원수 호칭을 받은 각 장수들은 전투에서 이기기 위해서라도 사적으로 군량을 확보해야 했고, 이를 위해 각자 농장이 필요했다. 군사들은 그들의 목숨이 전투에 앞서 군량에 달려 있었으므로 원수들의 잡역 지시에까지도 복종해야 했다. 그런데 과전법 시행 뒤에도 태조 때까지는 국가 운영과 녹봉 지급을 위한 공전(公田)까지만 확보되었을 뿐, 군량 비축을 위한 토지는 확보되어 있지 않았다. 그런 조건 아래서 공적 지휘체계를 강화하여 먼 지역 공격에 나서는 것은 사적 지휘권을 갖추고 있던 장수들에게는 기왕에 얻은 것 대부분을 잃을 수도 있는 위험한 일이었다. 군사들도 위화도회군 때 이후로 큰 전투를 경험한 적이 없었으므로 요동으로 원정을 간다는 것은 걱정스러운 일이 아닐 수 없었다.

사정이 이러한 가운데, 1398년 8월 하순 이방원 세력은 정도전과 남은 등이 태조가 위독한 것을 빌미로 신의왕후 소생 왕자들을 궁궐로 불러들여 죽일 계획을 세웠다고 단정하고, 이것을 막는다는 명목으로 사병 등을 동원해 정도전 등을 살해하였다. 권력을 장악한 이방원 세력은 세자 이방석과 그의 친형 이방번도 결국 살해하였다. 이방원 추종자들은 이방원이 세자로 책봉되도록 하려 했으나, 이방원의 계획에 따라 먼저 이방과가 세자로 책봉되어 태조의 선위를 받아 왕위에 오르도록 하였다. 이로써 정종이 즉위하자 이방원 세력의 주요 인물들을 공신으로 책봉하였는데, 이들이 정사공신(定社功臣)이다. 반란 성공, 세자 책봉과 선위, 공신 책봉까지 20일에 걸쳐 마무리되었다.

이방원은 친형인 정종의 세자로 책봉된 뒤 이른바 '제2차 왕자의 난'을 진압하고서 곧이어 1400년 11월 선위를 받아 왕위에 올랐다. 이방원 곧 태종은 즉위하기 전에 사병을 혁파하여 반란 위험을 줄이고, 즉위 후에는 거듭

양전을 실시, 공전을 대거 확충하여 군자곡을 충분히 확보함으로써 사병의 폐해가 다시 생겨날 우려를 없앴다. 그리고 무장 출신 공신들과 외척 세력을 대거 숙청하여 왕권을 강화하고, 의정부 설치를 비롯한 중앙정치제도와 군현제 개혁을 통해 조선다운 국가제도의 뼈대를 갖추었다.

이러한 점에서 볼 때, 이방원의 반란은 무인정사, 즉 무인년(1398년)에 사직을 안정시킨(정사) 사건으로 명명할 만하다. 그러나 이것은 국왕이 곧 국가라고 생각하던 왕조사회에나 타당한 명명법이다. 단종의 숙부인 수양대군 이유가 쿠데타를 일으켜 권력을 장악한 사건을 계유년에 어려움을 없앴다는 뜻으로 계유정난이라 부르는 것도 마찬가지이다. 근대 민주사회의 눈으로 볼 때에는 왕자의 난보다도 '이방원의 반란', 숙부의 난보다도 '이유의 반란'이라 해야 옳다. 왕조사회에서는 외척은 곧 임금의 외척이고, 종친은 바로 임금의 종친이었으므로, 숙부도 당연히 임금의 숙부를 가리킬 수 있었다. 이제 왕조사회가 아닌 현재에 종친이나 외척이 곧 임금의 종친과 외척을 나타내는 식의 서술에서도 당연히 벗어나야 할 것이다.

오종록 _전 성신여대 교수

국정의 중심 궁궐

홍순민

서울과 궁궐

임금은 왕조 국가의 주권자이자 통치자였다. 임금이 거주하는 도시를 왕도(王都)라고 한다. 한국사에서는 왕도가 곧 수도(首都)였다. 왕도이자 수도인 도시에는 여타 도시에는 없는 시설물이 셋 있었다. 종묘와 궁궐과 도성이 그것이다. 이는 태조 3년, 1394년 11월 3일 한양으로 천도하기로 결정한 뒤에 당시 관서들 가운데 가장 고위 관서인 도평의사사에서 올린 보고서의 주장이다.

> "침묘(寢廟)는 조종(祖宗)을 받들어 효성과 공경을 높이려는 곳이요, 궁궐은 존엄을 과시하고 정령(政令)을 내리는 곳이며, 성곽(城郭)은 안팎을 엄하게 구별하고 나라를 공고히 하려는 곳입니다. 이 세 가지는 모두 나라를 소유한 이라면 마땅히 먼저 갖추어야 할 바입니다."

침묘란 종묘를 가리킨다. 종묘는 조상들의 신주(神主)를 받들어 모시고 제사를 지내는 왕실, 나아가 국가의 사당이다. 임금이 돌아가신 조상에게 효성과 공경의 마음을 다하는 의식인 제사를 드림으로써 본을 보이는 곳이다. 이를 통해서 효성과 공경의 기풍이 백성들에게 널리 퍼지게 함이 종묘를 짓는 목적이라는 뜻이다. 효성과 공경은 유교 윤리의 출발점이요, 귀결점이다. 종묘는 유교적 사회 교화를 위한 정신적 지주가 되는 시설이었고, 가장 존중받는 신성한 공간이었다.

궁궐은 존엄(尊嚴)을 과시하여 정령(政令)을 내기 위한 곳이다. 지존(至尊) 인 임금의 존엄이요, 임금이 내리는 법적 권위와 효력을 갖는 왕명(王命)이다. 궁궐은 왕실 가족의 생활 터전이라는 의미보다 정치와 행정의 최고 단계의 집행이 이루어지는 공간, 최고의 관부라는 의미가 더 큰 시설이다.

성곽은 도성(都城)을 가리킨다. 우리나라에는 지방에도 산성(山城)이 매우 많고, 지방 군현의 중심 도시를 둘러싼 읍성(邑城)도 많았다. 그러나 여기서 말하는 성곽은 수도이자 왕도인 한양을 둘러싼 성곽, 한성(漢城)을 가리킨다. 한성은 다른 성곽들과는 비교가 되지 않게 우월한 지위를 갖는 성곽, 도성이다. 도성은 어두워지면 성문을 닫고, 새벽이면 열었다. 그렇게 함으로써 성안, 성안에 있는 사람들, 그 가운데서도 임금을 지켰다. 왕국의 주인은 임금이었다. 임금을 중심으로 왕실과 조정(朝廷)을 지키는 것이 곧 나라[방국 (邦國)]을 공고히 하는 것이었다. 도성은 중세 왕국의 산물이다.

위 세 시설물 가운데서 관념적으로는 종묘가 가장 존중되는 곳이지만 실제로 규모가 가장 크고 중요한 곳은 궁궐이었다. 궁궐은 임금이 사는 곳, 국가의 최고 권력자이자 주권자인 국왕의 기거 활동 공간이었다. 궁궐은 임금의 존엄을 드러내기 위하여 웅장하고 화려하게 지었다. 당시 최고의 기술자들을 동원하고 백성들의 역(役)을 징발하여 큰 힘을 기울여 지었다. 그러나 조선시대에 들어와서는 무턱대고 크고 화려하게 짓지는 않았다. 검소하되 누추하지 않게, 화려하되 사치스럽지 않게 하는 것을 미덕으로 여겼다.

왕조 체제에서 모든 정치, 행정 행위의 최종 결정은 원칙적으로 임금에게 귀결되었다. 법제적으로는 관료들이 임금의 결정에 따라 위임된 업무를 분장하는 형식이었다. 임금은 사적인 생활은 물론 공적인 활동도 궁궐에서 수행하였다. 국왕이 궁궐을 벗어나는 일은 전시하의 비상적인 행차라든가, 능행(陵幸), 종묘나 왕실 사당을 참배하는 경우 등을 제외하고는 매우 드물었다. 따라서 임금을 만나 정치적인 논의를 하고, 집행 결과를 검토하고 보고하는 관원들은 모두 궁궐로 들어왔다. 궁궐은 이러한 관원들의 활동 공간이기도 하였다. 국정의 최고 최종 과정이 수행되는 최고 관부였다.

'역사의 산물, 역사의 현장'

"서울에는 궁궐이 다섯이 있다."고 흔히 말하는데 이는 엄밀히 따지자면 틀린 말이다. 왕국이 사라지고 임금도 사라진 오늘날 대한민국 서울에는 궁궐이 있을 수 없다. 예전에 있었다는 뜻이라면 궁궐이 아니라 고궁(古宮)이라고 해야 할 것이다. 그렇다고 "서울에 고궁이 다섯이 있다."고 할 수도 없다. 고궁이라고 하려면 어느 정도는 궁궐 모양을 갖추어야 할 텐데 다섯이 모두 고궁 모양을 갖추고 있지 못하기 때문이다.

창덕궁과 창경궁은 원래의 궁역을 유지하고 있지만, 경복궁은 후원 영역이 청와대가 되어 있고, 경운궁은 궁역이 상당히 잘려 나갔고, 경희궁은 궁역의 대부분을 잃어버렸다. 남아 있는 건물의 규모를 보자면 많이 남아 있다고 하는 경복궁이나 창덕궁도 원래의 20퍼센트 남짓이다. 경복궁은 복원을 많이 한 편인데 그 복원한 건물들을 다 합쳐도 40퍼센트가 안 된다. 창경궁과 경운궁은 10퍼센트 정도가 될 것이다. 경희궁은 원래의 건물은 하나도 없고, 외전의 정전인 숭정전 일대만 일부 복원한 상태다. 이렇게 보면 궁궐이나 고궁이라고 하기보다는 궁궐 터가 다섯 군데, 그것도 온전하지 못하게 남아 있다고 해야 할 것이다.

조선시대에 서울에 있던 궁궐을 다 따지면 다섯이라고 말할 수는 있다. 하지만 그 또한 그 다섯 궁궐이 동시에 있었던 적은 없다. 하나만 있던 적도 있고, 많을 때는 넷이 있기도 하였다. 궁궐은 시대의 흐름에 따라 변해 갔다. 이러한 궁궐의 변천사를 이해하기 위해서는 법궁(法宮)과 이궁(離宮)이라는 개념을 먼저 알 필요가 있다. 법궁은 제1의 궁궐, 공식적으로 임금이 의당 임어(臨御)할 궁궐을 가리킨다. 그런데 임금이 궁궐 하나만으로 오랜 기간 활동하기는 어려웠다. 임금이 기거하는 건물에 화재가 나거나, 수리를 해야 하거나, 질병이 번지거나, 괴변이 일어나는 등 더 이상 기거할 수 없는 상황이 발생하면 같은 궁궐의 다른 건물로 옮겨 가기도 하였다. 그러나 그럴 만한 다른 건물이 마땅하지 않을 경우도 있었고, 그럴 때는 다른 궁궐로 이어(移御)하지 않을 수 없었다. 이러한 제2의 궁궐을 이궁이라고 하였다. 조선왕조에서는 거의 늘 법궁과 이궁, 두 궁궐을 유지하며 임금들이 이어-환어(還御)하며 생활하였다.

조선왕조 최초의 궁궐은 경복궁이었다. 경복궁은 1395년(태조 4) 9월에 완공되어, 그해 12월에 태조를 비롯한 왕실이 그곳으로 입어(入御)하였다.

그 기간은 새 왕조 조선의 기틀을 잡기 위한 기초 작업이 진행된 시기였고, 경복궁 입어는 그 작업이 일단락되었음을 가리키는 것이었다. 경복궁은 제 모습을 갖추고 있을 때는 당연히 법궁(法宮)으로 인식되었다.

조선왕조 제2의 궁궐 창덕궁은 1404년(태종 4) 10월 태종이 영건을 결정하여 1405년(태종 5) 10월에 완공되었다. 태조 대와 정종 대에는 이른바 '왕자의 난'이라 불리는 권력 집단 내부의 극심한 권력투쟁을 겪었다. 정종은 엉거주춤 개경으로 되돌아갔다. 개경에서 왕위를 차지한 제3대 임금 태종은 다시 한양으로 천도할 것을 추진하였다. 그러면서 경복궁 아닌 새 궁궐을 조성하였다. 바로 창덕궁이다. 창덕궁은 법궁 경복궁에 대하여 이궁으로 인식되었다.

성종 대에 왕실 가족이 늘어나면서 창덕궁은 생활기거공간이 부족하게 되었다. 성종은 1482년(성종 13) 12월에 수강궁(壽康宮)을 수리하라고 명을 내렸다. 수강궁은 세종이 즉위하면서 상왕(上王)으로 나앉은 태종을 위해 창덕궁 동편에 잇대어 지은 상왕궁이었다. 수강궁을 수리하는 데서 확대되어 창경궁을 짓게 되어, 1484년(성종 15) 9월에 영건 공사가 일단 끝났다.

창경궁은 독립된 궁궐이기는 하지만 실제로는 창덕궁에 붙어 하나의 궁역(宮域)을 이루면서 창덕궁에 부족한 주거 생활 기능을 보완하는 구실을 하였다. 그 두 궁궐은 하나로 인식되기도 하여 동궐(東闕)로 불렸다. 성종 대에 창경궁이 조영됨으로써 경복궁이 법궁이 되고 동궐, 곧 창덕궁 및 창경궁이 이궁이 되는 '법궁-이궁' 양궐 체제가 완성되었다. 이 체제는 이후 임진왜란까지 약 100여 년간 큰 변동 없이 유지되었다.

1592년(선조 25) 4월 13일 일본군이 부산진으로 쳐들어왔다. 일본군이 한

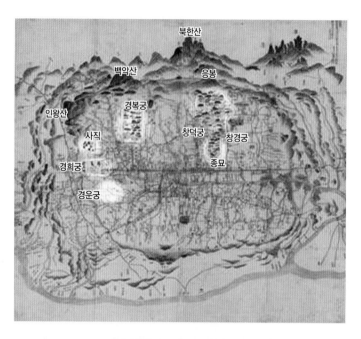

한양도성도(삼성미술관 리움 소장)
조선 정조12~16년(1788~1792)경

강 남안에 도달하자 4월 30일 선조와 왕실, 조정 관원들을 비롯하여 피난을 할 능력이 있는 사람들은 모두 서울을 떠났다. 일본군이 서울을 점령하여 종묘와 궁궐, 관아를 비롯하여 주요 건물들을 철저히 파괴하였다.

선조는 1593년(선조 26) 10월 서울로 돌아왔으나 임어할 궁궐이 없었다. 정릉동에 남아 있던 성종의 형인 고(故) 월산대군(月山大君)의 집과 그 부근의 종친과 고위 관원의 집들을 임시 거처(행궁)으로 삼았다. 선조는 종묘와 궁궐을 다시 지으려 착수 단계까지 이르렀으나 성사하지 못하고 1608년(선조 41) 정릉동 행궁에서 승하하였다.

광해군 즉위년인 1608년 5월 말에는 종묘가 완공되었고, 1609년 말에는 창덕궁이 거의 완공되었다. 그러나 광해군은 창덕궁으로 가기를 꺼리다가 결국 1615년(광해군 7) 4월에 가서야 창덕궁으로 이어(移御)하였다. 인접한 창경궁을 새로 지어 창덕궁과 함께 이용하였다. 광해군은 이 두 궁궐 외에도 재위 기간 내내 궁궐 영건에 집착하였다. 인왕산 자락에 인경궁(仁慶宮)이라는 궁궐을 지었고, 그 공사가 진행중에 또 돈의문 안쪽에 경덕궁(慶德宮)을 짓는 공사를 벌였다. 이 두 궁궐을 거의 마무리하였으나 임어하지 못하고 1623년(광해군 15) 왕위에서 쫓겨났다.

반정(反正)으로 왕위에 오른 인조는 경운궁(정릉동 행궁)에서 즉위한 후 창덕궁으로 이어하였다. 인조 연간에는 이괄의 난, 정묘호란, 병자호란 등으로 창덕궁과 창경궁의 전각이 다수 소실되었던 바, 이 두 궁궐을 보수하는데 광해군 때에 영건한 인경궁의 자재를 헐어다 사용하였다. 그 결과 인경궁은 없어졌고 경덕궁(영조 연간에 경희궁(慶熙宮)으로 이름이 바뀌었다)만이 남아 이궁으로 쓰였다. 이로써 1647년(인조 25) 이후에는 경복궁은 빈 궁궐터로 남아 있고 창덕궁 및 창경궁[동궐(東闕)]이 법궁이 되고 서궐(西闕), 곧 경덕궁이 이궁이 되는 새로운 양궐 체제가 정립되어 이후 조선 후기 내내 유지되었다.

고종이 즉위한 후 수렴청정(垂簾聽政)을 하던 대왕대비 신정왕후(神貞王后)의 명으로 1865년(고종 2) 4월에 경복궁 중건이 발의되어 공사가 시작되었다. 경복궁 중건 공사는 흥선대원군이 실질적으로 주도하여 진척되었고, 1868년(고종 5) 7월 고종은 창덕궁에서 경복궁으로 이어하였다. 중건된 경복궁은 과거의 법궁 지위를 되찾게 되었고, 동궐이 이궁이 되는 임진왜란 이전의 양궐체제를 회복하였다. 서궐(경희궁)은 그 전각들의 목재와 석재 등이 경복궁을 중건하는 데 쓰이면서 궁궐로서 면모와 기능을 상실하였다.

　고종은 경복궁과 창덕궁을 이어-환어하면서 활동하였다. 그러다가 1896년(고종 33) 2월 11일에는 정동에 있는 러시아공사관으로 이어하였다[아관파천(俄館播遷)]. 이 이어는 임금의 이어 치고는 매우 특별한 것이었다. 1894년 동학농민운동이 일어나고, 이를 빌미로 청나라와 일본이 조선 땅에서 청일전쟁을 벌이고, 그 전쟁에서 일본이 승리하였다. 일본은 전쟁 발발 직전에 경복궁에 무단으로 침입하여 고종을 압박하여 친일 내각을 구성하였다. 조선이 러시아의 힘을 빌리려 하자 일본 공사 미우라가 일본 군인들과 낭인들을 지휘하여 경복궁 건청궁 집옥재까지 쳐들어가 당시 왕비(1897년 명성황후로 호칭)를 척살하는 이른바 을미사변(乙未事變)을 일으켰다. 이러한 상황 속에서 고종은 비상한 수단을 써서 일본이 장악하고 있던 경복궁을 벗어나 러시아공사관으로 이어하였던 것이다.

　러시아공사관에 있는 동안 고종은 그곳과 인접한 옛 경운궁 터에 궁궐을 짓고 1897년(고종 34) 2월에 경운궁으로 환궁하였다. 거기서 대한제국(大韓

▋ 1902년 무렵의 경운궁

帝國)을 선포하고 연호를 광무(光武)라고 지었다. 1907년 순종에게 황제위를 억지로 넘겨줄 때까지 10년간 경운궁은 대한제국 정치, 행정, 외교의 중심 무대가 되었다.

1907년 황제가 된 순종은 그 역할을 수행할 능력도 의지도 부족하여 일본의 뜻대로 움직이는 처지였다. 순종은 즉위한 지 넉 달이 안 되어 창덕궁으로 옮겨 갔다. 거기서 연호가 융희(隆熙)인 3년의 짧은 재위 기간 끝에 일본에 국권을 빼앗겼다.

왕조가 망하고 임금이 사라진 뒤 궁궐도 의미도 기능도 잃었다. 일제는 궁궐 건물들을 민간에 매각하기도 하는 등 의도적으로 훼철하였다. 경복궁에서는 1915년 9월 11일부터 10월 30일까지 50일간 시정오년기념조선물산 공진회(始政五年記念朝鮮物産共進會)라는 식민 통치를 미화, 선전하는 박람회를 열었다. 그것이 끝나자마자 그 제1호관 자리에 조선총독부 청사를 짓기 시작하여 1926년에 완공하였다. 광화문은 경복궁 동쪽 궁성의 북쪽 편으로 옮겨 버렸다.

1917년 순종과 구 대한제국 황실 가족이 기거하던 창덕궁 내전 일대에 큰 화재가 났다. 총독부는 경복궁의 강녕전을 헐어다 희정당을, 대조전을 헐어다 교태전을 다시 지었다. 말로는 조선식을 위주로 하되 서양식을 가미한다고 하였지만, 원래 모습과는 전혀 다른 건물이 되었다. 내전 일대가 이렇게 변질된 것만이 아니라 나머지 구역의 건물들도 상당 부분 헐려 없어졌다.

창경궁은 식민지가 되기 전에 이미 동물원, 식물원, 박물관, 표본실 등 구경거리로 채워지기 시작하여 관광지가 되어 갔고, 1911년에는 이름도 창경원(昌慶苑)으로 바뀌었다. 대부분의 전각들이 없어진 자리에는 일본에서 벚

나무 아닌 사쿠라를 5천 그루 가져다가 심었다. 경운궁은 고종이 살아 있을 때까지는 비교적 파괴와 변형이 적었으나 고종 사후에는 역시 공원이 되어 화훼 전시회 등이 열리는 공원이 되었다. 외전과 내전의 주요 건물들이 남아 있던 경희궁에는 일본인 중학교가 들어서면서 남아 있던 건물들도 대부분 옮겨져 나갔고 궁궐의 면모는 완전히 없어졌다.

궁궐의 짜임과 쓰임새

궁궐이 살아 제 기능을 발휘하던 시절에는 수많은 건물들로 빼곡히 들어차 있었다. 1908년 무렵 작성된 《궁궐지(宮闕誌)》라는 자료에 따르면 당시 확인되는 경복궁의 총규모가 9,240여 칸, 창덕궁과 창경궁을 합한 동궐의 건물 규모는 총 6,200여 칸에 달했다. 조선시대 규모가 큰 양반 집을 흔히 아흔아홉 칸 집이라고 하는 것과 대조해 보면 궁궐은 그런 집이 어림잡아 60~90여 채가 들어서 있는 셈이다. 건물 규모로만 보면 꽤 큰 마을을 넘어 작은 도시라고 할 수 있다. 이렇게 많은 궁궐의 건물들은 질서 있게 자리 잡고 있었다. 그 질서는 각 건물의 주된 사용자와 그곳에서 하는 활동, 다른 말로 하자면 건물의 기능이 기준이 된다.

궁궐은 궁성(宮城)이라고 하는 높은 담으로 둘러싸여 있고, 그 궁성에는 요소요소에 문이 나 있다. 그 문들 가운데 대개 남쪽으로 나 있는 문이 으뜸가는 문, 대문이다. 궁궐이 자리 잡은 위치와 방향에 따라 창경궁이나 경희궁, 그리고 원래의 경운궁처럼 대문이 동쪽으로 나 있는 사례도 있다.

대문을 들어서면 외부에서 들어온 신하들이 임금에게 충성 의식을 치르는 공간인 외전(外殿)이 배치되어 있다. 외전은 다시 행각으로 둘러싸인 구역이 두세 겹 겹쳐 있는데 가장 안쪽 구역이 외전의 중심을 이루는 주 행사장이다. 행각으로 둘러싸인 공간의 중앙에서 뒤편에 기단을 쌓고 그 위에 웅장하고 화려한 건물을 지었다. 이 건물 안에 이곳에서 행사를 벌일 때 임금이 좌정하는 용상(龍床)이 있다. 이 건물은 임금이 주인이 되는 공식 행사에 주로 쓰였다. 그렇게 용도가 정해져 있다는 점에서 법전(法殿)이라고 부른다. 또 이 구역 가운데 가장 격이 높은 중심 건물이라는 뜻으로 정전(正殿)이라고 한다.

정전의 기단은 앞으로 넓게 내 쌓았다. 이를 월대(越臺, 月臺)라 한다. 월대는 정전과 그 앞의 넓은 마당을 연결하는 공간이요, 행사를 진행하는 일을

▌근정문 문루 2층에서 본 근정전

담당하는 사람들의 활동 공간이다. 월대 앞 마당을 조정(朝廷)이라고 하는데, 행사 시에 신료들이 도열하는 자리다. 외전에서 여는 공식 행사를 통틀어 조회(朝會)라 하는데 그 가운데 정기적으로 신하들이 임금을 뵙고 충성의 예를 표하는 대표적 행사가 조참(朝參)이었다.

외전에서 더 들어가 궁궐 중앙부에는 임금과 왕비가 기거하며 활동하는 공간이 있다. 이를 내전(內殿)이라 한다. 내전은 다시 임금의 공간인 대전(大殿)과 왕비의 공간인 중궁전(中宮殿)으로 나뉜다. 대전은 임금이 평상시 공식적으로 임어하는 곳이라는 점에서 시어소(時御所)이다. 신하들이 임금을 만나 뵈러 가려면 시어소를 찾아야 한다. 또 임금이 공식 활동이 아닌 편안한 유식 상태로 머무는 곳이라는 뜻으로는 연거지소(燕居之所)라 한다. 또 밤에 왕비든 후궁이든 또는 홀로든 잠을 자는 공간이라는 점에서는 침전(寢殿)이라고 부르기도 한다. 대전은 임금의 공간, 궁궐에서도 가장 핵심적인 공간이라고 할 수 있다.

중궁전은 중궁, 중전, 곤전 등으로 불리기도 하였다. 대전의 뒤편, 궁궐에서 가장 깊숙한 자리를 차지하고 있다. 대개 산자락이 끝나는 부분을 계단식으로 몇 단을 조성하여 화초를 심는 화계(花階)로 마무리하고 그 앞에 중궁전을 지었다. 중궁전은 왕비의 시어소이자 연거지소이자 침전이었다. 왕비는 임금의 부인이요 국모로서 궁궐에 사는 여인들의 조직체인 내명부(內命婦)와 궁궐에 드나드는 여인들인 외명부(外命婦)를 치리(治理)하고 상대하는 공인(公人)이었다. 중궁전은 내진연(內進宴), 내진찬(內進饌) 등 왕비가 주인이 되는 각종 의례가 행해지는 곳이었으며 왕비와 그를 시중드는 사람들의 생활기거공간이었으며 왕비와 임금의 침전이기도 하였다.

외전과 내전의 경계 지점에는 임금과 신하들이 공식 회의를 하는 건물인 편전(便殿)이 배치되었다. 편전은 공식적으로는 경복궁의 사정전(思政殿), 창덕궁의 선정전(宣政殿), 창경궁의 문정전(文政殿)처럼 특정 건물이 정해져 있다. 정해진 편전은 내부가 넓은 마루방으로 조성되어 있어 여러 명이 모이는 모임을 가질 수 있었다. 임금과 주요 관서의 고위 관원들이 매일 만나는 회의를 상참(常參)이라 한다. 임금은 상참 외에도 경연(經筵), 윤대(輪對)나 차대(次對) 등 여러 형식으로 관원들을 돌아가며 만났다. 임금이 그때그때 대전 내외 인근의 건물을 지정하여 신하들을 만나기도 하였기에 그런 건물들은 모두 편전의 기능을 갖는 것으로 보기도 하였다.

내전 및 외전을 기준으로 그 동쪽에는 세자(世子)의 공간이 있는데 이를 동궁(東宮), 또는 춘궁(春宮)이라고 한다. 세자가 이곳에서 왕위 승계자로서 임금이 되기 위한 준비를 하였다. 이를 위하여 동궁 부근에는 세자에게 학문을 가르치는 세자시강원[世子侍講院, 일명 춘방(春坊)], 세자를 호위하는 세자익위사[世子翊衛司, 일명 계방(桂坊)] 등이 함께 배치되었다. 세자가 장성한 경우에는 세자빈(世子嬪)의 공간도 부근에 마련되었다.

내전과 외전의 주변에는 궁궐에 들어와 임금을 자주 만나면서 활동하는 관원들의 공간이 있는데 이를 궐내각사(闕內各司)라고 한다. 대개 외전의 서편에 배치하지만, 각 궁궐의 형편에 따라 적절한 장소에 배치하였다. 임진왜란 이후 광해군 대 창덕궁과 창경궁을 다시 지을 때 두 궁궐 각각 궐내각사를 갖추었다. 그러다가 1689년(숙종 15) 무렵부터는 주요 궐내각사 청사는 두 궁궐을 통합하여 창덕궁에만 배치되는 쪽으로 바뀌었다. 두 궁궐을 긴밀히 연결하여 크게 하나의 공간으로 쓰게 된 것이다. 이는 숙종 연간, 여러 차례 환국을 거치면서 임금의 정치적 역할이 증대되는 것과 관련되어 나타난 변화다.

그렇게 창덕궁으로 통합된 궐내각사를 보면, 궐내각사에는 대신들이 임금을 만나기 전이나 만나고 나와서 모이는 건물인 빈청(賓廳), 사헌부와 사간원의 언관들이 머무는 대청(臺廳), 이조와 병조의 관원들이 인사 업무를 처리하는 정청(政廳), 임금과 함께 경연(經筵)을 하는 등 학문적인 자문을 하는 홍문관[弘文館, 일명 옥당(玉堂)], 임금의 비서실로서 관서들로부터 공문서를 받아 임금에게 들이고 임금이 결재하여 내리는 문서를 해당 관서에 전하는 일을 비롯하여 임금의 일정을 관리하는 등의 일을 하는 승정원[承政院, 일명 정원(政院), 은대(銀臺)], 왕실 문서 및 일반 서적을 관리하고 학문 연구, 감찰 기능 등을 가지고 있던 규장각[奎章閣, 일명 내각(內閣)], 외교문서를 작성하는 예문관(藝文館), 역사를 기록하는 춘추관(春秋館), 임금과 왕실의 약을 조제하는 내의원[內醫院, 일명 약방(藥房), 내국(內局)], 그리고 임금과 왕실의 식자재 및 식기를 조달하는 사옹원[司饔院, 일명 주원(廚院)]을 비롯하여 왕실과 궁궐의 각종 살림을 맡아보는 여러 실무 관청들, 내병조(內兵曹)를 비롯하여 왕과 궁궐을 호위하는 각종 군사 관계 관서 등 많은 관서들이 있었다.

창경궁에는 세자를 보필하는 세자시강원(世子侍講院)과 세자익위사(世子翊衛司), 궁궐의 탈것을 관리하는 내사복시(內司僕寺), 오위도총부(五衛都摠府)를 비롯한 궁궐 수비 관련 군사 조직, 규장각의 주자소(鑄字所)를 비롯한 출판 관련 조직이 있는 정도였다. 궐내각사는 경희궁에도 대체로 갖추어져 있어서 임금이 경희궁에 임어하는 기간에는 해당 관원들이 경희궁으로 나아가 정무적, 행정적 기능을 수행하였다.

궐내각사에 대비하여 궁궐 밖에 배치되어 있는 관서들을 통틀어 궐외각사(闕外各司)라 한다. 궐외각사는 경복궁 광화문 앞 일대에 배치되어 있었다. 광화문앞길 연도 좌우에는 국가의 중추적인 고위 관서들이 늘어서 있었다. 광화문 동편에 의정부·이조·한성부·호조·기로소가 있었고, 서편에 예조·중추부·사헌부·병조·형조가 있었다. 그 뒤편으로는 품계가 낮은 실무 관서들이 배치되었다. 임금이 동궐이나 서궐에 임어하는 기간에는 그 문 근처에 조방(朝房) 혹은 직방(直房)이라고 하는 공간을 마련하여 고위 관원들이 그곳에서 대기하다가 때맞추어 궁궐에 들어가 임금을 만나 볼 수 있게 하였다.

전체적으로 보아서 궁궐의 뒤편, 곧 내전 뒤편으로는 궁궐에서 사는 왕실 가족들의 생활기거공간이 마련되어 있었다. 그와 함께 궁궐에서 기거하면서 임금과 왕실 가족들의 시중을 드는 사람들의 생활공간과 궁궐에 출입하면서 실무 허드렛 일을 하는 일터도 생활공간 사이사이에 배치되어 있었다. 궁궐은 당대 가장 고급스런 생활 문화인 궁중 문화의 현장이요, 그 문화를 뒷받침하는 생산의 현장이기도 하였다.

궁궐의 뒤편 궁성 안쪽이나 또는 궁성 바깥쪽에는 원유(苑囿)가 조성되었다. 원유란 자연적인 숲에 인공 시설들을 설치하여 여러 목적으로 활용하는 공간을 가리킨다. 이 공간을 후원(後苑), 금원(禁苑), 내원(內苑), 북원(北苑) 등으로 불렀다. 후원에는 궁궐 중심 구역을 벗어나 호젓하게 생활하기 위한 별장 같은 건물, 또는 세자나 왕자들의 학습을 위한 건물, 경관을 감상하며 소수의 사람들이 시회(詩會) 등 휴식을 취하기 위한 정자(亭子) 등을 지었다. 특별하지만 임금 관련 특별한 물품을 보관하는 데서 시작하여 도서관, 연구소, 정책 개발실, 임금의 어진을 봉안하는 사당적 기능을 갖게 된 규장각(奎章閣)도 있었다. 그와 함께 필요한 곳에 연못이나 계류(溪流)를 팠고, 낮고 평탄한 곳에는 넓은 공터를 마련하여 연회(宴會), 과거(科擧), 열무(閱武), 시사(試射) 등 여러 사람이 모이는 행사를 열기도 하였다. 후원은 단순한 휴식 공간이 아니라 국정에 필요한 활동을 하는 다목적 공간이었다.

건물의 위계와 기능

궁궐에서는 위로 임금으로부터 최하층의 노비에 이르기까지 다양한 신분의 사람들이 다양한 직무를 수행하였다. 기본적으로 그 사람들의 기거 활동 구역이 나뉘어 서로 섞이지 않게 되어 있었다. 그런데 같은 구역 안에서도 건물들은 제각각 그 주인의 신분과 직임 및 건물의 용도에 따라 위계(位階)를 달리하였고, 위계에 따라 외형이 달라졌고, 기능도 달라졌다. 이러한 각 건물의 위계와 형태, 기능은 그 이름에 어느 정도 반영되었다.

전통시대 한자 문화권에서는 행각(行閣)이나 복도, 헛간, 뒷간 같은 부속 건물을 제외하고 독립적인 건물에는 거의 이름을 지어 붙였다. 이름 앞부분은 고유명사인 데 비하여 이름 끝에는 건물임을 뜻하는 글자를 붙였다. 그 끝 글자들은 다양하지만 이를 간추려 보면 전(殿), 당(堂), 합(閤), 각(閣), 재(齋), 헌(軒), 누(樓), 정(亭) 등 여덟 자로 정리된다. 이 여덟 글자는 엄격한 법칙성을 갖는 것은 아니지만, 대체로 그 순서대로 건물들의 위계(位階)를 나타낸다고 할 수 있다.

'전(殿)'은 가장 격이 높은 특급의 건물이다. 건물의 규모가 크고 품위 있는 치장을 갖추었다. 궁궐에서 '전'은 임금과 왕비, 혹은 전 왕비, 곧 임금의 어머니나 할머니가 주인으로 쓰는 건물이다. 임금과 왕비 이하 신분의 사람들은 '전'의 주인이 될 수는 없었다. 비록 세자라 할지라도 '당'의 주인이 될 수는 있으나, '전'의 주인이 될 수는 없었다. '전'에서는 일상적인 기거 활동보다는 의식 행사를 비롯하여 공적인 활동이 주로 이루어졌다.

'당(堂)'은 전에 비해서 규모는 대체로 조금 작고, 그 위계는 한 단계 낮은 건물이다. 세자를 비롯하여 후궁 등이 쓸 수 있는 가장 격이 높은 건물이 '당'이다. 궁궐에서 '당'은 공적인 활동보다는 조금 더 일상적인 활동에 쓰였다. 하지만 엄격히 구별되기보다는 '전' 가까이 있으면서 '전'을 보좌하는 경우가 많았다.

▎ 1917년 화재 이전의 창덕궁 희정당 대조전 및 성정각 일대

'합(閤)'이나 '각(閣)'은 '전'이나 '당'에 비해 한 등급 더 낮은 건물이다. 독립된 건물인 경우도 있지만, 대개는 '전'이나 '당' 부근에서 그것을 보위하는 기능을 한다. 자연히 규모면에서도 '전'이나 '당'보다는 떨어진다. 둘 가운데 '합'은 '각'보다 격이 분명하게 높다고 할 수는 없지만, 그래도 '각'보다 약간 높거나 서열이 앞서는 정도의 구별은 있었다. 또 반드시 그런 것은 아니지만 '합'은 여성이 주인인 경우가 많았다.

'재(齋)'와 '헌(軒)'은 가장 흔하다. 평균적인 등급의 건물이라고 할 수 있다. 임금이나 왕비 같은 주요 인물도 물론 '재'나 '헌'을 쓸 수 있다. 하지만 그보다는 왕실 가족이나 궁궐에서 활동하는 사람들이 주로 쓰는 기거, 활동 공간이다. '재'는 숙식 등 일상적인 주거용이거나 혹은 조용하게 독서나 사색을 하는 용도로 쓰는 건물이다. 이에 비해 '헌'은 대청마루 자체나, 대청마루가 발달되어 있는 건물을 가리키는 경우가 많고, 일상적 주거용보다는 상대적으로 여러 사람이 모여 공적 일을 처리하는 데 쓰는 경우가 많았다. '재'나 '헌'은 그런 목적에 맞게 실용적인 형태를 갖고 있다.

'누(樓)'는 기본 평면에서 계단을 올라가 그 바닥이 마루로 되어 있는 공간이다. 경회루(慶會樓)나 광한루(廣寒樓)처럼 큰 다락집 형태를 띠기도 하고, 건물의 일부로서 누마루방 형태를 띠기도 한다. 독립 건물인 '누'는 주위 경관을 감상하는 데 주로 쓰였다. 건물의 일부인 '누'는 서늘하게 생활하는 데, 또는 서책이나 뜨겁지 않게 온도를 유지해야 하는 물건을 보관하는 데 쓰였다. 2층 건물인 경우 1층에는 '각(閣)', 2층에는 '누(樓)'가 붙는다.

'정(亭)'은 흔히 정자(亭子)라고 하는 것으로, 연못가나 개울가, 또는 산속이나 바닷가 경관이 좋은 곳에 있어 휴식이나 연회 공간으로 사용하는 건물이다. 정은 주변을 보기 위한 곳이므로 거의 벽이 없이 트여 있다. 바닥은 마루나 전돌로 처리하는 경우가 대부분이다. 규모는 작아서 대여섯 명이 둘러앉을 정도가 보통이다.

궁궐의 건조물들 가운데는 '전·당·합·각·재·헌·누·정'처럼 번듯한 이름을 갖는 건물들 외에도 본채를 이루는 주요 건물을 둘러싸고 있는 행각(行閣)이나 건물과 건물을 잇는 통로인 월랑(月廊)과 복도(複道), 창고나 작업장 등 이름이 없는 부속 건물들도 적지 않았다. 궁궐은 크고 작은 수많은 구역으로 구분되어 있었고, 그 구역을 나누는 행각이나 담장에는 문들이 많이 설치되었다. 문들 또한 거의 이름을 갖고 있었다. 그 밖에도 연못, 섬, 개울, 다리, 수문, 대(臺), 단(壇), 샘, 내, 논, 우물, 장독대 등 다양한 건조물들이 있었다. 이렇게 다양한 건물들과 각종 건조물들은 제각각 그에 걸맞은 사람들의 활동 공간이었다. 궁궐이 넓고 수많은 건조물들이 있었다는 사실은 궁궐에 살며 활동하는 사람들이 많고 다양하며 그들의 삶과 활동이 매우 다채로웠음을 보여 준다.

궁궐은 왕국의 정치와 문화의 가장 밀도 높은 현장으로서 그 역사와 문화를 엿보는 데 더없이 긴요한 창이다. 왕국의 경영과 궁중 문화에 관한 정보를 풍부히 담고 있는 가치가 매우 큰 문화 자원이다. 하지만 왕조가 멸망한 뒤 식민지 시기 궁궐은 제 기능을 잃고 식민 통치를 수행하고 선전하는 장소로 왜곡되고 악이용되었다. 해방 이후에도 궁궐은 그 본질에 맞게 대우받지 못하였다. 중앙청과 청와대가 차지하고 있는 행정의 중심지로, 그에 따르는 각종 선전 행사장으로, 관광지 구경거리로, 휴식을 위한 공원처럼 인식되고 오용(誤用)되었다.

▌ 일제시기 창경원 통명전 앞

　세월의 흐름에 따라 문화재로서 가치를 인정하는 인식 수준이 높아지고 그에 걸맞게 관리되는 방향으로 발전하고 있으나 아직 흡족하다고 하기에는 모자라는 부분이 없지 않다. 궁궐을 관광자원이나 기타 다른 목적으로 이용 또는 활용하려고 하는 편보다는 궁궐 자체를 보존하는 데, 그리고 그 본연의 가치를 발굴하여 인식하고 알리는 데 더 힘을 기울이는 것이 마땅하다.

홍순민 _명지대 교수

왕실 호칭의 이모저모

김세봉

'조'와 '종'은 어떻게 다른가

조선시대(1392~1910)에는 건국에서부터 멸망에 이르기까지 519년 간에 걸쳐 무려 27명의 왕이 존재하였다. 우리는 흔히 '태정태세문단세' 하고 외우고 끝에 조나 종을 붙여 쉽게 이 시대 왕들의 명칭을 떠올리곤 한다. 그런데 우리가 말하는 태조·정종·태종·세종 등등의 호칭은 정작 당사자들은 들어 보지도 못한 이름들이다. 이러한 호칭들은 그 왕들이 죽은 뒤에 비로소 일컬어진 이름이기 때문이다. 이런 이름은 종묘에 신위를 모실 때 사용되는 호칭으로 묘호(廟號)라고 하는데, 이는 왕의 재위 시 행적에 대한 평가인 동시에 추존하는 의미를 지닌다.

종묘란 역대의 왕과 왕비의 신주를 모셔 두는 왕실의 사당이다. 종묘의 기원은 중국 순임금 때 시작되어 은나라, 주나라 때까지는 각각 7대조까지 모시는 7묘제를 쓰다가 명나라에 이르러 9묘제로 바뀌었다고 한다. 우리나라에서는 신라시대에 5묘제를 쓰다가 고려시대에는 7묘제를 사용하였다. 그러나 조선시대에는 다시 5묘제를 사용하였다. 5묘제를 쓸 경우, 4대가 지

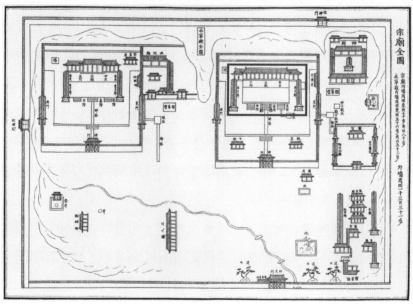

조선왕조 종묘 정전(위)과 〈종묘전도〉, 《종묘의궤》
종묘는 국토 신과 곡식 신의 신위를 받드는 사직과 함께 왕조를 상징하였다. 정궁을 중심으로 종묘를 왼쪽에, 사직을 오른쪽에 배치하였다. (종묘 정전은 도면에서 밤색 선 부분)

나게 되면 영녕전(永寧殿)이라는 곳으로 신주를 옮겨 따로 모시도록 되어 있지만 잘 지켜지지 않았다.

이를테면 뒷시기로 갈수록 치적이 크다고 여겨지는 왕들은 4대가 지나도 옮기지 않도록 하는 세실(世室)의 관행이 늘어 갔던 것이다. 조선 초기의 경우 정전의 중앙에 시조 격에 해당하는 인물의 신위(추존한 네 왕: 목조·익조·도조·환조)를 모시고 서쪽과 동쪽에 번갈아 다음 대 왕의 신위를 모셨는데 이를 소목제도(昭穆制度)라고 한다.

이러한 종묘에 사용하게 되는 묘호에는 일반적으로 조(祖)와 종(宗)을 끝에 붙여 사용하였다. 삼국시대에는 신라의 태종 무열왕만이 사용한 것으로 알려져 있고, 고려시대에는 태조 왕건 이하 줄곧 사용하다가 원 간섭기 이후 쓰이지 못하였다. 조선시대에만 유일하게 조종법이 후기까지 관철되었다. 그렇지만 연산군과 광해군만은 반정에 의해 축출됨으로써 왕자에게나 붙이는 '군'의 호칭에 머물러야 했는데, 이는 왕으로서 인정을 받지 못했음을 의미한다. 반면에 덕종(성종의 생부)·원종(인조의 생부)·진종(정조의 양아버지)·장조(정조의 생부)·익종(헌종의 생부) 등은 왕위를 누린 일이 없음에도 추존되어 왕의 대우를 받았음을 알 수 있다. 그야말로 자식을 잘 둔 덕분에 죽어서나마 호사를 누린 셈이라고나 할 수 있다. 그런가 하면 조선시대에 살아 보지도 못했으면서 조선의 추존왕이 된 인물로는 이성계의 직계 4대조가 있다. 목조·익조·도조·환조가 바로 그들이다. 이들 네 명과 태조와 태종이 《용비어천가》에 나오는 '해동(海東)의 여섯 용'이 되는 것이다.

그렇다면 조와 종은 어떤 차이가 있는가? 이를 엄밀히 나누기는 어렵지만, 주로 창업(創業)을 하거나 공이 있는 왕에게는 '조' 자를 붙이고, 수성(守

成)한 왕에게는 '종' 자를 붙였다. 그 근거는《예기》의 "공(功)이 있는 자는 조가 되고, 덕(德)이 있는 자는 종이 된다."라는 기록에서 찾을 수 있다. 원칙적으로 격에 있어서 '조'와 '종'의 차이를 두지 않았지만, 현실적으로는 '종'보다 '조'를 높게 받아들였다. 조선 후기에 '종'에서 '조'로 맞바꾼 경우가 간간이 있었던 데서 이러한 점을 알 수 있다.

조선시대 27명의 왕 가운데 태조·세조·선조·인조·영조·정조·순조 일곱 명만이 '조' 자를 썼고, 왕 취급을 받지 못하였던 연산군과 광해군을 제외한 나머지는 모두 '종' 자 묘호를 사용하였다. '조'자 묘호를 쓴 왕들을 살펴보면, 태조라는 칭호는 한 왕조를 세운 초대 왕에 대한 칭호로 흔히 쓰였다. 태조라는 묘호는 주나라의 7묘 제도에서 중심 신위를 태조라고 하였고, 이후 왕조를 건국한 왕, 이를테면 북위·송·원·명·청에서는 그 창업 왕을 모두 태조라고 불렀다.

태조가 창업 군주에게 붙이는 칭호였다면 나머지 '조' 자가 붙은 왕들은 중흥 군주로 인정을 받았거나, 큰 국난을 극복하였거나, 반정을 통해 즉위한 왕들이다. 세조는 조카 단종을 몰아내고 왕이 된 비정한 인물이지만, 당대에는 대신들에게 눌렸던 왕권을 회복시켰다는 점을 높이 평가하여 '조' 자를 붙인 것으로 보인다.

선조와 인조는 임진왜란과 병자호란을 극복하여 200년간 유지해 온 사직(社稷)이 멸망할 위기에서 중흥을 꾀한 왕으로서 의미를 지닌다. 선조는 원래 선종(宣宗)이었다가 추존(광해군 8)되었다. 인조는 임진왜란 시 우리에게 은혜를 끼친 바 있는 명나라를 받들고 금수의 나라인 청나라를 배격하는 것을 기치로 하여 반정함으로써 대의명분을 수호한 군주로 받들어졌다. 중종도 인조와 같이 반정으로 왕이 되었지만, 단지 성종의 직계 왕통을 지켰다고 하여 굳이 '조'자 묘호를 붙이지 않았다.

영조와 정조는 처음에 영종과 정종이었다가 영조는 1889년(고종 26), 정조는 1899년(고종 광무 3)에 가서 각각 추존되었다. 순조도 처음에는 순종으로 묘호가 정해졌다가 1857년(철종 8)에 가서 순조로 추존되었다. 이렇듯 '조'와 '종'을 나누는 기준은 애매모호하여 묘호를 정하거나 고칠 때에 논란의 소지가 되었으며, 위의 사례와 같이 '종'에서 '조'로 바뀌는 경우가 생겼다. 당시 '조'가 '종'보다 격이 높은 것으로 인식되기는 하였지만 그것이 엄정하다고는 볼 수 없고 당시 정치적 형편에 영향을 받아 이루어졌던 셈이다. 적어도 순조가 세종보다 낮다고 보는 사람은 없을 테니 말이다.

연산군과 광해군

민주 사회에서는 누구나 대통령이 될 자격이 있다. 그러나 왕조 사회에서는 함부로 왕이 되려고 했다간 자칫 삼족이 화를 입기 마련이었다. 왕은 왕의 아들만이 될 수 있었고, 그 우선권은 왕비의 첫째 아들에게 주어지는 것이 통상적이었다. 그러나 왕비 소생의 첫째 아들인 적장자(嫡長子)가 일찍 죽거나 왕이 될 자질을 갖추고 있지 못할 때에는 다른 왕자들에게도 기회가 주어졌다. 그러다 보니 왕자 중에는 왕위에 대한 야심을 갖는 자들도 있게 되고 이에 따라 왕위 쟁탈전도 심심찮게 전개되었다. 본인의 뜻과 상관없이 역모 사건에 이름이 한번 오르기라도 하면 생명 보전도 어려웠던 것이 왕자들의 운명이었다. 태종이 일으킨 왕자의 난이나 세조의 찬탈 과정, 임해군

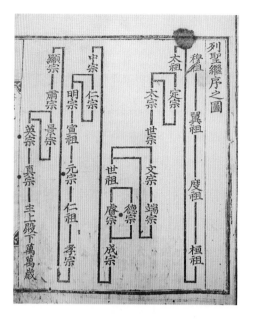

過 영창대군의 옥사를 비롯해 수많은 사건 속에 왕자들이 고난을 당했던 것은 바로 이러한 사실을 말해 준다.

위에 언급한 사실들을 포함해 조선시대에는 적장자로서 왕이 된 경우는 실상 그리 많지 않은 편이다. 27대에 걸친 왕 가운데 적장자로 왕위에 오른 인물은 기껏해야 문종·단종·연산군·인종·현종·숙종·순종 등으로 손에 꼽을 정도이다. 그뿐만 아니라 적자가 아닌 서자로서 왕이 되는 일도 적지 않았고, 왕실의 직계손이 끊어진 경우에는 곁가지인 방계에서 영입하여 왕으로 세웠던 적도 있었다.

《선원세보(璿源世譜)》 중의 〈열성계서지도〉(단국대 중앙 도서관 소장)
정조 때 만들어진 것으로 보이는 이 계보도에는 영조가 영종으로 되어 있는 것을 볼 수 있고, 반정에 의해 축출된 연산군과 광해군이 빠진 대신 덕종, 원종, 진종 등 추존 왕들이 들어가 있는 것을 확인할 수 있다.

연산군과 광해군은 반정으로 축출됨으로써 왕으로 인정받지 못하였다. 그래서 그들은 서출 왕자에게나 쓰는 군(君)으로 강등되었다. 광해군은 왕이 되기 전의 호칭으로 되돌아갔지만, 연산군은 원래 성종의 적장자였으면서도 대군이 아닌 군의 호칭에 머물러야 했다. 일단 왕에서 폐해지면 적자와 서자의 구분이 굳이 필요치 않았겠지만, 연산군의 어머니가 왕비에서 폐해져 일반 서인이 된 것과도 무관하지 않을 듯싶다.

반정이라는 용어가 사용되기는 《춘추공양전》에 나오는 '발란반정(撥亂反正)'이라는 말이 처음인데, 이것은 '난세를 평정하여 정상을 회복한다'는 뜻

연산군 묘 전경(서울 도봉구 방학동 소재)
뒤쪽에서 오른쪽이 거창군부인 신씨의 묘이
고, 앞의 묘는 후궁 조씨의 묘이다. 왕의 무덤
은 능, 세자의 무덤은 원, 일반인들의 무덤은
묘라 칭하는데, 연산군은 쫓겨난 왕이라서 무
덤을 묘라 칭한다.

ⒸO이호일

이다. 《태조실록》이나 《태종실록》 등에 이성계의 위화도회군을 '발란반정'
이라 표현하고 있는데, 이는 그들 나름대로의 명분을 표방하였음을 나타내
는 셈이다. '반정'이란 바로 이 '발란반정'의 준말로, 사회가 정상적으로 운
영되지 못하고 파행적으로 흘러갈 때 원래의 정상적인 상태로 되돌림을 의
미한다. 따라서 반정으로 축출된 연산군이나 광해군은 철저히 부정되었다.
결국 반정은 신하로서 임금을 치는 행위가 엄격히 금지된 왕조 국가에서 폭
군에 의한 정치적 파국을 나름대로 막는 명분이었던 셈이다.

그런데 같은 반정이라고 해도 중종반정과 인조반정은 역사적 배경이 다
른 만큼이나 그 성격도 달랐다. 적어도 연산군을 축출한 중종반정은 그 명
분이 뚜렷하였다. 조선 전기에 발생한 4대 사화 중 연산군 때 발생한 무오사
화 및 갑자사화에서는 특히 많은 사람이 희생되었다. 연산군은 성균관을 폐
하여 기생방으로 만들었는가 하면 궁궐 근처의 민가를 허물어 사냥터로 썼
고, 풍기 문란은 극도에 달하였으며, 결국 유흥비에 탕진한 재정이 백성들
에게 전가되는 등 그의 온갖 악행에 대한 원성은 조야에 팽배해 있었다. 이

러한 총체적 위기의식의 발로에서 비롯된 중종반정은 두말할 필요가 없을 만큼 명분이 확고하였다고 할 수 있다. 그 근거로 중종반정을 일으킨 정국 공신들의 움직임 외에도 연산군을 축출하려는 다른 세력이 존재하고 있었던 사실을 들 수 있다.

이에 비해 인조반정은 근본적으로 중종반정과 그 성격이 다르다. 인조반정을 성사시킨 서인 세력과 그에 일부 동조한 남인 세력은 대북 세력의 폐모살제(廢母殺弟)와 대명 의리 문제를 명분으로 내세웠지만, 거국적인 지지를 얻지는 못하였다. 광해군은 임진왜란으로 초토화된 상황에서 나름대로 전후 복구 노력을 기울였고, 명과 후금 사이에서 중립 외교를 통해 국익을 지켰으며, 대동법과 같은 중요한 정책 실시에 착수한 바 있다. 그러나 정치적으로 반대 입장에 있었던 서인 세력에 의해 결국은 실각하여 군으로 격하되고 말았다.

연산군과 광해군처럼 반정에 의해 축출된 왕들은 왕실 족보인《선원록(璿源錄)》에서조차 겨우 이름 정도나 끼워 줄 정도로 박대를 받았다. 왕이 승하하게 되면 대개는 다음 대에 실록을 편찬하기 마련인데, 이에 대해서도 연산군과 광해군은《연산군일기》,《광해군일기》하는 식의 일기로 이름을 붙이는 차별을 받았다.

대원군과 부원군

조선시대의 왕 중에는 후사(後嗣) 없이 승하한 왕들이 몇 명 있다. 이러한 경우에 방계(傍系)에서 왕위를 계승하게 되는데, 이럴 때 새로 왕이 된 사람을 낳아 준 아버지에게 붙여진 명칭이 바로 대원군이다. 명종이 후사 없이 죽자 선조가 왕이 되었고, 인조는 반정을 통해 등극하였으며, 철종과 고종은 모두 앞의 왕들이 후사 없이 죽음으로써 방계에서 들어와 왕위를 계승했기에 그들의 생부가 각각 대원군이라는 호칭을 얻게 되었다. 그런데 네 명의 대원군 가운데 세 명은 모두 사후에 대원군으로 추존되었던 반면 흥선대원군만이 생존 당시 대원군 칭호를 받았다. 더구나 흥선대원군은 고종 초 10년간 정국을 주도하여 우리에게 깊은 인상을 남김으로써 그만이 대원군인 듯한 인상을 주었다.

왕비의 아버지, 즉 왕의 장인과 친공신(親功臣)에게 주던 칭호가 부원군이다. 고려시대에는 정일품의 종친과 공신에게 주던 작호였으나, 조선 초기에는 종친과 공신뿐 아니라 임금의 사위인 부마에게도 이를 주다가 뒤에 왕비의 생부와 정일품 공신에게만 주게 되었다. 공신으로 부원군이 된 대표적인 인물은 이항복이다. 이항복은 임진왜란 때에 선조를 잘 모신 공으로 오성부원군에 책봉되었다. 이 부원군들의 명칭도 그저 생각나는 대로 짓는 것이 아니고 대개 그들의 본관에 맞추어 부여하였다. 선조의 장인인 박응순의 경우 반성부원군(潘城府院君)이고, 또 다른 장인 김제남은 연안부원군(延安府院君)이며, 효종의 장인인 장유(張維)는 신풍부원군(新豊府院君)이었는

〈대원군 이하응의 초상〉(서울역사박물관 소장)
조선시대 4명의 대원군 중 살아서 실제 권력을 행사한 이하응만이 우리에게 대원군으로 각인되어 있는 실정이다.

〈장유상〉(국립중앙박물관 소장)
효종의 장인인 장유는 문장으로
이름 높았다.

데, 이는 모두 각자 그들의 본관 지명에서 따온 것이
다. 박응순은 반남 박씨(潘南朴氏)였고, 김제남은 연
안 김씨(延安金氏)였으며, 장유는 덕수 장씨(德水張氏)
였다. 장유의 경우 본관 지명과 얼핏 상관없는 듯 보
이지만 사실 덕수는 풍덕군(豊德郡)에 속해 있어 신풍
(新豊)이라는 명칭이 붙게 되어, 그 역시 그의 본관과
관련하여 부원군 칭호를 받았던 것이다.

대군과 군, 공주와 옹주

같은 왕의 자식이라도 등급에 차이가 있었다. 《경국
대전》에는 왕비 소생의 왕자를 대군(大君)이라고 하고,
후궁 소생의 왕자는 군(君)으로 칭한다고 규정해 놓고 있다. 물론 이들 외에
왕손이거나 공신의 봉작으로서 군의 칭호가 붙는 경우도 있다. 대군과 군의
차이는 바로 적서 차별에서 비롯된 것으로서, 왕비 소생인가 아니면 후궁의
소생인가에 따라 나뉘었다. 왕비는 공식적으로 한 명일 수밖에 없으니 자연
후궁의 자식들이 많게 되고, 따라서 대군보다는 군의 수가 월등히 많다. 선조
의 왕자들을 예로 들면 선조에게는 14왕자가 있었지만 의인왕후 박씨에게는
소생이 없었고, 계비(繼妃)인 인목왕후에게서 태어난 영창대군만이 적자로서
유일하게 대군이 될 수 있었다. 공빈 김씨의 소생인 임해군 형제를 비롯해 나
머지 왕자들은 영창대군보다 먼저 태어났지만 모두 서자였던 까닭에 군 칭호
를 받았다.

왕녀에게도 적서 차별이 있기는 마찬가지이다. 왕비가 낳은 딸은 공주라는 칭호를 붙이는 반면 후궁의 몸에서 태어난 딸은 옹주라고 불렀다. 공주나 옹주에게 장가든 부마에게도 '위(尉)'라는 칭호를 쓰는 것은 같지만 품계상 공주에게 장가든 부마는 처음부터 종1품에 해당하는

순종황제 가족
고종을 중심으로 오른쪽에 영친왕과 순종, 왼쪽에 순종비 순정효황후 윤씨와 덕혜옹주가 앉아 있다.

'위'를 받았고, 옹주에게 장가든 부마는 종2품에 해당하는 '위'를 받았다.

왕비는 왕과 같이 품계를 초월한 존재이다. 그러나 후궁들은 모두 내명부 품계를 받았다. 후궁의 품계로는 정1품 '빈'에서부터 종1품 '귀인', 정2품 '소의', 종2품 '숙의', 정3품 '소용', 종3품 '숙용', 정4품 '소원', 종4품 '숙원' 등이 있다. 후궁의 품계는 왕의 총애를 받은 정도, 다시 말해서 왕의 승은(承恩)을 입었는가, 자녀를 생산하였는가, 자녀 중에 왕자가 있는가, 그 왕자가 세자가 되었는가의 여부에 따라 결정되었다. 광해군의 어머니인 공빈(恭嬪) 김씨, 인조의 할머니인 인빈(仁嬪) 김씨 등은 모두 정1품에 해당하는 '빈' 급에 해당되었고, 인현왕후와 라이벌 관계였던 장희빈(張禧嬪)도 바로 그 경우였다. 그 밖에 조귀인·정소용·이숙원 하는 따위도 모두 후궁들이 받은 품계 앞에 성씨를 붙인 데 지나지 않았다. 왕세자비에게도 이보다는 단계가 낮지만 정부인인 세자빈 이외의 여인들에게 '양제'니 '양원'이니 하는 칭호를 붙여 주었다.

김세봉 _사단법인 유도회 한문연수원 교수

경종과 영조는 어떤 사이였을까

김백철

관점의 환기

우리가 알고 있는 역사상은 특정 시기 사람들의 시각이 상당한 영향을 미치고 있다. 예컨대 고대사는 고려시대 사람들의 시각이 기준점이고, 고려사는 조선 초기 관점이 중요하게 작용하고 있으며, 조선 전기 역사상은 조선 후기 문물제도 정비기의 시선이 큰 영향을 미치고 있다. 같은 연장선상에서 조선 후기 시대상은 일제강점기 인식의 틀에서 완전히 자유롭지 못하다. 광복 이후 다양한 식민사학 극복 운동이 전개되었으나 온전히 새로운 담론으로 대체되지는 못하고 있다. 설령 연구사적으로 새로운 학설이 나오거나 심지어 교육과정이 개선되었어도 일반 대중의 인식은 100여 년 전의 시각에 머물러 있는 경우가 태반이다.

여기에는 대중매체의 학계와 괴리된 시선이 큰 몫을 차지하고 있다. 물론 사극으로 통칭되는 드라마, 영화, 연극, 뮤지컬, 오페라 등에 역사서와 동일한 수준의 고증을 요구할 수는 없으며 창작의 영역도 인정해야 한다. 대중 매체에서 역사를 소비할 때 필요한 가치는 고증이 아니라 시각이다. 얼마나 상식적인 역사 인식을 바탕으로 하여 창작활동을 하는지에 대한 부분만 요구해야 한다.

그럼에도 대중은 역사와 창작극을 구분하지 못하며, 새로운 시각이라는 미명하에 일제의 왜곡된 시선이 부활하는 경우도 비일비재하다. 이는 역사학계가 그동안 역사를 대중에게 '생각하는 학문'으로 자리잡게 하지 못하고 재미있는 이야기나 교훈거리 혹은 암기과목이나 연표의 나열 등으로 오해하도록 방치했기 때문이다.

시대극으로 많이 소비되는 시기는 사료가 상대적으로 풍부한 18세기이다. 그중에서도 경종-영조의 관계가 극전개의 중심축이나 전제로 쓰이는 경우가 많다. 과연 우리가 알고 있는 상식은 실제 사료나 연구 성과와 얼마나 일치하고 있을까?

대리청정 대 수렴청정

특히 선입견이 많이 작용한 경우가 대리청정(代理聽政)을 둘러싼 시각이다. 대체로 일반 시민들은 드라마나 영화 등의 영향으로 대리청정을 18세기 이후의 산물로 떠올리는 경우가 많을 것이다. 경종, 영조, 사도세자, 정조, 효명세자 등이 모두 대리청정을 했기 때문이다. 물론 좀더 역사에 관심이 있는 경우라면 세종 대 문종의 대리청정까지 떠올릴지도 모른다. 하지만 정조 대에 편찬된 《춘관통고(春官通考)》 〈가례(嘉禮)〉 '청정(聽政)'에서는 정종연간 정안군(태종)을 세자로 책봉한 뒤 군국중사(軍國重事)를 맡긴 때부터 대리청정의 첫 사례로 제시하고 있다.

《춘관통고》(한국학중앙연구원 장서
각 소장)

　대리청정은 국왕을 대신해서 차기 왕위계승자(세자, 세제, 세손 등)가 섭정하는 형태이다. 왕대별로 변동은 있으나 국왕이 여전히 군권과 인사권을 행사하는 경우가 대부분이다. 구체적인 절차는 경종의 왕세자 시절 대리청정을 기준으로 절목(節目)이 갖추어졌다. 이 같은 개념을 적용한다면 태종이 상왕이 되고 세종이 신왕으로 즉위한 이후에도 태종이 여전히 군권과 인사권을 행사했으므로 상왕-신왕의 구도는 실제 대리청정기 대조(大朝)-소조(小朝)의 운영 양태와 비슷했다. 다만 공식적으로는 문종의 세자시절부터 처음으로 '대리청정'으로 명명되었으나 비슷한 양상은 태종(세자)이나 세종(신왕)에게서도 찾을 수 있다.

　곧 왕권이 강한 국초에 이 같은 대리청정에 준하는 조치들이 이루어진 것이다. 이것은 18세기 특정 사례를 곡해하여 대리청정에 대해 왕세자를 시험에 빠뜨리는 행위로 해석하는 것과 본질적으로 다른 성격이었다. 특히 수렴청정과 대리청정은 양립되지 않은 제도였다. 국왕이 생전에 실무를 익히게 했을 때는 수렴청정이 발생하기 어려웠다. 예컨대 성종 대 정희왕후(세조비), 명종 대 문정왕후(중종비), 선조 대 인순왕후(명종비), 순조 대 정순왕후(정조비), 헌종-철종 대 순원왕후(순조비), 고종 대 신정왕후(익종비) 등은 신왕이 어리거나 왕세자 교육을 제대로 받지 못한 경우였다. 따라서 대리청정과 수렴청정은 국왕을 보좌하는 형태의 기능이지만, 왕권의 입장에서는 그 성격이 판이하였다. 국왕은 가급적 자신의 생전에 후계자 교육을 하고 싶

어 했다. 이것이 국왕권이 강력했던 탕평정치기 대리청정의 제도화로 나타
났다.

당론서(黨論書)에 담긴 왜곡된 시선

아울러 도식적인 역사 이해도 상당한 악영향을 미치고 있다. 19세기부터
상당수의 당론서가 쏟아져 나왔다. 중앙 정계에 진출이 막힌 향촌의 양반가
는 자신의 사회적 지위를 유지하기 위한 다양한 방법을 모색했다. 그중 가
장 많은 사례가 족보(族譜), 만성보(萬姓譜), 문집(文集), 당색보(黨色譜), 당론
서(黨論書) 등을 편찬하는 일이었다. 그래서 17~18세기초 붕당전성기에 화
려한 가문의 영광을 추억하여 그 후손임을 증명하고자 노력했다. 이 같은
의식은 19세기 문벌 의식의 극대화로 이어졌다. 본관이 다른 가문끼리 합쳐
서 단일한 족보를 간행하는 경우도 있었다. 심지어 일제강점기에도 더욱 강
화되는 추세를 보여서 16세기 말에 소멸한 동인의 당색보를 만드는 황당한
일도 추진되었다. 이는 단일가문의 힘만으로 부족하다고 여겼기 때문이다.
특히 18세기 중반 이미 붕당정치가 거의 종식을 고하였는데도 20세기 초반
까지 노론−소론−남인 가문을 구분하는 허망한 인습이 지속되었다.

하지만 17~18세기 실상은 서로 다른 당색간 이동이 잦았을 뿐 아니라 같
은 가문 내에서도 서로 다른 당색이 존재하였음에도 19세기에는 '가문=학
파=정파'라는 도식이 만들어져 유행하였다. 이는 지방에 고립된 양반 가문
의 현실을 과거로 소급하여 그릇된 역사적 사실로 투영했기 때문이다. 당시
에는 가문 의식에 지나치게 몰입되어 개인의 자유의지에 대해서 너무도 쉽

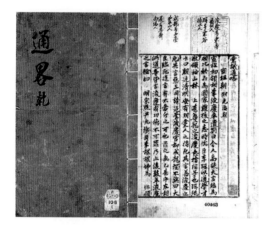

게 간과해 버렸다. 이러한 악습을 토대로 일제는 당파성론(당쟁사관)을 만들어 200년 전에 없어진 붕당정치로 조선이 망했다는 황당한 주장을 펼치기에 이른다.

당시 《당의통략(黨議通略)》을 비롯한 당론서에서 인기를 끈 주제 중 하나가 소론과 노론의 대립이며, 그 후원자 내지 지지자를 경

▌《당의통략》(서울대학교 규장각한국학연구원 소장)

종과 영조로 설정하는 방식이다. 왕위계승전의 확대판으로 신축–임인옥사, 무신란, 을해옥사 등을 거론한다. 그래서 어느 시대에나 존재하는 정치세력 간 경쟁을 마치 18세기 붕당간 격앙된 투쟁사로만 묘사해 왔다. 실록이나 《승정원일기》를 직접 살펴볼 수 없던 시기에 당론서로 대변되는 야사류는 조선시대 역사에 대한 갈증을 채워 주었으나 동시에 왜곡된 역사인식도 심어 주었다. 망국 과정에 대한 철저한 분석은 필요하지만 일제가 만들어 낸 '당쟁'이라는 용어를 통해서 조선시대를 재단하는 것은 문제가 있다. 이 같은 표현은 1990년대 교육과정에서 퇴출되었으나 여전히 연구자를 포함하여 일반 시민이 사용하고 있을 만큼 식민교육은 계속 대물림되고 있다. 곧 이러한 인식하에서 '영조–노론 대 경종–소론'이라는 관점이 재생산되고 있다.

왕실의 두 형제

그러나 최근 연구들에서는 공통적으로 경종-영조의 관계를 재평가하고 있다. 여기에는 경종-소론의 관계나 영조-노론의 관계도 기존 선입견과 상당히 다르게 보고 있다. 이는 그동안 시대 상황을 단순화시킨 도식론적 설명이 이해하기는 쉬웠으나 실제 역사상은 그렇게 단순하지 않았기 때문이다.

이 같은 시대 상황의 출발점은 물론 경종-영조의 부왕인 숙종이다. 그는 14세에 즉위하여 자신의 왕권을 획득하는 데 기민한 정치력을 발휘하였다. 숙종은 재위 전반기 환국을 통해서 붕당의 정치적 기반을 붕괴시키면서 심판자로서 국왕의 권능을 적극적으로 보여 주었다. 왕권이 급성장하는 사이에, 두 왕후(인현왕후·희빈)와 두 산림(윤휴·송시열)이 모두 희생되었다. 심지어 만년에는 왕위계승구도를 두고 두 왕자(경종·영조)를 경쟁시켰다. 왕의 마음은 누구도 예단할 수 없었다. 이 여파로 숙종 만년에는 소론이 지지하는 왕세자(경종)가 대리청정을 맡고, 연잉군(영조)을 지지하는 노론이 집권하는 세력 균형이 이루어졌다.

하지만 숙종이 훙서(薨逝)하자, 경종은 자

〈연잉군 초상〉(국립고궁박물관 소장)

신을 견제하는 조정을 물려받아야 했다. 이 때문에 33세의 젊은 왕이 즉위한 지 수개월 만에 노론은 건강상 이유를 들어 왕세제책봉[건저(建儲)]을 성사시켰고 다시 수개월 후 대리청정까지 주청하는 단계에 이르렀다. 정국은 이른바 파국을 향해 치달았다. 야밤중 홀로 있는 군주를 위협해서 대리청정을 받아 냈다는 비난은 노론 내에서조차 파다하였다. 이는 명백한 반역 행위였다. 급기야 여론이 악화되자 주청한 노론 신료들은 스스로 잘못을 빌기에 이른다. 그동안 무기력한 모습만 보여 주던 신왕은 갑자기 소론 신료의 주청을 받아들여 하룻밤 만에 환국을 일으켰다. 그가 부왕의 아들임을 증명하는 순간이었다. 다시 유배 중인 노론 4대신을 모두 사사(賜死)하여 전율(戰慄)의 군주로 탈바꿈하였다. 사실 경종은 표면적으로 소론의 지지를 받는다고 해도 마땅한 친위 세력이 없었다. 소론 역시 따지고 보면 갑술환국 이후 모후[대빈(大嬪)]를 축출하는 데 가담한 서인계였다. 이것이 즉위 후 소론 정권을 바로 세울 수 없었던 이유였다. 단지 경종은 여론이 자신의 편이 되기를 기다려서 소론[급소(急少:소론 급진파)]을 활용한 것에 지나지 않았다. 그랬기에 신축년[1721(경종 1)]에 이어 임인년[1722(경종 2)] 2차 옥사에서 소론이 노론 세력의 배후로 연잉군을 지목하여 제거하고자 했을 때도 제동을 걸었다. 환관 박상검 등이 무장한 채 동궁을 침범하였을 때도 아우를 지켜 주었다. 경종의 행보는 전형적인 국왕의 입장을 대변하고 있었고, 스스로 특정 신료 집단의 영수라고 생각하지 않았다. 그리고 왕실의 존엄을 해치는 것을 극히 꺼려 하며 아우를 돌보았다. 그가 즉위 초 왕세제 책봉을 신속히 마무리 지은 것도 기실 자신의 의지였다. 이 같은 입장은 영조도 고스란히 물려받았다.

경종과 소론의 제휴가 끈끈해지는 시점은 신축-임인환국 이후이다. 중앙정계에서 노론이 퇴출되자 공백을 소론으로 메꾸어야 했다. 이를 위해서 1723년(경종 3) 한 해 동안만 4차례나 과거시험을 열어서 대략 천여 명(968명)을 선발하였다. 이때 들어온 신진관료들은 경종이 전시에 직접 선발한 인물이 주축을 이루었다. 처음 출사한 관료들은 왕에 대한 충성심이 남달랐다. 이들이 경종의 친위세력인 새로운 소론[완소(緩少:소론 온건파)]에 해당한다.

그런데 연잉군은 당시 왕세제로 책봉되어 동궁에 머물러 있었다. 과거 급제자 중 뛰어난 이들은 국왕의 시종신으로 선발되는데, 동궁(왕세자, 왕세제, 왕세손)이 있을 때 동궁 속료로도 진출하며 양자는 전직되는 구조이다. 따라서 새로 선발된 소론(온건파)은 신왕(경종)과 동궁(영조)을 동시에 섬기는 경험을 하였다. 선배 소론(급진파)이 노론의 수괴로서 연잉군을 제거 대상으로 생각했다면, 후배 소론(온건파)은 경종의 각별한 보살핌을 받는 세제를 섬기는 데 아무런 모순을 느끼지 못했다. 형제간 우의가 좋았을 뿐 아니라, 위기 상황마다 경종의 보호막은 강력하게 펼쳐졌다. 특히 동궁의 서연(書筵) 시에도 종종 국왕이 찾아와 아우를 격려하였다. 이를 목격한 동궁 속료들은 차기 왕위를 의심할 수 없었다. 그들은 오늘날 대통령인수위와 같은 역할을 꿈꾸며 언젠가 있을지 모를 집권에 대비한 국정 정책을 준비하였다. 이들 소론(온건파)을 학계에서는 소론 탕평파라고 부른다. 이는 19세기 이후 당론서에서 주장하는 단일한 성격의 소론으로는 설명할 수 없는 대목이다.

특히 경종이 갑자기 홍서하자 가장 위기에 처한 것은 동궁이었다. 그런데도 경종은 수개월 전에 만일을 대비하여 기존 상층부(소론 급진파)를 견제할 수 있는 재야산림을 초치하였다. 소론 강경파[준소(峻少)]에 해당하는 이광좌

(李光佐)를 동궁의 스승으로 삼고 아우를 맡긴 것이다. 노론이 재야로 퇴출되고 조정 상층부는 연잉군과 적대적 관계인데도 경종이 갑자기 서거한 뒤 영조가 목숨을 지키고 왕위 계승에 성공한 것은 바로 온건파와 강경파 덕분이었다. 이들이 경종의 유지를 받들어 동궁을 보호하면서 즉위시키고 심지어 급진파를 제거했기 때문이다. 소론 내 숙청이 이루어지면서 영조는 신왕으로 즉위하였다. 이 모두가 노론의 정치 참여 이전에 벌어진 상황이었다. 그래서 영조는 자신을 둘러싼 소론 세력을 적대시할 수 없었으며 오히려 오른팔처럼 여겼다.

한편 급진파가 제거되자 재야의 노론이 정권 진입을 시도하였다. 반면에 소론 내 숙청으로 자당의 명분이 붕괴되자 이들은 미련없이 정권을 버렸다. 그리하여 1725년(영조 1) 을사환국으로 노론정권이 탄생했으나 숙종–경종대와 같은 피의 숙청은 없었다. 그럼에도 노론은 모든 소론을 적대시하면서 자신들이 영조를 왕으로 만들었다고 공로를 뽐냈다. 영조가 노론의 과도한 숙청 요구를 들어주지 않자, 조정은 약 1년 남짓 정무가 멈추어졌다. 이에 국왕은 더 이상 인내하지 않고 1727년(영조 3) 정미환국을 일으켜 소론 정권을 다시 세웠다. 물론 노론에 대해서도 피의 숙청은 없었다. 어찌 되었든 모두 국왕의 오른팔과 왼팔이었기 때문이다.

그런데 몇 달 뒤 1728년(영조 4) 무신란이 발발하여 경종의 복수와 노론타도를 명분으로 거병하였으나 경종의 수족인 소론 정권이 집권하고 있는 모순된 상황으로 반란은 성공하지 못했다. 당시 극소수 노론을 제외하면 이들은 재야에서 비협조적인 태도를 보였고, 당색이 옅은 무장들은 신변 위협을 두려워하여 출진을 거부하는 사태까지 나타났다. 이때 문신인 소론들이 대거 자원하여 전선을 누볐다. 동궁 속료 출신이 전장 맨 앞에 나선 것은 결코 우연이 아니었다. 심지어 장군들이 몸을 사리자 병조판서 오명항이 직접 대군을 이끌고 사로도순문사(四路都巡問使)가 되어 반군을 격퇴하였다. 소론의 헌신은 눈부실 정도였으며, 이들의 활약으로 난은 불과 1주일 만에 진압되었고 잔여 세력 토벌과 민심 수습까지도 1개월 내외에 종료되었다. 여타 반란이 1~2년을 지체했던 것을 감안해 보면 놀라운 속도전이었다. 영조는 즉위 과정뿐 아니라 경종의 복수라는 치욕적인 명분을 내세운 반란에서도 자신의 편에 서서 목숨을 걸었던 소론의 공로를 평생 잊지 못했다. 그래서 영조 재위 52년 중 전반기는 소론 대부분이 탕평 관료로서 적극 활약하였으며, 왕실과 혼인을 비롯하여 공신 책봉의 다수를 차지하였다. 이것이 탐탁치 않았던 이들이 바로 노론 관료들이었으며, 영조와 소론 관료들은 이들을 최대한 설득하여 조정에 불러들이는 데 일생을 바쳤다. 이 때문에 당론서에서조차 영조 중반 붕당이 소멸했다고 평가할 정도였다. 이처럼 영조는 한평생 소론을 자신의 친위 세력으로 만들어 준 황형(皇兄:경종)을 추모하면서 보냈다. 물론 자신의 친화력과 신의가 뒷받침되었겠으나 소론을 동궁 속료로 임명하여 노론−소론의 양자택일 구도를 없애 준 이는 경종이었다. 따라서 그동안 일반에 알려진 경종과 영조의 대립적 관념은 실제 역사적 사실과 상당한 격차가 있다.

김백철 _계명대 교수

어린 왕은 왕 노릇을 할 수 없었나

오수창

어린 왕은 19세기에만 있었는가

조선시대 19세기의 역사를 설명하는 데에는 국왕이 어린 나이에 즉위하였다는 점이 중요한 문제라고 생각되어 왔다. 많은 사람이 19세기 세도정치(勢道政治)가 파행적인 정치 운영 형태였다고 하면서 국왕 순조의 나이가 너무 어렸다는 사실이 중요한 원인이었던 것으로 생각하고 있다. 아닌 게 아니라, 정조가 갑작스럽게 죽어 순조가 왕위에 올랐을 때의 나이는 11세에 지나지 않았다. 이렇듯 어린 나이의 국왕 밑에서는 국정이 제대로 돌아가지 못하여 주위 인물들이 권력을 장악하기 마련이었다고 생각하는 것도 무리는 아닐 듯하다. 그 후로도 헌종은 8세, 고종은 12세의 나이로 즉위하였다.

하지만 어려서 즉위한 국왕이 어디 19세기 국왕들뿐이었던가. 일찍이 단종은 12세, 성종은 13세, 명종은 12세에 즉위하였으며 선조는 16세, 숙종은 14세에 즉위하였다. 12세에 즉위한 단종은 삼촌에 의해 왕위에서 쫓겨나고 목숨까지 잃었지만, 정치적 대세는 오히려 왕권 강화로 귀결되었다. 성종은 《경국대전》을 완성시킨 데서 나타나듯이 관인 세력을 통제해 가면서 조선

〈입학도〉, 《왕세자입학도첩》(고려대학교 박물관 소장)
왕세자가 《소학(小學)》과 《주자가례(朱子家禮)》를 배울 수 있는 나이에 이르렀을 때 입학례
를 치르는 일련의 의식 중 성균관 박사가 왕세자에게 경전을 설명하고 있는 장면이다. 이
의례의 주인공은 효명세자(익종翼宗)로, 입학례는 1817년(순조 17) 3월 11일에 거행되었다.

초기 국가 체제의 완성이라는 과업을 달성하였다. 명종 연간에는 그 어머니
문정왕후(文定王后)의 형제를 중심으로 척신 정치가 행하여졌지만 당대에 그
것을 극복하였고, 오히려 척신의 정치 참여를 제한하는 전통을 세워 약 200
년 동안 계승되도록 하였다. 선조의 경우에도 임진왜란 같은 무서운 전란을
겪으면서도 몇몇 특정 신료에 의해 왕권이 압도되는 사태는 일어나지 않았
다. 숙종 역시 붕당으로 나뉜 신료 세력을 번갈아 등용하면서 왕권 강화에
노력을 기울였다. 영조나 정조가 왕권 강화의 방법으로 삼은 탕평책은 많은
부분이 숙종 대의 정책을 계승한 것이었다.

조선왕조의 정치제도에는 국왕이 어린 나이로 즉위하더라도 안정된 상태에서 국정을 이끌어 나갈 수 있도록 하는 제도들이 수립되어 있었다. 먼저 수렴청정(垂簾聽政)을 들 수 있다. 국왕이 어리면 왕실의 여자 어른이 발을 드리우고 신하들을 대하여 국왕 대신 국정을 처리하였던 것이다. 그리고 조정의 원로대신들로 하여금 국왕의 후견인 노릇을 하게 하는 원상제(院相制)에 의해서도 국정이 큰 무리 없이 처리될 수 있었다. 어린 국왕 즉위 초에 수렴청정이나 원상제가 시행된 점은 19세기의 순조도 15세기의 성종, 16세기의 명종과 마찬가지였다. 왜 앞 시기에는 국정이 세도정치로 빠져들지 않았던 것일까? 유독 순조에 대해서만 어린 나이로 즉위한 것을 강조하는 것이 과연 타당한 논리일까? 성종·숙종 등은 11세에 즉위한 순조에 비해 많은 나이로 즉위했으므로 정치력이 컸기 때문인가. 두세 살 나이가 많았다 해도, 그 차이가 국가의 운명을 갈라놓을 정도는 아닐 것이다.

정순왕후의 수렴청정

순조가 어린 나이로 즉위했기에 19세기에 왕권이 약화되고 세도정치가 나타났다면 순조 초년의 정국이 그대로 후대로 이어졌어야만 할 것이다. 정국에 변화가 있었다 하더라도 그것은 국왕의 의사와 관계없이 전개되었어야 한다. 하지만 사실은 그렇지 않았다. 흔히 정조가 사망하고 순조가 어린 나이로 즉위하면서 바로 국왕의 권위가 땅에 떨어지고 세도정치가 뿌리를 내린 것으로 이야기되지만, 그것은 사실과 다르다. 순조가 즉위한 때부터 말년까지 한결같이 외척 세력에 눌려 왕권을 제대로 행사할 수 없었던 것은 결코 아니었다.

즉위 후 한동안은 증조할머니인 영
조 계비 정순왕후(貞純王后)가 수렴청
정하였으므로 순조가 직접 국정을 주
재할 수 없었던 것이 사실이다. 정순
왕후는 경주 김씨 김한구(金漢耉)의
딸이었는데, 그 동생 김구주, 사촌 김
용주, 팔촌 김관주·김일주 등은 심환
지(沈煥之) 등과 함께 벽파(僻派)의 핵
심 인물이었다. 그들은 사도세자의
장인이자 정조의 외조부인 홍봉한(洪
鳳漢) 등 후대의 시파(時派)로 이어지
는 세력과 영조 말년부터 극심한 대
립을 빚어 왔다. 벽파는 앞 시기 정조
의 정책에 반대하고 있었다. 정조가

《영조정순후가례도감의궤》 부분(서울대학교 규장각한국학
연구원 소장)
정순왕후는 영조비 정성왕후(貞盛王后)가 죽자 1759년(영조
35) 15세로 51세 연상인 영조와 혼인하여 왕비로 책봉되었는
데, 그때를 기록한 그림이다.

친아버지 사도세자에게 아들로서의 도리를 다하여야 한다는 입장이었음에
반해, 벽파는 영조가 정조의 생부 사도세자를 죽음으로 몰아넣은 일을 정당
화하는 데 정치력을 모았던 것이 한 예이다. 자연히 정순왕후의 수렴청정이
시작되자마자 조정에는 정변이라 부를 만한 변화가 일어났다. 시파 인물들
이 대부분 조정에서 축출되고, 정조의 이복동생인 은언군(恩彦君)과 외삼촌
홍낙임(洪樂任), 그리고 정조의 가장 가까운 측근이었던 윤행임(尹行恁)이 죽
임을 당하기까지 하는 무서운 숙청의 바람이 일어났다. 정조가 온건하게 대

했던 천주교에 대해서 대대적이고 혹심한 탄압이 일어났고 그 와중에 선왕이 애정을 보이며 양성한 남인과 서얼들이 축출되었다. 정조가 심혈을 기울여 육성한 군대 장용영은 가차 없이 혁파되고 말았다.

그러한 움직임의 중심에 정순왕후가 있었다. 그녀는 아들뻘이면서도 나이는 열 살이나 위인 사도세자와 사이가 몹시 나빴다고 하며 일찍부터 벽파의 후원 세력이 되어 있었다. 그녀는 정조가 죽은 지 한 달도 지나지 않아 다음과 같은 말로 신하들을 몰아세웠다.

> 선왕이 항상 유지하였던 큰 의리는 지극히 정밀하고 지극히 엄하여 털끝만큼이라도 어기면 안 된다. 그런데도 한 종류 못된 무리가 그 사이에 뛰어들고 틈새를 파고들어, 길잡이가 되어 온 선왕의 넘치는 덕에 매번 어긋나고 있다. …… 돌아보건대 지금 주상은 어리고 내가 여자 군주로서 조정에 임해 있는데 못된 무리가 협잡을 부려 상황을 시험해 보는 버릇이 지난날에 비해 몇 배가 될지 알 수 없다. 이 무리를 점점 날뛰게 하여 20여 년간 어렵게 지켜 온 큰 의리를 터럭만큼이라도 어기게 한다면 국세를 유지할 수 없게 될 뿐만 아니라 오늘날의 주상과 신하들이 무슨 얼굴로 돌아가 선왕을 뵈올 수 있겠는가.

비록 어린 임금을 보호하여야 한다는 내용을 그 앞에 내세우고 울음을 삼켜 가며 선왕 정조의 의리를 강조하였지만, 사실은 정조의 정책을 일거에 뒤집는 단호한 조처였다. 계속된 그녀의 닦달에 조정에 늘어선 신하들은 한명 한명 벽파의 의리를 지키겠다는 충성 서약을 하지 않을 수 없었다.

정순왕후가 행사한 강력한 정치력은 기본적으로 왕권이었다. 그녀는 국왕과 똑같은 권위를 지니고 있었으며 국왕과 똑같은 방식으로 권력을 행사하였다. 본인도 수시로 여주(女主), 여군(女君), 즉 여자 임금이라고 자칭하였다. 순조가 어려서 즉위했음에도 왕권에 해당하는 권력이 신하가 아닌 왕실 인물에 의해 국정에 그대로 작동하고 있었음을 알 수 있다.

순조의 국정 주도 노력

더욱 중요한 것은 순조가 친정(親政)을 시작하면서 얼마 지나지 않아 위와 같은 정순왕후의 권위를 완전히 무력화할 수 있었다는 점이다. 순조는 국정을 직접 처리하기 시작한 후 얼마 되지 않아 권유(權裕)를 공격한 대사간 박윤수(朴崙壽)의 상소를 신하들에게 제시하면서 신하들의 권유 공격을 재촉하였다. 일찍이 정조는 시파 김조순(金祖淳)의 딸을 순조 비로 예정해 놓았는데, 권유는 벽파를 대표하여 그 결혼을 막으려 했던 인물이다. 따라서 순조의 그러한 행동은 벽파가 주도하던 정국이 시파 중심으로 크게 반전됨을 뜻하는 것이었다. 그것이 결국 자신과 벽파의 몰락으로 이어질 것이라는 점을 충분히 짐작하였을 우의정 김관주마저 국왕의 요구대로 권유의 죄를 지적하여 다른 신하들이 권유를 공격하도록 길을 열어 줄 수밖에 없었다. 설령 순조의 행동 뒤에 다른 외척 세력인 김조순 가문이 있었다 하더라도 그들의 힘은 국왕을 무시한 상태에서가 아니라 바로 그 국왕의 적극적인 움직임을 통해서 발현되고 있었던 것이다.

정순왕후는 자기 정책이 전면적으로 부정된다는 위기를 느끼자 갑자기

발을 드리우고[수렴(垂簾)] 국왕과 함께 직접 신하들 앞에 나섰다. 얼마 전까지만 해도 정순왕후는 수렴청정을 통해 여주로서의 권력을 행사하였지만 상황은 크게 달라졌다. 좌의정 이시수(李時秀)는 대왕대비의 수렴을 정면에서 반박하였다. 일단 국왕이 친정을 시작하였는데 대왕대비가 다시 국정에 나서는 것은 옳지 않다는 지적이었다. 대왕대비는 막무가내로 선왕이 세운 의리를 내세우면서 조정의 움직임을 비판하는 발언을 계속하였지만, 이시수 또한 대왕대비가 수렴하는 일은 옳지 않다는 주장만을 집요하게 되풀이하였다. 우의정 김관주 역시 속마음은 어떻든 이시수와 같은 발언을 계속하였다. 결국 대왕대비는 신하들의 반대를 이겨 내지 못하여 한글 교서로 의견을 밝히겠다고 말한 후 안으로 물러갈 수밖에 없었다.

순조는 대왕대비가 한참을 두고 신하들과 승강이를 벌이는데도 한마디도 거들지 않아 대비의 수렴에 무언의 반대를 명확히 하였고, 대왕대비가 들어가자마자 전에 대왕대비의 처분을 이끌어 냈던 다른 신하들을 불러 지나간 일처리를 비난함으로써 대비의 정책이 잘못되었음을 지적하였다. 나이가 어려서 자기 권력을 행사하지 못하던 인물의 모습이 결코 아니었다. 대왕대비는 별다른 힘을 발휘하지 못하다가 1년 후에 사망하였고 벽파 인물들은 대대적으로 숙청되었다. 수렴청정기에 권력의 정점에 있던 대왕대비의 일가붙이들도 모두 유배당하였고 그중 김관주는 유배 중에 죽었다. 국왕이 어리다지만 그 권

《선원보감》에 실린 순조상(목판본, 전주 이씨 대동종약원 소장)

위는 아무도 부정할 수 없는 막중한 것이었고 실제로도 큰 힘을 발휘하는 국정 운영의 핵심이었음을 알 수 있다.

그 뒤로 순조의 역량은 크게 발휘되었다. 18세가 된 1807년(순조 7)에는 근무를 소홀히 했다는 이유로 이조판서 이시원(李始源)에게 21회, 병조판서 한만유(韓晩裕)에게 24회씩 잘못을 심문하는 처벌을 가하여 좌의정 이시수로부터 너무 가혹한 대접을 한다는 말을 들을 만큼 강한 모습을 보였다. 국왕이 말을 놓을 수 없는 정이품의 판서, 그것도 인사권을 장악하여 정치적 핵심을 이루고 있던 인물들에게 그러한 처벌을 내린 것은 앞 시기에도 찾아보기 힘든 일이었다. 순조의 국정 주도는 그와 같은 일과성 사건에 그치지 않았다. 이듬해에는 유례없이 전국 각도에 일제히 암행어사를 파견하여 민폐를 보고하게 하였다. 또한 국가의 재정·군사·토지에 대한 내용을 샅샅이 파악하기 위해 오늘날까지도 중요한 자료로 이용되고 있는《만기요람(萬機要覽)》을 편찬하게 하였다. 1809년(순조 9)에는 전국의 감사·유수·수령들로 하여금 각 지역 민폐와 그 해결 방안을 보고하게 하였고, 1811년에는 그것을 임금이 항상 참고할 수 있도록 다시 항목별로 정리하게 하였다. 그는 군사력을 마련하여 자기 입지를 튼튼히 하려고 다각적으로 시도하였으며, 그것은 명목만 남아 있던 오위도총부(五衛都摠府)를 강화하라는 명령으로 귀착되었다. 순조는 자기 정책을 뒷받침할 수 있는 관료 세력을 양성하기 위해 하급 관인들을 상대로 각종 강(講)과 시험, 활쏘기 등을 매우 자주 시행하였다. 국정을 주도하기 위한 순조의 노력들은 앞 시기 영조와 정조의 정책을 본뜬 수준 높은 것으로서 국정 구석구석에 미쳤던 것이다.

왕권 약화와 외척 권세가

그럼에도 순조 때에는 세도정치가 시작되었고, 이에 따라 외척이 왕권을 넘어서는 권력을 누리는 특징적인 정치 구도를 이루게 되었음도 틀림이 없다. 사실 위에서 서술한 순조의 노력은 대개 실패로 돌아갔다. 친위 부대를 강화하려는 노력은 노골적인 반대에 부딪혔고, 국정에 대한 구체적인 명령들도 신하들이 성실히 이행하지 않아 실효를 거둘 수가 없었다. 대사간 이심도(李審度)와 같이 시파와 벽파의 대립을 비판하고 임금이 강력하게 국정을 주도하여야 한다고 주장한 인물이 없지는 않았다. 그러나 언관들은 그가 조정 관인을 모두 거꾸러뜨리려 한다고 맹렬한 공격을 퍼부어 결국 조정에서 축출하였다. 그러던 중에 1809년(순조 9) 전국적인 대기근과 1812년 '홍경래의난'이라는 비상사태가 계기가 되어 순조는 결정적으로 국정 주도력을 상실하게 되었던 것이다. 권력은 치열한 경쟁을 벌이던 몇몇 권세가들 중에서 순조의 장인인 김조순에게 결정적으로 집중되었다.

세도정치기 왕권의 약화는 어디서 온 것일까? 순조의 국정 주도가 실패한 것은 그가 개인적으로 무능력해서라기보다 당시 정치체제와 관인들의 구성 자체가 국왕이 힘을 발휘할 수 있는 기반이 되지 못했기 때문이었다. 18세기에 영조와 정조가 시행하였던 탕평책은 정국의 안정을 이룩하는 데 적지 않은 성과를 올렸으나, 조선왕조 왕권의 전형을 수립한다는 목적은 달성할 수가 없었다. 지배 세력이 당파로 결집하여 자기들 나름의 정치 이념을 세우고 몇몇 가문이 권력을 집중시켜 가던 것은 국왕의 능력으로 제어할 수 있는 단계를 지났던 것이다. 그리하여 국왕은 혼인 관계에 있는 가문의 힘을 빌린다는 고전적인 방식에 의지하게 되었다. 특히 정조는 노론의 핵심 가문 출신인 김조순을 선택하여 장래 임금의 장인이라는 특별한 지위를 부여하면서 그에게 세자를 맡기기에 이르렀다. 정조는 영조의 탕평책을 계승하면서 자기 나름의 명분과 정치 운영 방식을 수립하였던 국왕이다. 그런데도 신하들의 세력 다툼보다 한 차원 높은 곳에 존재하면서 그들을 조정해 나갈 자신을 잃어버리고, 유력한 인물의 힘에 의지하여 왕실의 힘을 보전하려 했던 것이다. 나아가 순조는 자신이 외척인 김조순

▌ 순조의 태실과 태실비(충북 보은군 소재)

가문에 압도당하는 쓰라린 경험을 했는데도 손자인 헌종을 그 외조부 조만영(趙萬永)의 동생 조인영(趙寅永)에게 맡겼다. 이는 외척의 강력한 정치적 역할을 현실로 받아들일 수밖에 없었기 때문이었다.

그렇다면 그 외척의 힘은 어디서 온 것이었을까? 단지 국왕이 어려서 19세기에 왕권이 약화된 것은 아니었듯이, 외척이 힘을 발휘할 수 있었던 것도 단지 그들이 국왕의 외척이었기 때문만은 아니었다. 앞 시기인 조선 중기의 붕당정치 질서에서는 훈신(勳臣)과 척신(戚臣)의 정치 참여가 크게 견제되었다. 그러나 붕당 간의 경쟁과 대립이 격화됨에 따라 훈척 세력은 군사권을 중심으로 점차 큰 역할을 하게 되었다. 호위대장의 경우에는 훈척만이 임명될 수 있다는 규정이 새로 만들어질 정도로 훈척의 정치적 역할이 공식화되기도 하였다. 특히 조선왕조의 정치체제가 국왕을 정점으로 하고 있었

던 만큼 정쟁이 격화됨에 따라 국왕과 가까운 존재인 외척의 정치적 역할이 더욱 커지고, 나아가 붕당정치의 중심을 이루었던 유력 가문의 인사가 외척의 지위를 얻으려 노력하게 된 것은 당연한 추세였던 것이다.

김조순은 순조의 장인이어서 권력을 누리게 되었다기보다는, 김상헌의 후예로서 17세기 중반 이후 오랜 기간 동안 정치의 핵심을 이루던 가문 출신이었기에 외척이 될 수 있었다고 보는 면이 더욱 타당할 것이다. 그리고 그 권력은 적어도 외형상으로 비변사라는 국정 최고 기관을 장악함으로써 행사되었다. 김조순에 대한 평가가 당시의 것이든 후대의 것이든 대개 그 가문의 위세로부터 시작되고 있다는 점도, 19세기 전반에 세도정치를 수행한 외척들은 철저히 조선 후기 정치체제의 테두리 안에서 배태되고 성장한 존재였음을 보여 준다.

역사를 국왕의 나이와 같은 우연한 요소, 개별적인 사실에 매달려 설명하는 것은 그 시기 실제 상황을 파악하는 데 걸림돌이 된다. 왕권의 약화와 외척의 권력 집중으로 대표되는 19세기의 세도정치는 결코 국왕의 나이가 어렸던 데에 근본적인 이유가 있었던 것은 아니었다. 그것은 전반적인 사회 변화를 근저에 두고 변모되어 온 조선의 지배 체제가 마지막으로 도달한 상태였다.

오수창 _서울대 교수

2부 관료와 양반의 일생

조선시대 문과 급제자의 일생

차미희

우리 삶에서 우리를 가장 억누르고 있는 것은 무엇일까? 남녀를 불문하고 대학교를 졸업한 훨씬 뒤에도 가끔 꿈에서 대학 시험을 준비하며 떨어지지 않으려고 발버둥 치다가 깨어나곤 하는 것을 보면, 시험이 바로 우리를 억누르는 주범임에 틀림없다. 게다가 직장을 얻기 위해 각종 고시라든가 취직 시험을 준비해야 하는 형편이니 시험은 싫으나 좋으나 우리 삶과 뗄 수 없는 것이 분명하다. 그렇다면 우리네 조상인 조선시대 사람들은 과연 입학과 취직 시험에서 자유로울 수 있었을까? 우리가 잘 아는 이항복(李恒福, 1556~1618)의 삶을 통해서 조선시대 시험제도를 추적해 보기로 하자.

성균관 입학의 어려움

이항복은 지금도 우정의 전형적인 예로 손꼽히는 '오성과 한음'의 주인공이자 재치와 장난꾸러기의 대명사이며, 임진왜란 때 나라 안팎에서 국란을 수습하는 데 커다란 공로를 세우기도 하였다. 그는 아홉 살 어린 나이에 아

버지를 여의고 편모슬하에서 자라면서, 호기와 힘
만 믿고 골목대장이 되어 씨름과 공차기로 세월을
보냈다. 그러나 그는 자신의 앞날을 걱정하는 어머
니의 눈물 어린 가르침을 계기로 크게 깨달은 바가
있어, 단호하게 이전의 생활을 정리하고 학업에 열
중하였다.

이항복은 그 뒤 16세 때 어머니마저 여의고, 삼년
상을 마친 뒤에는 당시 유일한 국립대학인 성균관에
입학하기 위해서 생원·진사시를 치렀다.

성균관에서는 생원과 진사 각각 100명씩 모두

〈이항복상〉 부분(서울대학교 박
물관 소장)

200명을 선발하였는데, 우선 전국 유생들을 대상으
로 일차 시험인 초시를 치러 700명을 뽑은 뒤, 최종적으로 서울에서 복시를
치렀다. 생원시와 진사시는 시험 과목이 달랐다. 생원시는 유교 경전인 사
서오경을 시험 보았고, 진사시는 부 한 편과 고시(古詩)·명·잠 중 한 편, 모
두 두 편의 문장을 짓는 시험을 보았다.

이항복은 진사시에 도전하였다. 그는 어려서부터 글재주가 비상하여 신
동이라는 칭송이 자자하였다. 이항복이 여덟 살 때 아버지가 그의 글재주를
시험하느라 거문고와 칼을 주자 그 자리에서 "칼에는 장부의 기상이 어리
고, 거문고에는 영겁의 진리가 서리었도다."라는 시를 읊어 아버지를 놀라
게 했다는 이야기는 유명한 일화로 남아 있다.

그러나 이항복은 성균관 입학시험에서 좌절한 것으로 보인다. 진사시 초
시에 합격했을 뿐, 최종 시험인 복시에는 떨어지고 말았다. 그래서 그는 성

김홍도, 〈소과응시〉 부분, 《평생도》(국립중앙박물관 소장)

균관에서 공부할 수 있는 또 다른 방법을 찾았다. 성균관 기재생으로 들어가는 것이었다. 성균관에서는 정규 학생인 생원, 진사 외에도 국립 중등학교에 해당하는 사학(四學: 서울의 네 곳에 있는 교육기관으로서 위치에 따라 중학·동학·남학·서학이 있었다.) 학생들 중 나이가 15세 이상인 학생들에게 구두시험으로 소학을 보게 하여 100명을 뽑아 함께 교육시키고 있었다. 오늘날의 경우로 굳이 비유한다면 대학의 청강생 정도로 말할 수 있지 않을까.

문과 급제의 의미

어쨌든 성균관에 들어간 이항복은 조선 사회 전체를 이끄는 핵심 엘리트인 문반 관료가 되기 위해 그 다음 단계의 과정을 겪어야 했다. 그것은 바로 문반 관료라면 누구나 반드시 통과해야 하는 문과(文科) 시험이었다.

전근대사회인 조선시대의 지배 체제는 정치, 경제, 사회, 문화가 제대로 분화되지 않은 중앙집권적인 관료 체제였다. 따라서 지배층이 되기 위해서는 문반(또는 동반)과 무반(또는 서반), 즉 양반 관료가 되어야만 했다. 조선시대에는 양반 체제를 지향하면서도 문치주의에 따라 문반을 더욱 우대하였다. 관품은 관직·과전·녹봉 등은 물론 각종 특혜의 기준이 되었는데, 정국을 이끄는 핵심 세력인 당상관은 주로 문반에 만들어져 있었고, 무반에 설정된 당상관 직책도 대개 문반 관료가 겸직하였다. 문반 우대는 관직 체계와 그 운영에서도 나타난다. 실제 담당 직무가 마련된 실직의 숫자가 문반은 중앙 관직 741자리와 지방 관직 1,038자리를 합해 모두 1,779자리였고, 무반의 경우는 중앙 관직 3,324자리와 지방 관직 502자리를 합해 모두 3,826자리로서, 실직 수만 비교해 보면 무반이 문반보다 배가 많다. 그러나 이러한 무반 실직의 숫자는 대부분 각종 군대 장교의 자리였고, 그나마 상급 자리 상당수는 문반에게 돌아갔다. 그뿐만 아니라 정국 운영의 핵심 관서와 관직을 모두 문반이 주도하도록 하였다.

문반 관료는 이처럼 조선시대의 지배 체제를 이끄는 핵심 엘리트였는데, 문반 관료가 되는 가장 정상적인 길은 문과에 합격하는 것이었다. 물론 문반 관료가 되는 데에는 다른 길도 있었다. 아버지나 할아버지가 이미 고위 관직을 역임하였거나 국가에 공로를 세웠을 경우 우대책의 일환으로 그 자손을 관직에 임명하는 음서제가 그것이었다. 그러나 음서제를 통해서는 올라갈 수 있는 관품과 관직이 한정되어 있어서 핵심 엘리트가 되려면 다시 문과에 합격해야 했다.

이항복이 문과 시험을 통과한 것은 그의 나이 24세, 1580년(선조 13)이었다. 성균관에서

박세당 홍패, 166년(현종 1), (반남 박씨 서계가문 소장)
생원이었던 박세당이 문과에 장원급제하였음을 증명하는 교지이다.

공부한 지 5년 만에 알성시에 병과로 급제한 것이다. 당시 문과에 합격하는 비율을 살펴보면 생원, 진사가 평균 70퍼센트 정도로 다수를 차지하였고, 이항복처럼 단지 학교에만 소속된 유학(幼學)들은 합격률이 10퍼센트 정도에 불과했다. 이를 보면 그의 노력이 얼마나 피나는 것이었는지 알 수 있다.

이항복은 중종 때에 문과에 급제하여 당상관 직을 역임했던 아버지 이몽양(李夢亮)의 뒤를 잇게 되어, "죽어서 무슨 면목으로 아버지를 뵙겠느냐."라고 아들을 훈계하던 어머니의 간절한 바람을 이루었다. 그리고 조선 초기부터 명문으로서 그 위세를 자랑하던 경주 이씨 가문의 영광을 지속시킬 수 있게 되었다.

문과 시험의 종류와 과목

당시 과거에는 여러 종류가 있었다. 문관을 뽑는 문과, 무관을 뽑는 무과, 그리고 의관·역관 등 기술관을 뽑는 잡과가 있었다. 이 시험들은 3년마다 정기적으로 실시하여 일정 인원을 선발하는 식년시와 부정기적으로 그리고 선발 인원도 일정하지 않은 별시가 있었다. 별시는 또 실시의 명분마다 여러 종류로 나뉘었다. 왕실의 경사를 축하하기 위해 실시되는 시험과 국왕이 친히 행사를 주관하면서 실시하는 시험, 그리고 특정 지역을 배려하기 위한 외방 별시 등이었다.

과거 가운데서 가장 중요한 것은 역시 문과였다. 이항복이 합격한 문과 알성시는 국왕이 봄과 가을에 성균관의 문묘에 친히 행차하여 작헌례를 행한 뒤에 실시하였다. 작헌례는 국왕이 지배 이념인 성리학을 준수한다는 의

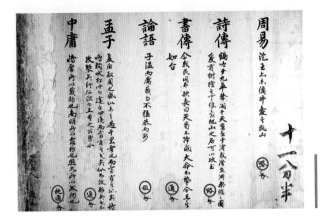

〈이후영강경시권〉 1684(숙종 10), (고성 이씨 임청각 소장)
경전을 외워 쓴 답안지에 '조(粗), 약(略), 통(通)'등(밤색 원) 점수가 매겨져 있고 그 밑에 수결이 있다.

지를 상징적으로 표현하는 것이었고, 이 행사가 끝나면 유생들을 격려하기 위해서 과거를 실시한 것이었다.

　문과는 그것이 어떤 종류라 해도 모두 성리학을 수양한 유생들을 문반 관료로 선발한다는 기본 원칙에 차이가 없었다. 따라서 초시나 복시를 막론하고 초장에서는 경학에 대한 이해를 중시하여 사서오경에 대한 이해를 필기시험과 구두시험으로 평가하였다. 그리고 중장에서는 문학을 시험하는 부와 중국에 보내는 외교문서의 문체인 표·전의 문장 능력을, 종장에서는 당시의 급선무에 대해 자신의 의견을 논술하는 대책을 시험 보았다.

　그런데 이러한 문과 시험에 합격하기 위해서 열심히 공부하기보다는 나쁜 쪽으로 열심인 부류도 있었다. 시험장에서 부정행위를 저지르는 것이었다. 몰래 책을 끼고 들어와서 베끼는 경우가 있는가 하면, 아예 글 잘 짓고 글씨 잘 쓰는 사람을 데리고 들어와서 대신 짓고 쓰게 하는 경우도 있었다. 또 시험관과 서로 짜고서 답안지 내용의 일부 또는 답안지의 번호를 알려주어 채점 때 참고하게 하였고, 심지어는 합격한 남의 답안지를 훔치기도 하였다. 국가에서는 이러한 것이 발각되면 즉시 의금부에 넘겨 논죄하고, 또한 두 차례 시험 응시 기회를 박탈하는 등 부정행위를 막기 위한 규정을 보다 세밀하게 강화시켜 나갔다.

문과 급제 이후의 각종 축하 행사

급제자들은 대개 합격자 발표가 있은 며칠 뒤에 합격 증서를 수여 받는 의식과 각종 축하 행사에 참석하게 된다. 이 모든 의식과 축하 행사는 바로 핵심 엘리트로서 나라를 이끌어 갈 자격을 획득하게 된 문과 급제자들의 위상에 걸맞은 것이었다.

조선시대의 문과를 비롯한 과거의 합격 증서 수여식은 창방의 또는 방방의라고 불렀다. 이 행사는 국왕이 직접 참석하고 문반과 무반의 모든 관료와 급제자의 부모 형제들이 참관하는 가운데 성대하게 거행되었다. 여기에서 문과 급제자는 오른쪽, 무과 급제자는 왼쪽에 정렬한 뒤, 호명에 따라서 국왕에게 사배례를 올리고 나서 합격 증서인 홍패를 비롯하여 술과 과일 등을 하사 받고, 이후 시가행진에서 선보일 어사화와 일산 역시 하사 받았다. 이 성대한 행사는 급제자들로 하여금 국왕에게 변치 않는 충성을 가슴속 깊이 다짐하고, 그 부모들로 하여금 다시금 흡족한 마음을 확인케 하는 자리였을 것이다.

이 창방의가 끝나면 의정부에서는 곧바로 급제자들을 위한 축하 잔치를 베풀어 주었다. 은영연이라 불리는 이 축하 잔치는 당상에 시험을 주관했던 시관들을 앉히고, 당상에 이르는 계단을 중심으로 동쪽에 문과 급제자, 서쪽에 무과 급제자를 각각 성적순으로 앉혀서, 악공이 연주하는 가운데 기생들은 술을 권하고 재주꾼들은 여러 가지 재주를 보여 주어 그간의 노고를 위로하는 흥겨운 연회였다.

축하 행사는 여기서 끝나지 않았다. 다음날에는 문과 급제자들이 무과 급제자들과 함께 문과 장원의 집에 모여서 궁궐로 나아가 국왕에게 사은례를 올렸다. 또 그 다음날에는 무과 장원의 집에 다 함께 모여 성균관 문묘에 가서 공자의 신위에 참배하는 알성례를 행하였다. 그뿐만 아니라 사흘 동안 시가행진도 하였다. 유가라고 불리는 이 행사는 외국의 체육 경기에 나가서 메달을 획득하고 돌아온 선수들을 무개차에 태우고서 축하 행진을 벌이는 것과 같은 것이었다.

김홍도, 모당 홍이상공 일생 중 〈삼일유가〉(국립중앙박물
관 소장)
조선 전기 문신으로 이조참의, 대사성, 대사헌 등을 지낸 홍
이상(洪履祥, 1549~1615)의 일생을 그린 그림 가운데 하나로 과
거에 급제하여 삼일유가(三日遊街)하는 장면이다.

유가할 때 앞에서는 천동이 길을 인도하고 악수가 풍악을 울리면 비단옷에 갖가지 꽃을 장식하고 황초립에 공작 깃털을 꽂은 광대가 풍악에 맞추어 춤을 추고, 재주를 넘으면서 흥을 한껏 돋운 다음에 그 뒤를 어사화를 꽂은 급제자가 말을 타고 서서히 따르면서 일가친척을 찾아다녔다.

이러한 유가를 하는 급제자의 마음은 그렇다 치고, 유가를 바라보는 사람들의 마음은 어떠했을까? 공부하는 유생들은 '나도 저렇게 성대한 유가를 해야지.'라고 하면서 더욱 열심히 공부하게 되었을 것이고, 공부와 거리가 먼 사람들은 그저 급제자에 대한 존경심에 고개를 수그리지 않았을까?

유가를 마치면 지방 출신 급제자들은 광대들과 함께 고향에 돌아갔다. 각 지방에서는 급제자가 귀향하는 날 고을 사람과 관리들이 모두 나아가 환영하였는데, 이때에도 급제자들은 유가를 하였다.

유가가 끝나면 급제자들은 부모와 동네 어른들이 참석한 가운데 홍패를 모시고 일생의 만사형통을 비는 '홍패 고사'를 지냈다. 광대들이 잔치 분위기를 돋우었음은 물론이다. 나아가 고을 수령은 급제자와 그의 부모를 관아에 초대하여 주연을 베풀었고, 부모가 안 계신 급제자에게는 제물을 마련해 주어 부모님 묘소를 찾도록 하는 등 세심한 배려를 아끼지 않았다. 급제자의 배출은 한 개인, 한 가문뿐만 아니라 그 지역의 영광이기도 하였다.

삼관 분속과 면신례의 고통

알성시 병과에 급제한 이항복은 곧 정9품의 관품을 제수받아 수습직인 권지로서 삼관에 분속되었다. 이항복의 급제 성적인 병과는 등급으로 따지면 갑과, 을과 다음인 3등급에 해당하는 것으로, 급제자의 대다수가 바로 이 병과에 해당되었다. 이항복이 처음 제수받은 정9품의 의미를 알기 위해 장원 급제자와 비교해 보자. 갑과 중에서도 장원에게는 종6품계를 주어 곧바로 중견 관료이자 지방 수령이 될 수 있는 참상관으로 진출시켰는데, 이러한 관품 제수는 종9품에서부터 한 품계씩을 올려 받기 위해 채워야 하는 근무 기간과 비교해 보면 7년이라는 기간을 면제받는 매우 파격적인 승진이었다. 그리고 성적이 내려갈수록 처음 받는 품계는 낮아졌다. 특별한 일이 없는 한 이항복이 참상관이 되려면 장원보다 6년 정도 더 시간이 걸려야 했다.

이항복은 관료로서의 출발을 권지로서 시작해야 했다. 조선 초기에는 문과에 급제하는 모든 사람에게 실직을 주었다. 그러나 관직 숫자는 정해진 반면 식년시 이외에 별시가 자주 실시되면서 급제자 숫자가 늘어나게 되자 새로운 대책을 강구하였다. 1등급인 갑과로 급제한 경우가 아니면 모두 급제 당시의 성적에 따라 해당하는 관품만 받고, 수습직인 권지로서 삼관에 나누어 소속시켜 실무를 익히도록 했다가 실직을 제수하도록 한 것이다. 오늘날로 비유하면 정식 직원이 되기 전에 일정한 수습 또는 연수 기간을 거치면서 실무를 익히게 하는 것과 같았다.

급제자들이 삼관에 분속될 때 그 기준은 본래 개인의 자질에 따라 이루어졌다. 외교문서를 작성하는 승문원에는 연소하고 총명한 자를, 교육을 담당하는 성균관에는 나이 많고 덕을 쌓은 자를, 경서를 간행하는 교서관에는 고금의 사리에 박학한 자를 각각 분관하였다. 그러나 급제자 숫자가 많아지면서 분관에도 점차 문벌이 작용하게 되어 승문원, 성균관, 교서관의 순서로 우열이 생겨났다. 이항복은 이후에 실직으로 승문원 부정자를 제수받게 되는데, 이로 미루어 보면 당초 권지로 승문원에 분관된 것으로 보인다. 그의 자질이 기준이 되었는지 아니면 문벌이 작용했는지 잘 모르겠지만 관료로서의 출발은 대체로 양호하였다.

그런데 문과 급제자들이 관직 생활을 시작하면서 넘어야 할 또 다른 고비가 있었다. 바로 면신례였다. 신참 관료들은 관직에 제수되는 즉시 허참례라는 일차 향응을 베풀어 선배 관료들에게 소속을 허락받고, 열흘 뒤에 다시 그들에게 성의를 표시하는 면신례를 거쳐야 했다. 허참이나 면신을 위한 잔치에는 광대와 기녀들이 필수적으로 따랐고 밤새도록 술과 노래, 그리고 춤을 포함한 풍류를 즐겼는데 잔치를 끝낼 새벽녘에는 참석자 전원이 〈한림별곡〉을 불렀다.

그러나 이러한 잔치를 차리는 비용보다도 신참 관료들을 더욱 괴롭히는 것은 허참례에서 면신례 때까지 선배 관료들에게 당하는 수모였다. 선배 관료들은 거름을 당나라의 향기로운 분가루라고 하면서 얼굴에 바르도록 하였고, 아름다운 노래라고 하면서 음담패설을 늘어놓게 했으며, 하루 종일 일어나서 춤을 추게 하여 심한 경우에는 평생 폐인을 만들기도 하였다.

신참 관료들은 이때 금품을 상납하기도 하였다. 면신을 잘 치르는 신참 관료의 경우 선배 관료들로부터 재능과 인품을 인정받아 그 뒤의 관직 생활이 순탄하였지만, 그러지 못할 경우에는 견디기 힘들었기 때문이다. 여러 왕들이 면신례의 폐단을 막기 위해서 처벌 조항을 만들 정도로 신참 관료들의 괴로움은 컸다.

면신례는 고려 말기에 문벌귀족의 어린 자제들이 음덕으로 관직을 얻게 되자 선배 관료들이 이 신참 관료들의 오만함을 꺾고 상하 위계질서를 바로잡기 위해서 시작되었다. 그 뒤로 면신례는 관료의 자질·능력·재치를 시험하는 전통적인 시련 과정으로서 의미를 가졌으나, 결국은 이렇게 금품이나 향응을 요구하기까지 이르렀던 것이다.

문과 급제자로서의 영광스러운 삶

이항복이 수습직에서 벗어나 처음으로 제수받은 실직은 승문원 부정자
(종9품)였고, 다음 해에는 예문관 검열(정9품)이 되었으며, 이후 임진왜란이
일어날 때까지 권력과 명예의 상징인 청요직(淸要職)을 두루 역임하였다. 문
과 급제자들이 모두 이항복처럼 청요직을 역임할 수 있는 것은 아니었다.
대체로 문과 급제자의 약 25퍼센트 정도만이 청요직에 오를 수 있었다.

그렇다면 이항복이 청요직을 거칠 수 있었던 배경은 무엇일까? 관직 경

력을 쌓으면서 확인받은 이항복 자
신의 관료로서 능력을 무시할 수는
없지만, 그가 명문가인 경주 이씨
출신인 데다가 영의정 권철의 손자
사위였던 점도 매우 유리하게 작용
했던 것 같다. 문과 급제는 문반 관
료로서의 필수 조건이었으나, 청요
직으로 진출하려면 가문과 학맥의
배경이 더 필요했던 것이다. 하지만
이항복이 당시 '일인지하 만인지상'
이라고 하는 영의정까지 오를 수 있
었던 것은 가문과 학맥의 배경 때문
만은 아니었다. 거기에는 이항복이
지녔던 관료로서의 탁월한 능력이
바탕이 되었다. 임진왜란을 수습하

작가 미상, 〈정승행차〉 부분, 《평생도》(국립중앙박물관 소장)

면서 그가 보여 준 국정 총괄 능력이야말로 영의정이 될 수 있었던 가장 중요한 이유였다.

이러한 이항복의 삶이 조선시대 사람들의 일반적인 모습은 아니었다. 이항복처럼 영의정에 오를 수 있는 사람은 전체 문과 급제자 중 1퍼센트도 안되었다. 청요직에 오를 수 있는 사람도 문과 급제자 중 25퍼센트에 지나지 않았다. 사실 전국에서 모여든 쟁쟁한 수재들과의 경쟁을 뚫고, 문과에 급제한다는 것 자체가 힘든 일이었다. 대부분의 유생들은 끝내 문과에 합격하지 못하고 평생 '길 떠나는 나그네'로서 과거에 응시하기만 하다 삶을 마감하였다. 그러나 이처럼 과거에 응시할 수 있다면 그 자체만으로도 그는 선택된 사람이었다. 생업에 종사하지 않고 몇 년간 과거 시험을 준비한다는 것은 일반 농민으로서는 상상도 할 수 없는 일이었다. 더구나 여자와 노비는 애당초 문과 시험에 응시할 수 있는 권리는 물론 교육받을 권리조차 없었던 것이다.

차미희 _이화여대 교수

무과 급제자로 살아가기

정해은

무과에 급제하기까지

경상도 선산에 노상추(1746~1829)라는 사람이 있었다. 1780년 2월, 노상추는 돈의문 밖의 모화관으로 가서 무과 급제자 명단을 확인했다. 거기 12번째에 그의 이름이 있었다. 그의 나이 서른다섯이며 무과에 뜻을 품은 지 12년 만이었다. 하늘도 무심하지 않았던 것일까. 조부 노계정이 무과에 급제한 지 55년 만에 그의 집안에서 과거 급제자가 나왔다.

노상추의 집안은 17세기까지만 하더라도 지역에서 명망 있는 양반가였다. 그의 6대조인 노경필은 생원진사시에 합격했으며 학식과 덕망으로 크게 추앙받았다. 하지만 노경필 이후로 생원진사시나 문과에 합격한 사람이 나오지 못하면서 점차 쇠락해졌다. 이러다가는 집안의 명망을 유지하기는커녕 망할지도 모르는 상황이었다. 그래서 그의 조부 노계정은 붓을 꺾고 무과에 급제해 병마절도사(종2품)까지 올랐다. 하지만 이 여세를 그의 아버지가 잇지 못했다.

노상추는 10대에 글공부를 하면서 집안을 빛낼 의지를 다졌다. 하지만 현

©문화재청

《노상추 일기》(경상북도 유형문화재)
노상추가 18세인 1763년 1월 1일부터 시작하여 84세인 1829년 9월 1일까지 쓴 일기이
다. 현재 52책이 전한다.

실은 녹록치 않았다. 위로 형이 둘 있었으나 맏형은 스물네 살에 죽었으며
둘째 형은 장가도 들지 못한 채 열일곱에 요절했다. 아버지는 큰형이 죽고
난 뒤 마음을 잡지 못했다. 노상추는 장남 아닌 장남으로서 집안의 대소사
를 도맡아야 했다. 27세에 홀로 된 큰형수와 어린 조카 두 명을 돌봐야 했
고, 어린 종손(宗孫)을 대신해 종가(宗家)도 보존해야 했다.

 엎친 데 덮친 격으로 노상추도 열아홉에 부인을 잃은 뒤 스물셋에 다시
장가들기까지 마음고생이 심했다. 그가 입신양명을 위해 조부처럼 "붓을 던
져 버리고" 무과에 뜻을 품은 때가 스물셋이었다. 재혼한 지 3개월 만이었
다. 이후 무과에 급제하기까지 여러 고초를 겪었다. 27세에 아버지마저 돌
아가시고, 29세에 재혼한 부인의 죽음으로 다시 세 번째 장가를 들었다. 경

제 여건도 악화일로여서 새 수입원이 필요했다. 이미 무과는 선택이 아니라 생존을 위한 책무가 된 지 오래였다.

조선왕조는 문관과 무관이 주축이 된 '양반' 관료의 나라였다. 문과에 급제하면 문관이 되고 무과에 급제하면 무관이 되었다. 노상추가 합격한 시험은 식년 무과였다. 무과는 초시·복시·전시의 세 단계가 있었다. 이 중 전시는 초시나 복시에서 올라온 합격자의 순위만 결정하는 시험이어서 시험 당락과 무관했다. 노상추가 급제한 식년시와 증광시는 세 단계를 모두 치렀으며, 각종 별시는 복시를 생략하고 초시와 전시만 치렀으므로 각종 별시가 급제에 더 유리했다.

한시각, 《북새선은도》 부분(국립중앙박물관 소장)
1664년(현종 5) 함경도 길주목에서 열린 무과에서 응시자들이 기사(騎射)를 치르는 장면이다. 기사는 말을 타고 달리면서 표적을 활로 쏘는 과목이다.

초시 과목은 무예 실기인 목전·철전·편전·기사·기창·격구로 이뤄졌다. 조선 후기에는 여기서 격구가 폐지되고 기사가 기추로 바뀌었으며, 관혁·유엽전·조총·편추가 추가되었다. 목전과 철전은 화살을 얼마나 먼 곳까지 쏘는지가 중요했으며, 편전과 유엽전은 일정 거리에 있는 과녁을 정확히 쏘는 것이 관건이었다. 기사(기추)·기창·편추는 말을 타고 달리면서 제한 시간 안에 목표물을 활로 맞히거나 창·채찍으로 타격하는 시험이었다. 시험은 이 중에서 몇 과목을 선택해서 치렀다. 복시는 무예 실기와 필기 시험인 강서로 이뤄졌다. 복시가 없는 각종 별시에서는 강서가 초시 과목 중 하나이기도 했다. 전시는 실기 위주로 치렀는데, 조선 후기에는 주로 유엽전으로 보았다.

노상추는 1771년에 처음 무과에 응시한 뒤로 일곱 번 응시한 끝에 급제했다. 이 중 한 번은 서울까지 갔다가 무과를 실시하지 않는 바람에 되돌아왔으므로 실제로는 여섯 번이 된다. 노상추와 함께 무과에 급제한 사람은 무려 225명이었다. 식년 무과의 정원은 28명이므로 나머지 197명은 전시에 직부(直赴)되어서 합격한 사람들이다. 직부전시란 각종 무예 시험의 성적 우수자에게 초시나 복시를 거치지 않고 바로 전시에 응시할 수 있는 자격을 주는 상이었다. 곧 급제나 마찬가지였는데, 주로 중앙 군영이나 지방의 감영·병영 소속자들의 차지였다. 양반은 보통 노상추처럼 개인적으로 무과를 준비해서 치렀다. 그러므로 직부전시자에 비해 급제가 더 어려웠고 경쟁률도 높았다.

노상추는 합격증으로 받은 홍패를 안고 금의환향했다. 그는 고향에 돌아오자마자 먼저 가묘에 제사부터 올려서 선조들에게 급제를 고했다. 이어서 집안 어른들은 물론 선산 부사를 비롯해 마을 어른들에게도 인사를 드렸다.

노상추는 악공을 동원해 잔치를 벌였는데 주변 사람들의 반응은 폭발적이었다. 노상추는 2개월 동안 악공을 데리고 친지나 지인들을 방문했다. 방문하는 곳마다 크고 작은 잔치가 열렸고 주변 사람들의 권유로 춤까지 추었다.

고단한 입직 업무

충무공 이순신(1545~1598)은 1576년(선조 9)에 무과에 급제했다. 나이 32세였다. 이순신은 그해 겨울에 첫 근무지로 함경도의 동구비보 권관으로 발령을 받았다. 권관은 지역 방위 체계의 최하위에 있는 종9품 무관직이다. 그 뒤 정읍 현감으로 부임한 해가 1589년이었다. 무과에 급제한 지 13년 만이었다. 이순신이 출세가도를 달리지 못했으나 그나마 이때는 무과에 급제하고서 오래지 않아 첫 발령이라도 받을 수 있었다.

하지만 조선 후기에는 사정이 달랐다. 노상추는 무과에 급제한 뒤 1년 8개월 동안 실업 상태였다. 무과에 급제하면 무관직에 임용하는 것이 원칙이었다. 하지만 원칙일 뿐이었다. 장원 급제자에게는 바로 6품의 문관직에 임용되는 특전이 주어졌지만 나머지 급제자들은 기약이 없었다. 한평생 미관말직조차 나가지 못한 사

©문화재청

'이순신 관련 고문서-이순신 무과 홍패'(보물)
1576년(선조 9) 3월에 이순신이 무과에 급제한 합격증서다. 성적은 병과 제4등으로 전체 급제자 29명 중 12등에 해당한다.

람이 부지기수였다. 그래서 이들을 구제하기 위해 관련 부서에 임시직으로 파견하는 '분관'을 운영했는데, 이를 권지라 했다. 조선 전기에는 별시위와 훈련원에 배치했고, 조선 후기에는 훈련원만 남았다.

조선 전기에 무관직 수는 3,828자리였다. 조선 후기에는 더 줄어서 노상추가 살던 18세기 후반에는 2,731자리에 불과했다. 더구나 무과의 선발 인원이 많다 보니 문과에 비해 벼슬자리 얻기가 더 힘겨웠다. 조선왕조 500년 동안 선발한 문과 급제자는 1만 4,682명으로 추산된다. 이에 비해 무과 급제자는 조선 후기(광해~고종)에만 대략 12만 명 정도였다. 이 수치만 단순 비교해도 무과 급제자가 대단히 많이 배출된 상황을 짐작할 수 있다.

그래서 조선 후기에는 명문가 후손을 위해 선천(宣薦)이라는 제도를 두었다. 선천이란 무과 급제자나 한량 가운데 장차 선전관이 될 만한 사람을 미리 천거해 두는 제도였다. 승지가 국왕의 문관 비서라면 선전관은 국왕의 무관 비서로서 대단히 영예로운 자리였다. 6개월마다 실시한 선천은 선발 요건이 까다로워서 크고 힘 있는 집안의 자손이 아니면 들기가 쉽지 않았다. 또 평안도나 함경도 사람, 서얼은 처음부터 제외시켰다. 노상추가 무과에 급제한 정조 대에는 이 추천을 받지 못하면 무관직 진출이 거의 불가능하다 해도 과언이 아니었다.

노상추는 계속 선천에 탈락하다가 1782년 12월에 선천에 뽑혔다. 그리고 선천에 들면 내금위로 6개월 동안 복무해야 하는 규정에 따라 다시 무예 시험을 치르고 내금위에 들어갔다. 내금위는 국왕과 궁궐을 호위하는 금군 중 가장 위상이 높았는데, 선천으로 내금위가 된 사람을 특별히 '선천 금군'이라 했다.

노상추는 금군으로 있으면서 주로 입직 업무를 수행했다. 입직은 번을 서는 일인데 한 번 입직할 때마다 3일 연달아 근무하고 그 다음날 아침에 나오므로 꽤 고단한 업무였다.

　다행히 선천에 든 지 2년 만에 첫 관직으로 무신 겸 선전관(이하 무겸선전관)이 되었다. 무과에 급제한 지 4년 만이었다. 선전관은 왕명이나 군사 명령을 전달하고 각종 증명패를 관장하는 막중한 임무를 띠었다. 하지만 하급 선전관에게는 주로 국왕 시위나 입직 업무가 주어졌다. 노상추는 국왕이 조회(朝會)나 과거시험, 죄인 심문, 책봉 등을 비롯해 각종 특별 행사를 치르기 위해 옥좌에 나오거나 여러 곳에 거둥할 때면 시위대로 참여했다. 또 금군일 때와 마찬가지로 입직 임무도 수행했다. 이 밖에 무과의 시관으로 차출되어 시험 감독의 일도 담당했다.

　이 중에서 국왕 시위는 격무에 해당했다. 여기에는 당시 정조의 통치 성향도 한몫했다. 정조는 궁궐 안팎이나 교외로 자주 거둥했으며 재계하면서 밤을 지내는 일도 다반사였다. 하나의 사례로 1785년에 노상추는 정조가 야간에 직접 죄인을 문초하자 시위에 참가했다가 이튿날 파루(오전 4시경)가 되어서야 돌아왔다. 새벽에 돌아오자마자 정조가 영화당에 재계하면서 머물기 위해 거둥하자 다시 종일 시위했다. 또 그 다다음날에 정조가 숙정문에 거둥하여 죄인을 직접 문초하자 종일 시위에 참가하여 초경 5점(오후 9시)까지 시위를 섰다. 4일 동안 하루만 쉬고 주야간 시위에 참여했으니 격무에 시달렸다고 할 만하다.

활쏘기 연습만이 살 길이다

노상추의 서울 생활은 단조로웠다. 노상추가 무겸선전관이나 오위장으로 근무하면서 담당한 업무는 대부분 입직과 야간 순찰 그리고 국왕 시위였다. 또한 국왕 행차가 있으면 시위에 참여해야 하므로 늘 대기 상태였다. 그나마 일을 마치고 나오는 날에는 친구나 친지들과 이야기를 나누거나 가끔 술을 마시는 일이 고단한 심신을 위로하는 낙이었다.

노상추는 내금위로 있던 1784년에 1월과 7월에 두 차례 휴가를 내어 고향을 다녀왔다. 하지만 무겸선전관으로서 관료 생활을 본격적으로 시작한 뒤로는 휴가를 자제했다. 노상추가 무겸선전관이 된 뒤에 다시 고향을 찾은 것은 2년 3개월 만이었다. 그 대신에 고향의 가족과는 편지로 소식을 주고 받았으며, 서울에 온 아우나 친지 또는 친구들과 상봉하는 것으로 향수를 달랬다.

노상추는 하루 속히 수령으로 나가기를 희망했다. 당시 무관들은 능마아강(能麼兒講)을 비롯하여 빈청강(賓廳講)·무경강(武經講)·전경전강(傳經殿講) 등 병학 지식을 요구하는 여러 시험을 치러야 했다. 이러한 환경에도 무관의 고과나 승진에 결정적으로 영향을 미친 것은 활쏘기 실력이었다. 활쏘기 시험에서 낮은 점수를 받으면 고과에서 감점을 받거나 승진을 할 수 없었다. 심지어 쫓겨나기까지 했다.

노상추의 인척으로 정달신이라는 사람이 있다. 무과에 급제한 그가 17년 만에 첫 관직으로 사산참군(四山參軍:정7품)으로 발령을 받은 것도 선천 금군을 대상으로 한 특별 시험에서 1등을 한 덕분이었다. 노상추 역시 나중에 같은 시험에서 3등을 차지하면서 첫 관직으로 무겸선전관에 임용될 수 있었다. 이처럼 본인과 주변의 경험을 통해서 활쏘기의 중요성을 잘 알았기에 활쏘기 연습을 게을리 할 수 없었다.

노상추는 근무를 마치고 나오는 날이면 자주 활터로 나갔다. 그곳에서 무과를 준비할 때 못지않게 활쏘기 연습에 매진했다. 그래서 고향에 갈 엄두를 내지 못했다고 여겨진다. 실제로 노상추는 2년 3개월 만에 고향을 다녀온 직후에 매달 실시하는 활쏘기 시험에서 좋지 못한 성적을 받았다. 고향을 다녀온 후유증이었다. 다른 동료들도 성적이 나빠서 다행히 처벌은 면했으나 앞으로 규정대로 거행하겠다는 정조의 엄한 지시가 내려왔다. 노상추는 바로 그날 오후부터 활터로 나가 다시 활쏘기 연습에 들어갔다.

활쏘기 실력은 무관의 정체성을 높이고 무관으로 생존하기 위한 토대였다. 노상추의 서울 생활은 겉으로 볼 때에 단순했으나 그 안에는 승진을 향한 치열한 노력으로 가득 차 있었다. 한동안 고향에 가지 못할 정도로 관직 생활에 진력하면서 활쏘기 연습에 매진한 이면에는 경쟁을 뚫고 승진의 기회를 잡기 위한 절실한 바람이 있었다.

출세의 길

무과에 급제하면 최고로 올라갈 수 있는 지위는 무엇이었을까? 15세기에 활약한 이준이나 박원종은 무과 급제자로서 영의정까지 올랐다. 이준은 종친이었으며, 당시 사회 분위기가 문무의 차별이 크지 않던 시절이기에 가능했다.

조선 전기에는 중앙군인 오위(五衛)의 최고 지휘부라 할 수 있는 총관과 오위장이 최고위직이지만 모두 겸직이어서 실권이 없었다. 그래서 병마절도사나 수군절도사가 최고의 관직이었다고 여겨진다. 조선 후기에는 오군영이 창설되면서 군영대장이 최고 관직이 되었다. 하지만 집안 배경이 혁혁하지 않은 일반 무과 급제자가 올라가기에는 요원한 자리였다.

1787년에 노상추는 함경도 갑산부에 속한 진동(鎭東)의 만호가 되었다. 만호는 지방의 방어 지휘 체계에 속한 종4품의 무관직이었다. 수령으로 나아가기를 원한 노상추에게는 실망스러운 인사여서 충격이 이만저만이 아니었다. 그는 세력이 없어 밀려났다고 여겼지만 신하로서 관직을 가리지 말아야 한다고 스스로 위안하면서 부임했다. 그나마 30개월 임기를 마치고 서울로 오자마자 품계가 절충장군(정3품 당상)으로 올라 당상이 된 것이 큰 위안이었다. 진동에서 근무를 잘한 덕분이었다.

중앙에는 무관이 일할 곳이 많지 않았다. 그래서 수령 같은 지방으로 나가는 관직을 얻기 전에 오위장이나 금군장 등을 지내면서 6월과 12월의 정기 인사를 기다리는 것이 흔한 일이었다. 노상추 역시 서울로 돌아온 뒤에 오위장을 지내면서 오매불망 정기 인사만 기다렸다. 하지만 뜻대로 이뤄지지 않았고 설상가상으로 오위장에서 물러나야 했다. 1년 동안 실직 상태로 있다가 다시 오위장으로 발령이 나자 "그저 스스로를 가여워 할 뿐이다."라고 하면서 마음을 추슬렀다.

이런 노상추에게 행운이 찾아왔다. 1792년에 정조가 무관들의 활쏘기 시험 성적을 열람하다가 노상추의 이름을 보았다. 이때 정조는 선왕인 영조에게 발탁되어 수문장의 임무를 훌륭하게 수행한 일화를 남긴 노계정을 기억해냈다. 노계정은 바로 노상추의 조부다. 정조는 노계정의 손자인 노상추를 중용하고자 했다. 정조의 표현대로 "천운"이라 할 만했다. 이 일을 계기로 노상추는 당상 선전관을 거쳐 이듬해에 평안도의 삭주 부사(종3품)로 부임했다.

양반도 사정이 이렇다 보니 양반이 아닌 무과 급제자가 관직을 얻기란 하늘의 별 따기였다. 신분이 낮다 보니 선조의 후광이 있을 리 없고 본인을 밀어 줄 후원 세력도 없었다. 대부분 홍패만 자손 대대로 기념품처럼 물려줄 뿐이었다. 그나마 운 좋게 관직 진출의 기회를 잡더라도 말단직이거나 한 번에 그쳤다. 1790년에 무과에 급제한 최필주는 황해도 개성 사람으로 아버지의 신분은 양인이었다. 개성부 읍지인 《중경지》의 〈무과〉 조에 그의 이름이 올랐으나 경력은 빈칸이다. 그가 이력 하나 없이 이름만 올라 있는 것은 관직 진출에 실패했음을 뜻한다.

무관의 애환과 정체성

삭주 부사 이후로 노상추는 홍주 영장과 강화 중군도 지냈다. 그 사이 환갑을 넘긴 노상추는 관료 생활의 희망을 놓지 않았다. 오위장이나 금군장도 마다하지 않았으며, 이 자리마저 없을 때에는 고향에서 지냈다. 그러다가 정기 인사가 도래할 때쯤이면 고위 관료들에게 부지런히 인사를 다녔다. 인사를 닦는 일은 관직을 얻고자 하는 사람이라면 누구나 하는 본인의 홍보였다.

오위장이나 금군장은 품계는 높지만 직접 시위와 입직을 해야 하므로 체력을 요구했다. 오위장은 금군장보다 일이 더 고되었다. 그래서 건강이 나쁘다는 핑계로 부임하지 않는 사람들이 종종 있었다.

64세 때인 1809년에 노상추는 오위장이 되었다. 신임 오위장 다섯 명 가운데 본인만 부임하고 나머지 사람들은 부임하지 않았다. 결국 노상추는 정원이 채워지기 전까지 3개월 동안 하루씩 교대로 번을 서면서 "피로가 막심"한 상태가 되었다. 또 65세에 금군장의 하나인 우림위장으로서 국왕 시위를 마치고 여관으로 돌아와서는 "시위하고 섰을 때에 다리가 잘 견뎌 주었지만 이것은 노인이 맡을 직임은 아니다."라고 푸념했다.

노상추는 서울에서 근무할 때면 낮에 적적함을 달래려고 책을 읽었다. 하루는 기사장으로 근무하면서 《경연강의(經筵講義)》를 읽고 난 뒤에 "가슴이 상쾌하고 시원해서 내 마음의 티끌을 다 없애 주는 것" 같다면서 즐거워 했다. 그는 독서를 하면서 "쥐꼬리 만한 녹봉에 연연해 하는" 본인을 자책하고 덕성을 잃지 않고자 하였다.

조선왕조에서 국가 공무를 담당한 사람은 양반 관료였다. 그런데 유학 경전을 중시한 조선 사회에서는 활을 든 무관보다 붓을 든 문관이 우위를 차지했고, 무관도 유학의 소양을 갖춰야 한다고 여겼다. 이런 분위기에서 노상추도 본인의 자존을 지키는 길이 독서에 있다고 생각한 것이다. 노상추에게 그 길을 일찌감치 알려 준 사람은 같은 고향인 선산의 인물이자 무관으로서 학문으로 일가를 이룬 송당 박영(1471~1540)이었다. 노상추는 "무관의 명색을 갖고도 유자의 행동을 하는 자는 도학을 논하는 곳에서 존중을 받으니 송당 선생이 바로 이런 경우다."라고 평가했다.

그러면서도 노상추는 무관의 정체성을 잃지 않았다. 그는 문관과 무관은 기예가 다른 것에 불과하며 나라에 충성하고 부모에게 효도하는 데에는 차이가 없다고 여겼다. 그러면서 점점 예의와 염치를 모르는 문관이나 선비들이 넘쳐나는 세태를 비판했다. 1808년에 이조 참판의 작은아버지가 가감역(假監役:선공감 종9품 임시직) 자리라도 얻고 싶어서 이조 판서에게 3일만 관직에 임명해 달라고 부탁한 일이 있었다. 이조 판서가 그 정도는 들어줄 수 있다면서 가감역에 임명했다. 그러자 그가 마음을 바꾸어 3일이 지났는데도 사직서를 올리지 않았다. 이 이야기를 전해 들은 노상추는 선비나 문관들이 "어찌 무관이 벼슬 구하는 것을 비루하다고 욕하는가?"라고 하면서 개탄했다.

노상추는 17세부터 84세까지 68년 동안 쓴 일기를 남겼다. 최근 발굴되는 조선시대의 일기가 대부분 선비나 문관의 일기라는 점을 감안할 때 무관 노상추가 쓴 일기의 희소성과 가치는 대단히 높다고 할 수 있다. 그리고 그 덕분에 조선 후기 무관과 무과 급제자의 삶에 성큼 다가갈 수 있게 되었다. 이 글은 이 일기를 토대로 엮은 글임을 밝혀 둔다.

정해은 _한국학중앙연구원 책임연구원

사간원 헌납(獻納) 김조선(金朝鮮)의 하루

최이돈

출근과 조회

묘시(오전 5~7시)에 출근해야 하는 관료들의 아침은 바쁘다. 겨울에는 진시(오전 7~9시)로 출근 시간이 늦춰지지만 바쁘기는 마찬가지이다. 그러나 사간원 김 헌납의 아침은 다소 여유가 있다. 2개월 전 이조 좌랑이었을 때만 해도 미리 출근하여 판서와 참판 등 당상관을 맞이해야 했으나, 사간원은 상하 없는 자유로운 분위기라서 출근에도 여유가 생긴 것이다.

이조는 육조의 관청이 밀집되어 있는 육조 거리(지금의 광화문 대로)에 있었고, 사간원은 경복궁 담 길을 끼고 돌아가다 개울에 걸린 십자각 다리를 건너 삼청동 쪽으로 올라간 사간동에 있었다. 그래서 정동 사는 김 헌납의 출근길은 전보다 멀어졌지만, 마음은 여유로워서 "물렀거라." 소리치는 갈도(喝道)가 끄는 말을 타고 느긋한 기분으로 출근하였다. 사간원에 도착하자 그는 먼저 공좌부에 서명하였다. 공좌부는 각 관서 중하급 관료의 출근부다. 의정부, 승정원, 사헌부, 사간원 등 주요 부서에는 원래 출근부가 없었는데, 예종 때에 만들어졌다. 공좌부에 기록되는 출근 일수는 근무 성적 평가와 승진에 반영되었다.

　김 헌납은 가끔 궁궐로 곧장 출근하기도 한다. 조회에 참여하기 위해서다. 정기 조회는 매월 초하루와 보름에 열리는 축하 조회인 조하(朝賀)와 매월 4회(5·11·21·25일) 열리는 조참(朝參)이 있었다. 조회에는 모든 관원이 정복을 입고 정전에 나아가 왕을 알현하였다.

　매일 열리는 상참(常參)도 있었다. 상참은 의정부와 육조, 한성부, 사헌부, 사간원, 홍문관 등 핵심 부서의 관원들이 편전(便殿)에서 왕에게 문안하는 약식 조회였다. 이 자리에는 주로

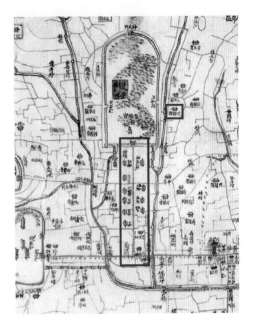

〈도성전도〉 부분, 《청구요람》(서울대학교 규장각한국학연구원 소장)
광화문 앞으로 육조 거리가 벋어 있고, 경복궁의 동문 건춘문 밖에 사간원이 있다. (밤색 선)

각 부서를 대표하여 당상관들이 참여하였으나 사헌부, 사간원, 홍문관에서는 중급 관원도 참석하였다. 상참은 왕을 문안하는 자리였으나, 경연이나 조정의 업무를 논의하는 자리로 바로 이어지는 것이 일반적이어서 매우 중요하였다. 사간원 관원들은 돌아가면서 상참에 들어갔으므로 김 헌납도 사간원을 대표하여 가끔 상참에 참여하였다.

　물론 조회가 규정대로 열리는 것은 아니었다. 매일 열리도록 되어 있는 상참이 5일에 한 번 정도로 열리는 것이 보통이었고, 5일에 한 번씩 열리도록 되어 있는 조참은 더욱 뜸하게 열리고 있었다. 조회는 왕을 알현하는 예

식이었으므로, 조회가 자주 열리지 못한다고 국정이 느슨해지는 것은 아니었다. 조회와 관계없이 수시로 열리는 경연이 활성화되면서 국정을 논의하는 장이 되고 있었다. 조회가 있는 날 김 헌납의 출근은 아주 빨라진다. 조회는 인시(오전 3~5시)에 열리므로 별을 보면서 출근하지 않을 수 없었다.

관청의 분위기

김 헌납이 재직하는 사간원은 매일같이 정기적인 업무가 있는 관서는 아니다. 사간원의 임무는 왕의 동정과 정치의 득실을 논박하는 것이어서, 사안이 있을 때에만 모여서 일을 처리하면 되었다. 개별적인 업무 분담이 있는 것도 아니어서 그때그때의 사안을 상하 구분 없이 자유로운 분위기에서 토론하여 결정하였다. 그러므로 사간원의 분위기는 다른 관청과 달리 매우 자유롭고 때로는 한가하기까지 하였다. 김 헌납은 이처럼 자유로운 분위기에서 소신껏 발언할 수 있다는 것이 즐거웠다.

그러나 대부분의 관청 분위기는 이와 달랐다. 각 관서는 고위 관원인 당상관과 실무자인 낭관으로 구성되어 있고, 상하의 지위와 그에 따른 책무가 엄정하게 구분되어 있었다. 여러 명의 낭관이 있는 관서는 각 낭관에게 서로 구분된 다른 업무를 맡겼다. 문관의 인사를 관장하는 이조에는 관리의 임명을 맡는 문선사, 작위를 부여하는 고훈사, 업무 성적을 고과하는 고공사 등 세 부서를 두었는데, 각 부서에 정랑 1인과 좌랑 1인을 배치하여 고유 업무를 처리하게 하였다. 각 관서에서 당상관과 낭관 사이에는 엄격한 상하 관계가 존재하였다.

조선 중기에 들어와 낭관의 지위가 상승하면서 당상관과 낭관 사이의 엄격한 관계는 많이 약화되었으나, 정랑과 좌랑의 관계는 상대적으로 엄격해지는 분위기가 형성되었다.

이러한 관서 내 상하 관계의 엄격성은 사헌부에서 가장 전형적인 모습을 볼 수 있다. 사헌부는 사간원과 같은 언론기관이고 업무도 비슷하여 분위기 역시 비슷할 것 같으나, 실제는 달라서 관원 상하 간의 예절이 분명하기로 정평이 나 있었다. 아랫사람이 윗사람보다 일찍 출근하여 윗사람을 기다려야 했고, 아랫사람은 문 앞까지 나와서 상관을 맞아야 하는 엄격

김홍도, 〈규장각도〉 부분(국립중앙박물관 소장)
규장각은 1776년(정조 즉위년) 창덕궁 궐내에 설치되었다. 역대 왕들의 친필·서화·선보(璿譜) 등의 관리와 현실 문제의 학문적 해결을 위한 정책 연구 기관의 업무를 담당했다.

한 관계가 형성되어 있었다. 이는 언론기관이라는 면에서는 양 부서의 업무에 차이가 없었지만, 사간원은 왕의 동정에 관심을 집중하는 데 반해, 사헌부는 관료들의 탄핵을 통해서 관료의 기강 확립에 노력하였기 때문이었다.

정책의 추진

김 헌납이 속한 사간원은 사안이 있을 때에만 일을 처리하면 되므로 겉으

로 보면 한가한 부서였으나, 실상은 그렇지 못하였다. 사간원은 사헌부, 홍문관과 함께 공론을 수렴하여 이를 국정에 반영해야 하는 언론기관의 역할을 할 뿐 아니라, 국정의 모든 사안을 감시·감독하는 감사원의 역할도 하였으므로 한가할 틈이 없었다. 특히 중요한 사안에서 공론을 대변하는 자신들의 입장이 대신이나 왕의 의견과 다를 때에는 자리를 걸고 싸워서라도 공론대로 처리해야 하는 중요한 직책이었다. 김 헌납 등 사간원 관원들이 발의해서 최근에 해결된 소격서를 없애는 사안만 해도 2년에 걸친 문제 제기와 사

〈중묘조서연관사연도〉 부분, 《의령남씨전가경완도》(고려대학교 박물관 소장)
왕은 경연을 통해 유교를 교육받았고, 왕세자는 서연을 통해 그렇게 했다. 이 그림은 1535년(중종 30) 경복궁에서 당시 왕세자였던 인종이 자신을 가르치던 서연관들에게 잔치를 베풀어 준 모습이다.

간원과 사헌부 관원 전원이 사표를 내는 극단적인 투쟁으로 얻은 성과였다.

소격서 문제는 매우 오랜 논의와 대립 끝에 해결되었으나, 대부분의 사안은 그렇게 많은 세월을 소요하지는 않았다. 조정에서 논의되는 정책은 대부분 육조의 발의에 의한 것과 삼사(사헌부, 사간원, 홍문관)의 발의에 의한 것으로 크게 나누어졌다. 육조의 발의는 행정 실무 차원에서 하급 행정기관이 제기한 문제를 해결하기 위한 것이 대부분이었다. 이러한 문제는 상참을 마치고 바로 시행되는 시사(視事)를 통해 논의·결정되었다. 이 자리에서 최근 수해를 당한 전라도민을 위해 세금을 면제해 주고 구제미를 푸는 문제나, 중죄인의 사형을 결정하는 문제 등 다양한 현안이 논의되었다. 이 논의에서는 지난날의 사례에 밝은 대신들의 발언이 정책 결정에 중요한 역할을 하였다. 물론 최종 결정은 왕이 하였다.

삼사에 의해 발의되는 것은 일반적으로 육조 등 행정 부서에서 행하는 정책이나 인사에 대한 이의 제기였다. 그러나 일상적인 문제 외에 새로운 정책이나 개혁 등 비중 있는 문제들도 제기되었다. 이 경우는 대간이 계(啓)나 소(疏)로, 혹은 경연에서의 발언으로 발의하였다. 계나 소 등 왕에게 아뢰는 형식으로 발의된 것도 다시 경연에서 논란이 되는 것이 대부분이었다. 경연은 정책 논의의 장이기도 하였다.

경연은 유교 경전을 읽으면서 왕에게 유교를 교육하는 장소였으나, 교육의 내용은 유교 경전에 나타난 치국평천하(治國平天下)를 이루는 방법에 관한 것이었다. 이를 조선 사회에 어떻게 적용해서 보다 나은 정치를 할 것인가가 가장 중요한 관심사였으므로 모든 정치 사안이 논의되었다. 참여 인원도 10여 명으로 제한되고 재상과 삼사의 언관들이 같이 참여하여, 토론하기에 매우 편한 구성이었다. 이 자리에서 상하 없이 자유롭게 논의가 이루어졌고, 격렬한 언쟁이 오가기도 하였다. 경연에서 논쟁을 통해 안건이 다듬어지면, 왕은 이를 수의(收議)에 붙였다. 수의는 대부분 재상들로 구성된 최종 논의 기구였고, 이 자리에서 재상들의 의견이 자연스럽게 개진되었다. 수의에서 대신들의 동의를 얻은 정책은 왕의 승인을 얻어 시행되었다.

그러나 대신들과 이해관계가 상반되어 쟁점이 되는 중요한 사안들은 수의에서 쉽게 동의를 얻을 수 없었다. 최근에 논쟁이 된 정전제와 한전제나 현량과의 시행 등과 같이, 재상들과 이를 추진하는 삼사의 구성원이 전혀 다른 입장에 서는 문제들은 오랜 논쟁이 전개될 뿐 쉽사리 타협점에 다다르지 못하였다. 이러한 상황이 되면 문제를 본격적으로 이끌고 가는 것은 대간이었다. 이들은 수차례 계를 올려서 필요성을 강조하였고, 그래도 안 되면 언론기관 전체의 의사라는 것을 강조하기 위해서 사헌부와 사간원 양 부서의 공동 명의로 계를 올렸다. 이렇게 수차례 하여도 수용되지 않으면, 공론이 정책으로 수용되지 않으니 언론기관으로서 직무를 계속할 수 없다는 명분으로 사표를 내는 최강책까지 동원하였다.

김 헌납 등이 적극적으로 제기하였던 소격서 문제는 이미 2년 전부터 거론되다가 최근에 사림이 삼사의 언관에 포진하면서 집중적으로 제기하여 해결되었다. 처음에는 사간원이 계나 소를 올리는 것으로 시작하여, 지난달에 사간원이 사헌부와 같이 사퇴를 청하기에 이르렀다. 언관의 사퇴가 계속되자 성균관 유생들이 상소를 올려 지원하였고, 승정원 등에서도 소격서의 혁파를 청하면서 논의는 본격화되었다. 왕은 수차례 대간의 복직을 명하였으나 대간들이 계속 사직을 하자 재상들에게 수의를 명하였고, 재상들까지

이에 동의하자 소격서 혁파를 결정하였다. 소격서 혁파를 결정하고 나서 왕은 제일 먼저 대간의 복직을 명하였다.

인사의 결정

김 헌납은 소격서 혁파를 관철시킨 사실을 음미하면서 가벼운 마음으로 출근하였지만 보름 이상 사직하는 동안 미루어 온 일들로 매우 바쁜 하루가 기다리고 있었다. 언론 활동 외에 사간원이 공식적으로 행하는 거의 유일한 업무인 서경(署經)이 사직 기간 동안에 유보되고 있었으므로 급하게 처리하여야 했다. 서경이란 사간원이 사헌부와 같이 오품 이하의 관직에 임명된 자들에 대한 자질의 타당성을 검토하는 일이다. 인물의 가문 조사를 중심으로 이전의 관직 생활이나 일상생활 태도를 조사하여 임명된 자가 그 직책을 행하기에 흠이 없는가를 조사하였다. 이러한 과정은 많은 시간이 소요되었으므로 김 헌납은 앞으로 며칠간은 밀린 서경을 처리하는 데 보내야 할 것으로 생각하였다. 대간의 서경이 없으면 관원이 직무를 수행할 수 없었으므로 사간원은 조정의 인사 과정에 직접적으로 관여하는 셈이었다.

사간원에서는 서경을 통해서 인사에 관여하였지만, 사실 인사 문제는 이조에서 장악하고 있었다. 이조에서는 모든 인사에 후보자를 선발하는 역할을 하였다. 보통 한 자리에 세 명의 후보[삼망(三望)]를 천거하였다. 물론 왕은 인사의 최종 결정권자였으나, 이조에서 올린 후보자 중에서 선택하였고, 대부분의 경우에 세 명 중 1순위로 올라온 사람[수망(首望)]을 선택하였으므로 이조의 인사권은 무거웠다. 왕은 스스로가 특정인을 임명하는 특지(特旨)

라는 비상 수법을 사용하기도 하였으나, 특지는 글자 그대로 특별한 것이었으므로 전체 인사에서 차지하는 비중은 미미하였다.

이조에서 인사를 주관하는 것은 당연히 장관인 판서였고, 판서가 유고 시에 차관인 참판이 대신하였다. 물론 이조판서는 삼정승을 천망할 권한은 없었지만, 여타 관직은 이조판서의 손에 의해 삼망이 결정되어 그 비중은 매우 높았다.

그러나 이조판서의 권한은 다양한 인사의 영역에서 특별한 인사 방법이 시행되고 있어 제약되었다. 이조판서가 장관으로 있는 이조조차도 판서가 장악하지 못하는 인사 방법이 시행되고 있었다. 김 헌납이 이조의 낭관으로 있던 시절을 돌이켜 보면, 사헌부와 사간원의 인사는 낭관들의 손에 의해서 삼망이 결정되었다. 김 헌납이 이조 좌랑으로 있으면서 정랑과 같이 판서가 반대하는 조광조의 사헌부 천망을 추진하여 관철하였다. 이는 사림이 정계에 진출하면서 사림의 진출을 활성화하기 위해 이조판서의 권력 집중을 견제하고, 몇 가지 중요한 직책에 대한 특별한 인사 방식을 마련한 결과였다. 홍문관의 홍문록에 의한 인사나 예문관의 비천(秘薦)에 의한 인사는 그 중요한 사례이다. 특히 대간의 인사를 낭관이 맡도록 한 것은 대신들을 비판하는 언관의 역할을 자유롭게 하기 위해서는 이들을 보호하는 인사 장치가 필요하였기 때문이었다. 이들의 인사를 대신들의 입장을 대변하는 이조판서에게 맡기지 않고 이조 낭관들이 맡도록 한 것은 매우 흥미로운 제도였다.

낭관들이 장관인 이조판서의 영향을 받지 않고 소신에 따라 인사를 하기는 쉽지 않았다. 여기에는 낭관들의 소신도 중요하게 작용하였지만 이들의 지위를 보장해 주는 자천제라는 낭관 특유의 인사 방식이 크게 작용하였다. 자천제는 각 부서에서 필요한 후임 낭관을 현임 낭관들이 천거할 수 있는 제도였다. 김 헌납은 이조 좌랑으로 있으면서 소신을 가지고 인사를 처리할 수 있어서 큰 보람을 느꼈으나, 언관에 임명될 것을 기대하였던 사람들이 임명되지 못하여 자신을 원망하거나 오해할 때에는 매우 난처하였다.

인사의 최종 마무리는 사헌부와 사간원의 동의에 따라 완결되었다. 오품 이하 관원의 인사는 모두 서경을 거쳐야 했고, 사품 이상 고급 관원의 인사에는 서경은 없었으나 대간이 인사에 의문을 제기하여 탄핵을 하면 인사가 완결되기 어려웠다. 그러므로 김 헌납과 사간원은 그간 밀린 서경을 위한 조사와 더불어 그동안 행해진 고위 관료 인사에 문제는 없는지 며칠간을 검토해야 할 형편이었다.

김 헌납은 지방 수령으로 임명된 몇 사람의 서경을 위해 그들의 가문과 이전의 행적을 조사하면서 오전을 보냈다. 점심이 되자 서리들이 차려 온 점심상을 받았다. 사간원은 일반 행정을 하지 않아서 청한한 부서로 소문이 나 있었으나, 평시의 비용은 사헌부에 의존하고 있어서 음식과 안주가 풍성하였다. 점심을 하고 나서는 관원들이 같이 모여 앉아 그간의 사품 이상 고급 관리들의 인사를 검토하였다. 문제 있는 인사가 몇 건 있었는데, 특히 수령 재임 시에 뇌물을 받은 전과가 있는데도 중앙 부서 관원으로 임명된 사복시정(司僕寺正: 정삼품) 김 사복(金司僕)에 대한 탄핵 문제를 장시간 논의하였다. 토론은 진지했으나 앉기도 하고 비스듬히 눕기도 하는 매우 자유분방한 자세로 진행되었고, 사이사이 소격서 혁파 이후 새롭게 제시해야 할 정책에 대한 고담준론이 오가면서 하루가 빨리 지나가고 말았다.

〈호조낭관계회도〉 부분(1550년경, 국립중앙박물관 소장)
호조의 전·현직 정랑과 좌랑, 즉 낭관들이 모임을 갖고 있다.

퇴근과 숙직

대부분의 관청에서는 유시(17~19시)에 퇴근을 하였으나 겨울에는 신시(15~17시)로 당겨졌다. 퇴근 후 관료들은 자연스럽게 술자리를 마련할 수 있었다. 부서 내 모임이 빈번하였으며, 부서 밖 모임도 자주 있었다. 김 헌납이 이조 낭관으로 있을 때에는 부서 내 낭관들의 모임은 물론 육조의 낭관들이 모두 모이는 육조낭관작회(六曹郞官作會)도 가끔 있었다. 과거 급제 후 아직 본격적인 행정을 하지 않던 사관(四館: 예문관·승문원·성균관·교서관)의 참하관으로 있을 때에는 모임이 매우 잦았다. 특히 참하관에 새로 임명되어 신고하는 자리인 신참례(新參禮)는 아직도 기억에 생생할 만큼 혹독한 술자리였다. 이러한 모임은 술을 마시고 가무를 즐기는 친목 모임이었으나, 나아가 정치 현안에 대하여 의견을 결집할 수 있는 정치적 의미도 가질 수 있었다.

관료들의 사적 모임이 활성화되었으나, 김 헌납이 사간원으로 옮긴 후에는 다른 관원들과 만나는 것이 쉽지 않았다. 사헌부와 사간원 관원들은 서경권을 가지고 있었으므로 다른 관원들과 만나는 것이 법으로 제한되어 있었다. 이것은 이들이 행하는 직책의 공정성을 위해서 불가피한 조치였으나, 이러한 조치는 언론기관이 행해야 하는 공론을 수렴하여 정책에 반영하는 데에는 걸림돌이 되기도 하였다.

사간원은 왕에게 간언을 한다는 특별한 직책으로 말미암아 별일이 없을 때에는 하루 종일 술을 먹는 관서로 소문이 나 있었고, 금주령이 내려져 있을 때에도 음주가 용인되는 특별 부서였다. 특히 오늘은 오랫동안 사직을 하였다가 다시 업무를 시작한 날이었으므로 퇴근 후 동료들과 함께 술 한잔이 없을 수 없었다.

그러나 김 헌납은 숙직을 해야 했으므로 참여할 수 없었다. 숙직은 많은 관서에 있었고 중하급 관원들이 담당하였다. 사간원을 비롯하여 홍문관, 승정원 등 중요 부서에서도 숙직이 시행되었다. 사간원에는 부서 관원이 다섯 명밖에 없어 숙직이 빈번하게 돌아왔다. 그런데 사간원의 숙직은 자리만 지키면 되는 데 비하여 홍문관의 숙직은 자칫하면 왕 앞에 나가서 학문을 논하는 약식 경연인 야대(夜對)가 있었으므로 엄청난 부담이었다. 김 헌납도 이전에 홍문관 부수찬으로 있으면서 숙직을 하다가 혼이 난 일이 있었다.

혹시 왕이 부르실지 모른다는 생각을 하면서, 다음날 경연의 강론을 준비하느라 퇴청을 하지 않은 동료와 글을 읽고 있었다. 시간도 야심해졌고 동료마저 집으로 돌아가자, 왕이 부르는 일은 없겠지 하고 자리에 누웠는데, 갑자기 밖이 밝아지면서 상감이 홍문관에 납시었다. 김 헌납은 황망 중에 의관도 제대로 정제하지 못하였는데, 왕은 자리를 정하고 앉아 당시 조정의 개혁에 대한 유생들의 동향을 물으셨다. 정신이 없는 중에도 당시까지만 해도 과거 급제한 지 3년여밖에 되지 않아 유생들과 긴밀한 관계를 가지고 있었으므로, 조정의 개혁에 유생들이 공감하는 동향을 자세히 아뢸 수 있었다. 김 헌납은 그때 일을 생각하면 아직도 진땀이 나는 것 같고, 진행되는 개혁 문제를 진지하게 고심하는 왕의 마음이 전달되어 오는 것이 느껴진다. 추진 중인 개혁들이 잘 되기를 기원하면서 김 헌납은 잠자리에 들었다.

최이돈 _한남대 교수

향약은 지방자치의 원형이었을까

권내현

"지역에서 내로라하는 양반들이 다 모여서 향회(鄕會)를 열었다. 향소(鄕所)의 임원인 좌수(座首)와 별감(別監)을 선출하기 위해서다. 문벌과 역량을 살펴 후보자를 정한 뒤 30세 이상 되는 이들은 별감으로 적합하다고 생각되는 이의 이름 위에 돌아가면서 점을 찍었다. 마찬가지로 50세 이상은 좌수를 선택하였다."

위 예는 조선시대 양반들의 자치 조직인 향소(유향소, 향청) 임원 선출 방식의 하나이다. 이처럼 지방의 양반들은 다수결로 지방행정에 많은 영향력을 행사할 향임을 선출하였다. 사람들은 흔히 지방자치라 하면 우리 역사상에는 유례가 없는, 서구 선진국에서 수입된 제도로 생각한다. 그러나 우리에게도 지방자치의 전통은 다양한 방식으로 엄연히 존재하고 있었다. 다만 엄격한 신분제 사회에서 지역민 모두가 참여하는 현대적인 의미의 자치가 시행된 것이 아닐 따름이었다. 지방자치는 지배 계층인 양반들에 의해 주도되었던 것이다.

사족들의 자치 조직-유향소

조선시대에는 양반을 흔히 사족이라 불렀다. 사족이란 고위 문무 관원을 배출하는 가문과 그 구성원을 나타내는 말이다. 특히 지방에서 강력한 영향력을 행사한 지배 계층을 재지사족이라고 일컫는다. 사족은 지방에서 그들 중심의 각종 조직과 규약을 만들어 일반 백성들을 지배하였으며, 조선 후기에는 군역을 면제 받는 등 온갖 특권을 누렸다.

그들의 뿌리는 고려시대 지방 토착 지배 세력인 호장층으로 연결된다. 호장층은 향리층 중에서도 지위가 가장 높은 계층이었다. 이들 중에는 특히 고려 말~조선 초기 이래 과거에 합격하거나 군공을 세워 신분을 상승시킨 이들이 있었는가 하면, 조선시대에 들어와서도 여전히 향리층으로 남은 경우도 있었다. 이러한 분화 과정 속에서 조선 전기에는 이미 신분을 상승시킨 사족과 여전히 지방행정을 담당하는 향리층이 지방 세력의 두 축을 형성하게 되었다. 따라서 조선시대 명망 있는 양반 가문 가운데 상당수는 그 뿌리가 향리 가문과 일치하는 경우가 많았다.

조선 전기까지만 하더라도 재산과 제사를 아들딸을 구분하지 않고 고르게 나누어 상속하는 것이 보통이었다. 사족은 이러한 관행에 따라 친가의 연고지 또는 토지, 노비를 상속 받은 외가나 처가의 연고지 등지로 이동하여 새로운 촌락을 형성해 나갔다. 이들의 촌락은 대부분 군현의 외곽 지역에 형성되었다. 특히 16세기 이후에는 제방을 쌓거나 새로운 농업기술 개발 등을 통하여 적극적으로 그들 중심의 촌락을 발전시키기도 하였다.

반면 향리들은 종전과 마찬가지로 주로 관아가 있는 읍 주변에 거주하였으므로, 거주 지역에서도 사족과 분리되어 갔다.

그러면 이제 사족들이 어떠한 방식으로 자치를 실현해 나갈 수 있었는지 살펴보자. 사족들은 먼저 그들의 위세를 과시하고 이익을 지켜 나가기 위한 조직을 만들어 나가는 데에 많은 관심을 기울였다. 그들은 스스로 갖춘 조직을 통해 중앙정부가 집권 체제 강화를 위해 군현에 파견한 수령을 견제하는 한편 향리 세력에 대한 우위를 확보하고자 하였다. 이와 아울러 향촌민 통제를 원활히 하려는 방편으로 만든 것이 유향소였다. 유향소는 사족의 자치 기구였다. 유향소를 통한 자치는 수령의 일방적인 권한 행사를 견제하는 긍정적인 기능도 가지고 있었지만, 특권층인 사족들의 향촌 지배 보장과 그들의 이익을 대변하였다는 점에서 오늘날의 지방자치와는 달랐다.

유향소는 조선 초기에 특히 수령과 잦은 마찰을 빚었다. 자질이 떨어지고

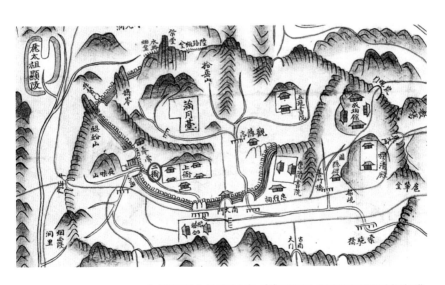

《해동지도》중 〈송도〉에 보이는 향청(18세기 중반, 서울대학교 규장각한국학연구원 소장) 서소문 옆쪽으로 '이아'가 보인다. (그림 중앙 왼쪽 밤색 원) 향청은 지방의 수령을 자문·보좌하던 기구이다. 조선 초기에 설치된 유향소를 임진왜란 이후 대개 향청이라 불렀다. 1606년 (선조 39) 경재소가 혁파되고, 좌수 임명권도 수령에게 넘어가자 유향소는 수령 휘하에서 행정 실무를 집행하는 기구가 되었다. 이때부터 명칭도 향청 또는 이아라 하였다.

품계도 낮은 수령들이 파견되어 문제를 야기시킨 경우도 있었지만, 유향소의 사족이 과도하게 권익을 추구하다가 수령을 능멸하는 사건이 자주 일어났기 때문이다. 이러한 현상은 수령을 통해 중앙집권 체제를 강화하려는 국가 정책에 반하는 것이었으므로 태종 대에 유향소는 일단 혁파되었다. 그러나 유향소가 혁파되자 수령과 향리의 비리와 탐학이 늘어나는 부작용이 발생하였다. 이에 중앙정부는 유향소의 폐단을 막기 위한 규정을 마련하고 서울에 경재소란 통제 기구를 정비한 뒤 유향소를 부활시켰다. 그런데 이번에는 유향소의 사족들이 수령과 결탁하여 백성들을 괴롭히는 일이 늘어났다. 세조는 이를 구실로 유향소를 다시 혁파하였다. 사족들에 의한 자치 기구는 이처럼 관권과의 조화를 적절히 이루지 못한 가운데 제대로 역할을 하지 못하고 설치와 폐지가 반복되었다.

유향소는 사림파가 중앙 정계에 진출하는 성종 대에 또다시 설치되었다. 이때의 유향소는 성격이 다소 변화되어 자치 기구로서의 성격이 줄어들고 향촌 예절인 향사례나 향음주례를 실시하는 기구로 기능하였다. 사족들은 유향소를 통해 불효 등으로 향촌 질서를 깨뜨리는 자들을 규제하고 교화하는 데에 중점을 두었다. 사림파의 의도는 향촌을 성리학적인 질서로 재편시켜 백성들에 대한 통제와 영향력을 강화하고, 이를 바탕으로 삼아 당시 집권 세력인 훈구파에 대항하려는 것이었다. 성리학적 가치 속에서 향촌민은 상하 간의 명분, 곧 신분 질서에 따라 생활에 엄격한 통제를 받게 되었던 것이다.

하지만 사림파의 의도가 관철된 곳은 사림 세력이 강한 영남 일부 지역뿐이었다. 대부분의 지역에서 유향소는 훈구파에 의해 좌지우지되었다. 훈구파가 유향소의 임원에 대한 인사권을 가진 경재소를 대부분 장악하였기 때문이다. 이로써 향촌 자치는 중앙의 정치 논리에 의해 쉽게 제약당할 수 있었다. 이렇게 되자 사림들은 그들이 세력 기반으로 삼으려 했던 유향소를 혁파하자고 주장하였다. 그 대신 향약 보급을 통해 향촌 질서를 재편하고자 도모하였다.

향약과 향촌 자치

향약이라 하면 쉽게 떠오르는 것이 덕업상권, 과실상규, 예속상교, 환난상휼과 같은 추상적인 덕목들이다. 중·고등학교에서 시험 준비를 위해 몇 번씩 외워 보았을 이러한 덕목들의 기능은 서로 달랐다. 이 덕목들은 사실 조선시대 사족들에게는 향촌 자치와 질서를 유지하기 위한 명분으로, 일반 백성들에게는 일상생활을 직접적으로 규제받는 원칙으로 작용하였다.

향약은 한동안 중앙정부에서 사림파가 어느 정도 활동하는가에 따라 전국적인 실시와 혁파 과정을 겪었다. 그렇지만 임진왜란을 전후하여 점차 재지사족 주도로 지역 실정에 맞게 개별적으로 시행되어 갔다. 파주향약이니 서원향약이니 하는 것들이 그 예이다. 향약은 한 군현 전체를 대상으로 실시되기도 하였고 범위가 축소되어 동약, 동계의 형태로 시행되기도 하였다. 동약의 동(洞)은 오늘날 면이나 그보다 작은 규모에 해당한다. 동에는 일찍부터 구성원들 상호 간의 부조나 규제를 위한 일종의 관습적인 규율이 존재하고 있었다. 이러한 전통 위에 사족들은 그들의 향규(鄕規)와 중국에서 전래된 여씨향약을 참고하여 그들이 거주하는 마을을 중심으로 동약을 조직

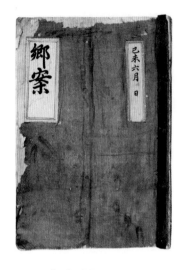

《경주향안》, (1679년(숙종 5), (경주 최씨 정무공 종택 소장)
향안은 어느 군현에 거주하는 사족의 명단으로 향적(鄕籍)·향언록(鄕諺錄)· 향중좌목(鄕中座目) 등으로도 불렸다.

한 것이다. 특히 임진왜란 이후에는 폐허가 되다 시피 한 향촌을 복구하고 무너지고 있던 신분질서 를 회복하기 위해 사족들이 일반 백성들을 포함시 켜 상하민을 아우르는 형태로 동약, 동계를 조직 하기도 하였다.

여기에서 향규와 향안(鄕案)이 무엇인지 알아보 자. 향규란 지역 사족 중에서도 명망이 높은 가문 의 구성원들이 그들의 이름을 수록한 명단인 향안 을 관리하고 유향소를 운영하기 위해 마련한 규칙 을 말한다. 따라서 향안이란 오늘날의 의미로 보 면 일종의 지역 유지 명단이며, 향규는 지역 유지 들을 관리하고 지역 사회를 이끌어 가기 위해 마 련한 규율로 이해하면 될 것이다. 재지사족은 일반 백성들과 자신의 신분을 엄격하게 구분하는 한편, 사족 상호 간에도 향안에 오를 수 있는 대상을 제 한하고 있었다. 향안에 오른 자만이 유향소의 향임에 임명되어 향촌을 자치 적으로 운영하는 데 영향력을 행사할 수 있었다.

그러면 향약은 어떻게 운영되었을까? 향약은 기본적으로 해당 지역의 구 성원 모두가 참여하는 것을 원칙으로 하였다. 이를 거부하는 자는 그 지역 에서 쫓겨날 수도 있었다. 향약의 주요 업무는 구성원들의 상부상조와 선악 에 따른 상벌 시행, 국가에 대한 원활한 의무 수행 보조 등 향촌 대소사에 관한 것이었다. 그리하여 향촌의 많은 일들이 향약의 규정에 따라 처리되었 으며 정히 곤란한 사항에 대해서만 관가로 넘겨졌다. 그 때문에 향촌민들의 생활은 향약의 질서 속에서 영위되었고 각종 조목은 그들의 생활 규범이 되었다.

이러한 향약의 시행은 일종의 향촌 자치의 한 구체적인 표현이었다. 서로 돕고 규제하며 향촌의 대소사를 처리하는 방식은 오늘날 지방자치에 선행하는 자치의 전통적인 형태인 것이다. 하지만 향촌 자치체로서의 향약은 동시에 명백한 한계를 안고 있었다. 그것은 조선 사회가 신분제로 운영되었다는 점에 기인하였다.

향약의 상층부를 양반이 장악하고 이들이 시행을 주도하였던 만큼, 상하의 명분은 엄중히 구분되었다. 따라서 양반을 능멸하는 자를 철저히 규제하였고 같은 죄에 대한 처벌도 양반은 마당에서 벌서는 입정(立庭) 정도가 고작인 데 반해 상민에게는 매질이 가해졌다. 입정으로도 뉘우치지 않는 양반에 대해서는 그의 종이 대신 매질을 당할 뿐이었다. 이러한 상하 간의 엄격한 구분은 향약이 교화라는 명분 아래 한편으로는 양반이 향촌민을 통제하는 수단으로 작용하고 있었음을 보여 준다. 향약에 의한 자치는 지배층인 양반이 향촌민을 통제하고 양반 중심의 지배 질서를 확립하는 데 기여하고 있었음을 간과할 수 없는 것이다.

시기가 지나면서 향약은 때때로 지역사회에서 권세를 장악하고 있는 양반(토호土豪)의 불법적인 침학 도구로 이용되기도 하였다. 《목민심서》는 그 폐단을 다음과 같이 지적하였다.

"토호와 향족이 집강에 임명되어 스스로 약장이나 헌장이라 칭하고 그 아래 유사나 직월 등 명목을 두어서 향권을 제 마음대로 휘둘러 백성을 위협, 공갈하여 술을 토색하고 곡식을 징수하는데, 그들의 요구는 끝이 없다. 백성들의 드러나지 않은 허물을 적발하여 뇌물을 받고 보답을 요구해서, 나가서는 이르는 곳마다 술과 고기가 질펀하고 집에서는 송사를 처리한다고 소란스러우며, 부역은 어리석은 백성에게 떠맡기고 농사는 그들을 끌어다 짓는다. 수령은 또 고소장을 향약에 위임하여 그로 하여금 조사, 보고케 하니 세력을 믿고 작간하는 것이 끝이 없다."

곧 상부상조와 자치를 위한 향약이 실제 운영에서는 백성들을 억압하는 굴레로 작용하고 있었던 것이다. 이는 향촌 자치의 본질이 양반들의 지배권 확립에 일차적인 목적이 있었다는 점에서 기인하는 것이기도 하지만, 특히 견제 대상이어야 할 관권과 결탁이 이루어졌을 때 일반 백성들이 받는 피해의 정도는 더 클 수밖에 없었다.

향촌 자치의 변화

향촌 자치의 실제 운영이 신분 질서에 기반을 둔 만큼 신분제의 변화는 자치에도 영향을 미쳤다. 조선 후기에 가면 유향소, 향약 등을 통해 자치를 주도해 나갔던 양반들의 지위가 전반적으로 하락하고, 일반 백성들 중에는 재산을 모아 신분 상승을 도모하려는 움직임이 꾸준히 일어났다. 양반 내부에서의 사회·경제적 격차도 크게 벌어졌다. 한 예로 진주 농민 항쟁에 관여한 이명윤은 홍문관 교리라는 중앙 관직을 역임한 지역의 명망 있는 양반이었지만, 그의 육촌인 이계열은 초군의 우두머리로 일개 농민과 다름없었다.

이와는 달리 농업과 상업 발전 과정에서 부를 모은 일부 상민은 경제력을 바탕으로 사회적인 지위 향상을 도모하여 그들을 억누르고 있던 신분 질서를 조금씩 허물어 갔다.

이 과정에서 양반이 주도한 향촌 자치와 질서는 새로운 도전에 직면하였다. 그것은 향임의 성격 변화에서 두드러졌다. 향임은 앞에서 이야기하였듯이 지역의 명망 있는 양반으로 향안에 이름이 올라 있는 향원들 전원이 참석한 향회에서 선출되어 강력한 영향력을 행사하던 존재였다. 하지만 조선 후기에는 향임에 대한 임명권을 수령이 가지게 되면서, 유향소는 수령을 견제하기보다는 오히려 보좌하는 역할에 충실하게 되었다. 또한 양반들의 향회도 점차 지역의 부세 납부를 중심으로 하여 수령의 자문에 응하는 기구로

《양동동안》(1609~1769, 경주 손씨 서백당 소장)
동약은 그 동리에 거주하는 사족을 중심으로 운영되다가 양인·천인들에게까지 확산되었다. 양동동안에서 1700년부터 사족에 한하여 성명 아래 호, 생년간지, 등과명을 기재하였다. (오른쪽 그림 발색 선) 사족이 아닌 경우에는 성명을 한 글자 내려썼다. 그 뒤 양민도 참여하게 되자 신분 의식이 더욱 강조되어 사족은 상계원으로 양민은 하계원으로 등록되었다.

전락하였으며, 향약도 수령의 주도하에 실시되는 경우가 많았다.

이러한 분위기 속에서 양반들은 향임의 임무를 '조그마한 실무까지 책임져야 하는 고역'이라고 천시하여 향임직을 기피하였다. 그리하여 양반 중심의 향촌 질서에서는 소외되어 왔던 새로운 성장 세력과 일부 기왕의 향촌 질서에서 배제되었던 양반들이 향임을 맡아 향청을 장악하고 향안에 이름을 올리는 현상이 빈번해졌다. 더구나 향안에 한번 이름이 오르면 자손 대대로 양반 행세를 할 수 있어 향안 입록을 둘러싼 비리가 만연하고 향임직도 수령들이 매매하기에 이르렀다.

따라서 향안 입록을 둘러싼 갈등으로 향안 자체가 파기되거나 불태워지는 등 향전(鄕戰)이 일어나기도 하였다. 기존의 향촌 지배층과 새롭게 향권에 도전하는 세력 간의 대립인 향전은 양반과 양반 사이에도 일어났으나 그보다는 신구 세력 사이의 대립으로 일어났을 때 더욱 파장이 컸다. 새로이 성장하여 이 과정을 딛고서 향안에까지 이름을 올리게 된 계층인 신향들은 수령과의 결탁을 통해 양반 중심의 향촌 질서를 허물어 갔다. 하지만 이들은 새로운 향촌 질서와 자치를 추구하기보다는 향권 장악으로 얻어지는 특권 향유에만 치중하여 조선 후기 사회의 모순은 더욱 심화되었다.

기존 양반들은 이후 거주하는 촌락을 중심으로 문중에서 세운 서원이나 사우를 통해 결속하여 영향력을 계속 지켜 나가려 하였으나 그들 중심의 향촌 자치는 전반적으로 위축될 수밖에 없었다. 이제 지역에서의 견제 기능이 약화된 상황에서 수령과 아울러 향리, 향임의 권한도 커지게 되었다. 이 현상은 세도 정권기의 정치 문란과 맞물려 전개되었으며, 그 결과 일반 백성들에 대한 불법적인 침탈이 가중되어 대규모 농민 항쟁이 일어나는 중요한 계기가 되었다.

그런데 농민 항쟁기에는 지역에 따라서 기존 양반 중심의 향회와는 성격이 다른 향회가 운영되기도 하였다. 향회에 일반 백성들이 참여하는 대소민(大小民) 향회가 개최되기도 하고 아예 따로 독자적인 '민회'가 열리기도 하였다. 이는 백성들 스스로 향촌의 중요 사항 결정에 영향력을 행사하겠다는 의지의 표현이었다. 그들도 이전부터 향촌 대소사에 관한 나름대로 의견을 표출하는 장을 마련하고 있었으며, 이것이 농민 항쟁과 같은 비상시에는 일시적이나마 조직적인 형태로 나타났다. 이러한 백성들의 움직임은 이후 신분 질서에 일방적으로 규제되지 않고 지방행정 처리에 대한 참여를 보장받을 수 있는, 즉 지방자치의 본질에 한층 가까운 제도가 형성될 수 있는 가능성을 보여 주고 있었다.

권내현 _고려대 교수

서당에서 향교, 서원까지

장동표

조선시대가 신분제 사회였던 만큼 당시의 교육 내용과 체제는 민주 사회 구현을 목적으로 하는 현재와 질적으로 달랐다. 무엇보다 교육 대상의 범위가 주로 지배 신분이었던 양반 계층으로 제한되었으며, 교육의 목적이 궁극적으로 관료 양성과 유교 이념의 유지에 있었기 때문이다. 이 같은 교육은 중앙의 성균관과 사학, 지방의 향교와 서원 및 서당 등의 교육기관에서 이루어졌다.

교육 체제는 성리학이 완전히 정착하게 되는 조선 중기에 접어들어 전기 이래의 정치·사회 변동의 결과에 따라 관학(官學)과 사학(私學)의 양대 체제로 확립되었다. 그러면서 점차 사학이 교육 기능의 측면에서 관학보다 우위에 서게 되었다. 관학은 정부 주도하에 설립된 중앙의 성균관과 서울의 사학(四學) 및 각 지방의 향교를 지칭하였고, 향교보다 늦게 사림 중심의 향촌 재지사족 세력에 의해 설립되고 운영된 서원·서당·서재 등은 사학(私學)에 해당하였다. 지금의 학교가 공립과 사립 학교로 구분되어 있는 것과 비슷한 체제라 할 수 있다.

양반 자제들이 고급 관료로 나아가는 길은 초등교육 단계인 서당 공부와 함께 시작되었다. 서당 공부를 거쳐 향교·서원 단계의 중등교육을 마치고 최고 학부인 성균관에 들어간 다음 문과에 응시하여 합격함으로써 고급 관료로의 본격적인 진출이 이루어졌다.

서당에서 글의 문리를 깨친 후

서당은 지금의 초등학교와 비슷한 입문 단계의 사설 교육기관이었다. 향촌 사회에 생활 근거를 둔 양반 사족과 백성이 주체가 되어 마을을 기본 단위로 설립되었다. 서당의 기원은 간혹 고구려의 경당에서 찾기도 하나 분명하지 않다.

서당의 본격적인 확산은 중종(재위 1506~1544) 때 사림파의 향약 보급 운동 및 향촌 사회 구조의 변동과 맥락을 같이하여 이루어졌다. 그리고 제향 기능을 가지고 있는 향교나 서원이 법적 혹은 사회적 규범에 제약을 받는 것과 달리, 서당은 위치하고 있는 장소나 시기에 따라 다양한 유형의 모습을 보여 주고 있다.

먼저 사숙 또는 독서당의 유형을 들 수 있다. 이러한 서당은 대개 문벌가나 유력가가 그들의 자제 교육을 위하여 훈장을 초빙하고 교육 경비를 부담하였다. 둘째, 동계(洞契) 서당의 유형이다. 동계 서당은 대개 양반이나 유력 자산가의 문중에서 학계(學契) 또는 학전(學田)을 조직·경영하면서 마을에다 서당을 짓고, 그들의 자제를 교육시키는 문중 서당이었다. 서당은 향촌 내 문중 회의 장소 등 여러 가지로 활용된 공간이기도 하였다. 훈장은 직업적

김득신, 〈겨울채비〉 부분, 《행려풍속도병》(호암
미술관 소장)
오른쪽 아래에 독선생을 모시고 공부하는 모습이
보인다.

인 유랑 지식인이거나 마을의 유식한 촌로
가운데서 초빙 또는 선택되었으며, 그들에
대한 대우는 양식으로 쓸 쌀과 땔나무, 그
리고 의복 정도였다. 학부형이 염출하는
수업료는 없었지만, 독서 수료시 '책거리'
라는 간소한 잔치를 베풀거나 계절에 따른
별식이 수시로 제공되었다. 하과(夏課)라는
계절 학습이 시작되면 집집마다 별도의 과
외 수업비를 내었다. 셋째, 문중(동계) 서당
의 확대형이었던 문중 연립 서당을 들 수
있다. 이는 각 마을의 재능 있는 청년 자제
를 선택하여 교육시키는 고급 서당이었다.
통혼권이 같은 집안끼리의 유대 강화와 사
문(師門)의 학통을 계승·발전시키려는 의도가 있었다.

　서당 교육은 서원 교육과 상호 연결되었으며, 1년 내내 교육이 이루어지
는 것은 아니고 하과와 같은 특별 교육 활동이 중심을 이루었다. 서당은 관
료로 진출하기 위한 일종의 예비 학교와 같은 성격을 가졌으며, 필요 경비
는 계안(契案)에 의하여 문중별로 추렴하여 공동 관리되었다.

　서당은 훈장과 접장 및 학도로 구성되었다. 훈장은 그 자격이 천차만별로
학식의 정도가 일정하지 않았다. 접장(接長)은 오늘날 조교와 같은 성격으로
일종의 보조 교사이다. 규모가 큰 서당의 훈장을 돕기 위해 학도 가운데 나
이와 지식이 많은 자를 두세 명 뽑아 '접'의 장으로 세운 데서 유래하였다.

하급생들에게는 학업 담당 교사이자 훈육 담당 교사이고 동문의 사형이었다. 학도는 7, 8세에 입학하였고 15, 16세에 교육과정을 마친 후 대개 향교에 입학하였다.

교육 내용은 강독, 제술, 습자의 세 가지였다. 교재는 천자문과 동몽선습, 통감 및 사서삼경이 중심이었고, 부교재로 사기(史記), 당송문(唐宋文) 등이 있었으나, 보통의 경우 통감 정도에서 그쳤다. 교육 방법은 이미 배운 글을 소리 높여 읽고 그 뜻을 질의 응답하는 방법인 '강(講)'으로, 암송 낭독하는 배강(背講)과 책을 보고 낭독하는 면강(面講)이 있었다. 서원에서처럼 순강(旬講)·망강(望講)·월강(月講) 등으로 나누기도 하지만, 서당에서는 대개 일강(日講)이 위주였다. 또한 학동의 능력에 따라 완전 학습을 지향하였으며, 글의 문리를 깨치는 방법에 주력하였다. 계절에 따라 교과 내용을 달리하고, 학동의 연령에 맞추어 놀이를 통한 학습 방법을 시행하기도 하였다.

정부에서는 서당 교육에 관한 여러 가지 진흥책을 폈으나, 조선 말기에 이르러 점차 서당의 교육 내용이 부실하고 형식에 그치게 되었다. 특히 19세기 이래 과거 시험의 혼란과 부정, 매관매직과 이를 통한 입신 영달 풍조 등으로 교육의 기본 질서가 크게 흔들릴 수밖에 없었다. 결국 서당은 나름대로의 교육적 기능에 앞서 문자를 해독하는 교육 수준에 그치다가 19세기 말에 이르러 근대화 정책의 흐름에 따라 커다란 변화를 맞이하게 되었다.

향교 교육을 받으면서 관리의 꿈을 키우고

향교는 오늘날 중등교육 기관으로, 국립대학에 해당하는 성균관보다는

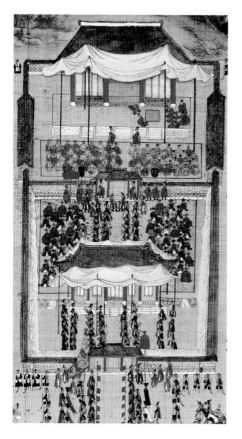

〈화성성묘전배도〉 부분,〈정조대왕능행도〉(국립고궁
박물관 소장)
1795년 정조가 수원향교에 가서 예를 표하는 장면이다.

낮은 단계의 교육 기관이었다. 정부는 지배 사상인 유교 이념을 전국에 보급하기 위하여 군현마다 향교를 설립하였다. 향교는 일읍 일교의 원칙대로 수령이 파견된 주읍(主邑)에 반드시 설치되었다. 교육 내용과 운영의 측면에서 볼 때 순수한 유교 교육기관이자 공교육기관이었다. 그리고 교육과 교화의 양면 기능을 가지고 있었으나, 조선 중기 이후 각지에 서원이 설립되어 감에 따라 교화의 기능이 더욱 강화되었다.

조선 후기의 향교는 전기부터 중앙에서 파견되던 교관이 폐지됨에 따라 지방 양반으로 구성된 교임(校任)들로 운영되었다. 교임은 임기 1년의 도유사(都有司) 이하 장의(掌議)와 색장(色掌) 등으로 구성되었으며, 선출 방법은 엄격하였다. 교임은 향교 운영에서 관의 간섭을 적극 배제하였고, 공자를 제사하는 석전제(釋奠祭) 등 각종 제례를 주관하고 제관이 되었다. 그리고 향소(鄕所) 임원의 선출과 수령의 통치를 자문하였다. 교임은 군현 내의 유수한 문벌 양반 가문 출신이었다. 간혹 신분제 변화에 따라 중간 신분인 향족과 서얼 등이 교임이 되기도 하였으나, 양반들과 대등하게 교임을 차지하고 주도권을 장악하기에는 힘과 명분이 약하였다.

향교에 입학한 16세 이상의 학생을 교생(校生)이라 하였다. 교생의 정원은 향교가 있는 고을의 크기에 따라 차등을 두어 정하였다. 교생은 신분에 따라 양반은 액내 교생(額內校生: 정원 내 교생)으로, 서얼과 평민은 액외 교생(額外校生: 정원 외 교생)으로 각각 구분하였다. 액내와 액외 교생은 향교에서 공부하는 장소와 내용, 제례에서의 역할 등에서 서로 일정한 차별이 있었다.

교생에게는 군역이 면제되는 특권이 있었다. 그리고 시기가 내려올수록 이 같은 특권을 이용하기 위하여 일반 양인의 자제도 앞다퉈 향교에 입교하려 함으로써 많은 사회 문제가 발생하였다. 이로 말미암아 17세기 전반 인조 때 이후부터 양반들은 액내 교생이라 이름하는 대신 '동재 유생(東齋儒生)'이라는 별도의 칭호를 써서 기존 교생과 구별하려 하였다. 이에 서얼과 평민들은 양반 대신 액내 교생으로 입교하면서 '서재 유생(西齋儒生)'이라 하였다. 조선 후기 교생의 신분은 평민 내지 중인 정도의 수준이었다.

교임과 교생의 구성에서 나타난 변화가 보여 주듯이 향교의 교육 기능이 점차 약화되면서, 향교의 성격은 양반 사족의 이해를 대변하는 향촌 지배 기구의 하나로 변질되었다. 이는 당시 신분제 변동의 흐름과 함께 이루어졌다. 이에 따라 정부의 향교 정책도 일정한 변화를 보이게 된다.

정책 변화는 먼저 약화된 향교의 교육 기능 회복에 초점이 맞춰졌다. 정부에서는 교관이나 제독관을 파견하고, 18세기 영조와 정조 때에는 군현에서 도훈장, 면훈장을 선출하여 양반은 물론 평민도 향교에서 교육하였다. 그러나 나라의 이 같은 교육정책은 양반 유생들의 호응을 제대로 받지 못하였다. 다음으로 문묘에서의 정기적인 석전제와 같은 제례 기능을 통한 향촌 교화 기능의 강화를 모색하였다. 향교의 교육 기능이 상실되어 가자 정부는 제례 행사를 강화하여 유교 이념을 적극적으로 보급하고자 하였다. 사회변동에 대응하여 기존의 사회체제를 유지할 목적으로 예속과 교화를 더욱 강조하고자 제례 기능을 강화하였던 것이다.

결국 조선 후기에 이르러 정부에서는 향교를 통치의 한 수단으로, 수령은 군현 통치를 위한 수단으로, 양반 사족들은 여론을 불러일으켜 유회(儒會)를 열고 통문(通文)을 작성하여 관정(官政)을 시비하고 자신의 신분적 이해를 대변하는 수단으로 향교를 이용하고자 하였다. 그 결과 향교는 본래의 설립 목적이 크게 변질되었다. 그럼에도 향교는 양반 사족들의 활동과 특권을 보장해 주는 중요한 향촌 지배 기구로서 이들에게 여전히 중요한 존재였다. 이 같은 점이 향교가 마지막까지 존립할 수 있었던 가장 큰 이유였다.

서원에 들어가 정치 참여의 길을 모색하다

서원은 향교와 더불어 양대 중등 교육기관의 하나였다. 최초의 서원은 풍기 군수 주세붕이 세운 백운동서원이다. 서원의 본격적 확산은 조선 초 이래 계속된 사림의 자기 세력 기반 구축을 위한 향촌 내에서의 활동에서 비롯되었다. 구체적으로 16세기 중엽 정계에 진출해 있던 사림들이 자신들의 학문적 우위와 정치적 입장의 강화를 위해 선배 도학자들을 문묘에 제향하는 문묘 종사 운동을 전개하면서 서원이 확산되어 갔다. 도학 정치를 담당할 인재 양성을 위해 사림의 모범이 되는 학자나 선비의 충절을 마음으로부터 배운다는 위기지학(爲己之學)으로의 전환이 강조되는 가운데, 서원 설립

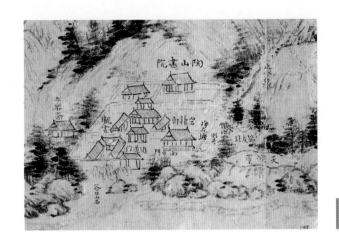

의 움직임이 활발해진 것이다.

　서원이 독자성을 갖고 정착하게 된 주요 계기는 조선 중기 성리학자 퇴계 이황(1501~1570)에 의한 서원 설립 운동이었다. 그는 교화의 대상과 주체를 일반 백성과 사림으로 나누었다. 그러면서 실효를 거두기 위해 우선 도학(道學)을 천명하고 이를 밝혀야 한다고 하였다. 퇴계는 이를 담당할 주체를 사림(士林)으로 보고, 이들의 습속을 바로잡아 학문의 방향을 올바르게 하는 일이 선행되어야 한다고 하였다. 서원의 독자적 역할이 어디에 있는지를 분명히 한 셈이다. 퇴계는 이같이 향교에 의한 관학 아카데미즘의 한계를 지적하고, 이후 많은 서원의 설립을 주도하였다. 한편 서원은 사림계가 정치의 주도권을 쥐게 된 이후 전개된 붕당정치(朋黨政治)와도 깊은 관련을 가지고 있었다. 붕당정치는 향촌 사회의 서원을 중심으로 전개된 사림의 공론에 입각한 정치였던 것이다.

　서원은 중앙의 정치 문제에 대한 향촌 사림의 일차적 여론 결집 거점이 되면서 점차 중요성을 띠게 되었다. 이는 향촌 사회에서 사족의 활동 기반이었던 유향소와 향교 및 향약 등이 점차 제 기능을 발휘하고, 붕당정치가 명분과 의리 중심으로 전개됨으로써, 향중(鄕中)의 공론(公論)이 정치 운영의 방향에 본격적으로 영향을 미치게 되었기 때문이다. 서원은 교육과 제향 기능이 중심이었고, 양반들이 모여 여러 문제를 의논하고 여론을 형성하는 공공장소로도 기능하였다.

먼저 교육 기능을 보자. 교육 내용은 성리학적이고 도학적인 것이 중심을 이루었다. 관학과 달리 서원 교육은 사학 특유의 자율성과 특수성이 존중되었다. 교재의 범위와 학습의 순서는 보통 이황이 이산원규(伊山院規)에서 제시한 것이 정형이 되었다. 대체로 소학·대학·논어·맹자·중용·시경·서경·주역·춘추의 차례를 따라 학습이 진행되었다.

교육 방법은 원규에 의한 규제와 원생 자신의 자율적인 실천 및 학습의 조화 속에서 이루어졌다. 교수 방법으로는 배운 글을 소리 높여 읽고 의리를 문답하는 강(講)이 기본이었다. 강은 서당과 마찬가지로 대개 순강, 망강, 월강 등으로 나뉘고, 방법에 따라 배강과 면강으로 분류되었다. 강의 평가는 대통(大通)·통(通)·약통(略通)·조통(粗通)·불통(不通)의 5단계 또는 통·약·조·불의 4단계로 나누었다. 오늘날의 경우처럼 원생들의 출석 여부를 확인하고 학업 성적을 평가하며 독서 지침을 마련하기 위한 생활기록부도 있었다. 서원은 또한 향촌 사회의 도서관 역할도 하였다. 서원이란 용어 자체가 그렇듯이, 서적의 수집과 보관 및 보급 기능을 하였다.

서원의 제향 기능은 교육 기능 못지않게 중시되었다. 봄과 가을에 지내는 엄격한 향사는 선현을 통해 바람직한 인간상을 제시하는 행사였다. 향사에 참례하는 자격을 정하고 사람을 뽑는 절차도 사회 교육적 의미가 있었다.
제향 기능은 선현을 모시는 사묘(祠廟)의 역할이다. 서원에 배향하는 인물은
향촌 사회를 교화하기 위해 학덕이 크게 뛰어나거나 충절과 의리로써 모범
이 될 만한 경우에 한정하였다. 조선왕조는 이에 유교를 숭상하는 정책의
일환으로 서원의 설립을 지원하였다. 그렇지만 붕당정치의 갈등이 심화된
17세기 이후로 서원이 붕당의 후방 기지 역할을 하게 되자, 자기 붕당의 정
치적 입장을 강화하기 위한 대표적 인물들이 배향되었다.

서원은 향촌 사회에 양반 사족들이 세력을 형성하며 등장하는 과정과 일
정한 관련을 가지고 건립되었다. 이에 따라 대체로 세속에서 벗어나 공부에
만 전념할 수 있는 경치 좋고 한적한 곳, 절터 또는 퇴락한 사찰이 있던 곳,
배향하는 선현의 연고지 등의 지역에 서원이 세워졌다. 서원에 배향된 선현
들이 살아 있을 때 세웠던 서당이 발전하여 서원으로 된 경우도 있었다. 영
남 지방에서는 정몽주, 길재, 김종직, 김굉필, 정여창, 이언적, 이황으로 이
어지는 성리학의 정통 맥을 자부하는 학자들이 많이 배출되어, 다른 지역에
비하여 상대적으로 서원이 많이 건립되는 경향을 보였다.

서원의 수는 조선 중기 이후 급증하였다. 왜란과 호란을 거친 뒤 당쟁이
격화되고 문벌과 학벌이 점차 강조됨에 따라, 사림들이 자기 당파나 가문
혹은 학파의 입장 강화를 목적으로 자파의 인물들을 봉향하는 서원이나 사
우를 증설하는 데 힘을 기울인 결과였다. 남설된 서원은 조선 후기 사회변
동기에 향촌 사회의 일반 백성에 대한 교화 기능을 점차 특권화해 많은 폐
단을 일으켰다. 일부 서원의 원임들은 교화를 위해 사용해야 할 묵패(墨牌)
를 하층민을 잡아들이고 토색하는 수단으로 삼았다. 묵패는 조선 후기 사액

서원 등에서 춘추 제향 때 상민들을 호출하거나 잡부금을 모금하기 위하여 발부한 문서의 일종이다. 이는 양반들이 자신의 신분적 지위나 향촌에서의 사회적 위치를 악용한 행위였다. 또한 이는 풍속 교화와 기강 확립이라는 명목 아래 사회변동의 추세를 막아 보고자 자행된, 양반들의 계급적 이해가 반영된 폐해였다. 효종의 복(服)을 둘러싼 예송(禮訟) 시비 때 영남의 사족들은 각 지역의 서원을 통하여 공론을 형성하고 집단적 시위까지 벌였다. 서원의 흥성으로 향교의 교육 기능이 더욱 약화되고, 서원이 군역 도피의 근거를 제공하기도 한 것 역시 폐해의 하나였다.

서원과 사우의 남설 경향은 문중 단위의 가묘(家廟)화로 이어졌다. 바로 문중 서원(門中書院)의 출현이 그것이다. 특히 17세기 이후 서원에서 제향 기능이 현저해짐에 따라, 후손이나 문중에서 다투어 서원을 건립하였다. 자기 가문의 이름난 선현을 서원에서 제향하는 것은 가문의 권위를 나타내는 데 큰 역할을 하였기 때문이었다. 이제 기존 양반 사족들은 공론에 의해 향촌 단위의 공적인 이익을 확보하는 것보다 가문 단위로 혹은 사적으로 기득권을 유지하고 확보하는 데에 더 큰 관심을 기울였던 것이다. 게다가 사족들의 지배력도 군현 단위에서 촌락 단위로 점차 축소되고 있었다. 18세기 후반 이후 사족의 향권 상실, 또는 향론 곧 공론의 불일치는 결국 사족의 공동 이해를 창출할 수 없었던 데서 비롯한 것이었다.

장동표 _ 부산대 교수

3부 백성들의 좌절과 열망

담뱃대의 길이는 신분에 비례한다

족보에도 가짜가 있나요

신분 사회의 피해자, 백정

유교적 여성관과 여성들의 삶의 풍경

임꺽정의 분노와 좌절

담뱃대의 길이는 신분에 비례한다

오종록

전통사회 대표 기호품, 차에서 담배로

현대 문명사회를 살아가고 있는 우리는 취향에 따라 제각기 기호품을 즐길 수 있게 되었다. 그렇지만 시간을 백여 년만 거슬러 올라가도 기호품을 즐길 수 있는 사람은 많지 않았다. 현재의 전통이 형성되었다고 보는 조선 중후기로 가면 기호품을 즐길 수 있는 층은 왕족에서부터 양반과 중인들 가운데서도 부유한 사람들까지였으리라고 추측된다. 다만 담배만은 사회 구성원 대다수가 즐길 수 있는 기호품이었기에 다른 기호품과 의미가 달랐다.

따져 보면 기호품의 종류는 생각만큼 다양하지는 못하다. 사전적 의미로 볼 때 기호품이란 '영양소와 무관하게 향내가 있어서 입에 쾌감을 주고 필요한 흥분을 일으키는 물품'을 말한다. 마늘·파·후추 등을 기호품에 넣는 경우도 있지만 이것들은 음식물의 맛을 조화시키는 조미료로 보는 것이 적절하다. 따라서 현대사회에서도 기호품은 술과 차와 커피 등의 음료, 그리고 담배 등 몇 가지 물품으로 제한된다.

술과 차, 커피, 담배 등은 각기 알코올이나 카페인, 니코틴 등의 성분을

함유하여 인체의 신경계통에 일정한 영향을 끼친다는 공통점이 있다. 각 성
분의 인체에 대한 유해 문제가 강력히 제기되고 있음에도 바로 그 성분들
때문에 이 물품들이 오랫동안 인류 공통이라 할 만큼 강력한 기호품의 지위
를 누리고 있는 것이다. 특히 술은 까마득한 옛날 원시사회 이래 인류 공통
의 기호품이며, 우리 민족도 고대사회 때부터 '음주 가무를 좋아하는 민족'
으로 중국에 알려질 정도로 술을 즐겼다. 이에 비해 가장 뒤늦게 기호품으
로 등장한 것으로는 커피를 들 수 있다.

　이러한 술과 커피를 제외하고 보면 종래에 즐겨 애용한 기호품이 차와 담
배다. 담배 또한 조선시대에 처음 들어온 것이므로, 결국 차가 우리 전통사
회에서 장기간에 걸쳐 건전한 기호품의 지위를 유지해 온 셈이다. 우리 민
족이 언제부터 차를 마셨는지는 분명치 않으나, 통일신라 때 불교 승려 사
이에서는 차를 마시는 풍습이 꽤 퍼져 있었던 것으로 보인다. 《삼국유사》에
보이는 "승려 충담사(忠談師)가 매년 중삼일(3월 3일)과 중구일(9월 9일)에 차

를 끓여 경주 남산 사화령에 있는 미륵세존께 올렸고, 또 경덕왕(景德王)의 요청으로 왕에게 차를 끓여 바쳤다."라는 기록이 그 근거이다. 7세기부터 신라의 여러 승려와 학자가 중국에 유학한 바 있으므로, 이 무렵 중국의 차 문화가 자연스럽게 신라에 도입되었을 것으로 짐작된다.

고려 때에는 차를 마시는 풍습이 귀족사회 내부에 널리 퍼져 있었다. 《고려도경》의 기록에 따르면 토산차의 질이 좋지 않아 귀족들이 중국에서 차를 수입하여 마셨다고 한다. 차를 끓여 마시기 위한 기구들은 모두 중국의 것을 모방하였으나, 차 문화는 이미 고려 귀족의 식생활 문화에서 독특한 위치를 차지하고 있었던 듯하다. 즉 지금도 흔히 커피를 마시고는 다시 물을 마시는 것과 마찬가지로 당시에도 하루 세 번 식사 뒤에 차를 마시고는 다시 숭늉을 마셨다는 것이다. 이처럼 고려의 귀족들에게 차는 일상 음료가 아니라 기호품으로서 뚜렷한 위치를 차지하고 있었다.

우리나라는 지리적으로 세계의 양대 차 생산국인 중국과 일본 사이에 위치하며, 위도상으로도 차 생산권에 자리 잡고 있다. 따라서 서민들 사이에서도 차를 마시는 풍습이 자리 잡았을 가능성이 없지 않다. 그런데 조선시대에는 승려들이 주로 차를 마실 뿐, 양반층조차도 차를 즐겨 마시지 않았던 것으로 나타난다. 개화기에 한국을 다녀간 서양인들은 견문기에 아예 한국인들은 차를 마시지 않는다고 기록하였다. 이를 두고 한국에서는 좋은 음료수가 곳곳에서 나기 때문이라거나 또는 불교문화를 배척한 때문이라고 설명하기도 했다. 그러나 과거 차가 일상 음료가 아니라 기호품으로서 애용되었고 불교가 현재까지도 유력한 종교로 남아 있는 사실로 보면 이러한 설명은 설득력이 약하다.

조선시대에 차가 기호품 목록에서 누락되기에 이른 원인은 공납 등 조세 제도에 의한 지배층의 가혹한 수탈 때문이었던 것으로 판단된다. 즉 감귤이 가렴주구의 대상이 되자 감귤나무의 밑동에 일부러 상처를 내서 토색을 면하였던 것처럼, 농민들이 하나라도 더 수탈 대상 품목을 없애려고 차나무의 씨를 말리는 상황이 전개되었으리라고 짐작된다. 이에 따라 조선 후기에는 차례(茶禮)·다식(茶食)·다방(茶房) 등의 이름만이 옛 차 풍속을 말해 주는 상황이 되었다. 각 관청 소속 관비(官婢)로 차를 끓이는 일을 하던 다모(茶母)도 조선 후기에는 기능이 변질되어 포도청의 비밀 여자 형사를 지칭하는 말로 사용되었다.

차(茶)를 '다'라고도 읽는 것은 그 발음이 중국 북부 지역과 남부 지역이 각기 달랐던 데서 연유한다. 차의 원산지인 중국 남부의 발음에서 유래한 것이 '다'이며, 영어의 '티(tea)'도 마찬가지이다. 원나라 이후 중국 정치의 중심인 베이징 지역 발음에서 온 것이 '차'이다. 차와 다 두 가지 말이 공존한다는 사실은 중국 남부와 북부의 차 문화가 우리 사회에 병존했음을 알려 주며, 한때는 차 마시는 풍속이 광범위하게 자리 잡았던 흔적이라고 할 수 있다.

호랑이 담배 피우던 시절은 언제부터?

차가 기호품의 지위를 상실할 무렵 강력한 기호품으로 새로이 등장한 것이 바로 담배였다. 담배는 가지과에 속하는 다년생 초본식물로서, 1558년 스페인 왕 필립2세가 원산지인 남아메리카 중앙부 고원지대에서 종자를 구해 관상용, 약용으로 재배하면서부터 유럽에 전파되었다. 현재는 북위 60도에서 남위 40도에 걸쳐 전 세계에서 재배하고 있으며, 우리나라에는 임진왜란이 끝난 직후인 16세기 말엽~17세기 초엽에 주로 일본을 거쳐 들어온 것으로 추측된다. 유럽에 처음 알려진 지 반세기 정도 지난 무렵에 동방의 고요한 아침의 나라에까지 담배가 전파된 것이다.

담배가 처음 전래되었을 때에는 담바고 또는 남령초(南靈草)라고 부르다가 뒤에는 흔히 남초(南草) 또는 연초(煙草)라고 하였다. 담바고는 담배를 뜻하는 타바코라는 발음에서 유래된 반면에, 남령초는 남쪽 국가에서 들어온 신령스러운 풀이라는 의미를 담고 있다. 실제로 17세기 초엽에는 담배를 약초로 간주하였으며, 흡연 인구가 차츰 늘어나 담배가 기호품으로 정착한 뒤에도 약초라는 생각은 여전하였다.

김홍도, 〈담배썰기〉, 《풍속화첩》(국립중앙박물관 소장)
어느 여름날 주인은 부채질하며 책을 보고, 하인들이 담뱃잎을 다듬고 작두로 썰고 있다.

담배의 유래와 관련된 "옛날 중국에서 콧병이 몹시 유행하였는데 담뱃잎으로 코를 막으면 나았다. 겨울에는 담뱃잎을 구할 수 없었기에 잎을 말려 두었다가 담배를 피워 그 연기로 콧병을 예방하게 되었다."라는 설화나 "남자를 몹시 좋아한 어떤 기생이 살아서 상대하지 못한 사람과 죽어서 입이라도 맞춰 보기를 소원하여 그 기생의 넋이 화해서 무덤에 난 것이 담배였고, 그래서 입으로만 담배를 피울 수 있다."라는 설화는 도입 초기의 약초 내지는 남령초로서의 담배에 대한 민중의 인식을 보여 준다. 담배의 중요 성분인 니코틴은 살충 효능을 갖고 있어서 담배를 담아 두었던 물을 농작물에 뿌려 이용하기도 했으므로, 약초로서의 인식이 전혀 틀린 것은 아니었다.

한편 정확한 의학적 판단은 아니지만 흡연의 해로움도 차츰 깨닫게 되었다. 성호 이익은 흡연이 '가래가 목에 걸려 떨어지지 않을 때, 비위가 거슬려 침이 흐를 때, 소화가 되지 않아 눕기가 불편할 때, 가슴에 먹은 것이 걸려 신물을 토할 때, 한겨울에 찬 기운을 막는 데' 이롭다고 하였다. 아울러 그는 열 가지에 이르는 해를 지적하면서 그중 심한 것으로 '냄새가 나빠 재계하고 신(神)을 접할 수 없는 것, 재물을 소모하는 것, 할 일이 많은데도 상하 노소가 시간을 허비하는 것' 등을 들며 해가 더 크다고 하였다. 담뱃불로 인해 발생하는 화재 또한 담배를 피우면서 생겨난 새로운 사회적 피해였다. 위정자들은 곡식과 채소를 기르던 땅이 담배밭으로 바뀌는 것을 크게 우려하였다. 식량 부족이 사회문제를 야기할 수도 있기 때문이었다.

흡연에 대해 찬반 논쟁이 전개되고 나아가 그 해악에 대한 지적이 제기된 까닭은 이익이 "상하 노소가 시간을 허비한다."라고 지적하였듯이 흡연 풍습이 매우 급속하게 사회 전반에 번져 간 데에 있었다. 1653년(효종 4)에 표류하여 제주도에 기착한 이래 14년간 조선에서 살았던 하멜이 그의 표류기에 기록한 바에 따르면 "현재 그들 사이에는 담배가 매우 성행하여 어린아이들이 4, 5세 때 이미 배우기 시작하며, 남녀 간에 담배를 피우지 않는 사람이 매우 드물다."라고 할 정도였다. 하멜의 기록은 당시 담뱃값이 매우 비싸 한 근에 은 한 냥이나 되었던 것에 비추어 보면 크게 과장되었다고 생각되나, 보급 속도가 매우 빨랐던 것만은 분명하였다.

이처럼 남녀노소와 귀천을 막론하고 담배를 애용하는 상황이 되다 보니 옛날에는 호랑이도 담배를 피웠으리라는 말도 나오게 되고, 옛날이야기의 첫머리에는 으레 '호랑이 담배 피우던 시절'이라는 말이 붙게 되었던 것이다.

신분의 차이와 담뱃대의 길이

'호랑이 담배 피우던 시절'이라는 말은 한편으로는 짐승조차도 마음대로 담배 피우던 시절에 대한 향수를 담고 있다. 즉 신분에 따른 담배 예절이 갖추어지기 전의 그리움을 담고 있는 것이다. 18세기 말엽에 쓰인 것으로 짐작되는 유득공의 저술 《경도잡지》에 따르면 "비천한 자는 존귀한 분 앞에서 담배를 피우지 못한다."라고 하였고, 또한 "조관들이 거리에 나갈 때 담배 피우는 것을 금하기를 심히 엄하게 하며, 재상이나 홍문관 관원이 지나가는데 담배를 피우는 자가 있으면, 우선 길가 집에다 구금시켜 놓고 나중에 잡아다가 치죄한다."라 하였다. 담배가 사회 전반에 보급되고 이와 아울러 약용이 아닌 기호품으로 정착함에 따라 사회질서에 순응하여 일종의 흡연 문화가 형성되었음을 알려 준다.

담배가 처음 도입되고 보급되어 간 17세기는 양반층이 성리학적 명분론에 입각해 사회질서 강화를 도모한 시기이기도 하였다. 일본과 청의 침입으로 일어난 전란으로 신분 질서와 윤리 규범이 흔들렸던 것과 함께 인조(仁祖) 등이 '광해군이 명의 은혜를 저버리고 등거리 외교를 펼친 것'과 '인목대비에 대한 불효'를 반정 명분으로 삼았던 사실도 신분과 윤리 규범의 강화가

필요해진 현실적 이유에서였다. 이에 따라 예학 연구가 활발히 진행되는 가운데 상놈이 양반 앞에서, 아이가 어른 앞에서 담배를 피우지 못하는 흡연 문화가 서서히 형성되고, 흡연 행위를 사회적 권위와 연결 지어 생각하는 의식이 깊이 뿌리내리게 되었다. 이제 사랑방에서 들려오는 할아버지의 담뱃대 소리는 곧 할아버지가 집안에서 차지하는 권위를 나타내게 되었다.

이러한 변화 속에 담뱃대의 길이가 곧 신분의 높낮이를 나타내게 되었다. 담뱃대는 담배를 담아 불태우는 담배통과 입에 물고 빠는 물부리, 그리고 담배통과 물부리 사이를 연결하는 설대로 구성되며, 설대가 긴 것을 장죽, 설대가 없거나 짧은 것을 곰방대라 부른다. 그런데 본래 담배가 일본을 통하여 들어온 까닭에 초기 담뱃대 역시 일본 양식이 이식되어 담배통도 작고 설대도 짧았다. 이에 비해 18세기 풍속도에서는 이미 담배통이 커진 장죽이 유행하였음을 볼 수 있다. 장죽으로 담배를 피울 경우 혼자서 담배통에 불을 붙이면서 물부리를 빠는 것이 쉽지 않으므로, 불을 붙이는 하인이 딸리기 마련이었다. 즉 장죽으로 담배를 피울 수 있는 것은 양반층을 비롯한 여유 있는 생활을 누릴 수 있는 계층에 국한되고, 일반 상민은 곰방대를 애용할 수밖에 없었다. 양반층 가운데서도 재산이 넉넉한 사람들은 백통이나 오동으로 담뱃대를 만들고 금이나 은으로 무늬를 넣어 치장까지 한 장죽을 사용하였다.

그러나 서민들은 어른 앞에서 담배를 못 피우게 된 유래 또한 '호랑이 담배 피우던 시절'만큼이나 오래된 것으로 생각하였다. 이를 보여 주는 것으로 "문종대왕이 집현전 학사들과 담론하다가 곤룡포 자락을 담뱃불에 태우게 된 뒤 앞으로는 담배 피우는 것을 조심하자고 한 것이 계기가 되었다."라는 설화가 있다. 담배가 우리 땅에 들어오기 약 150년 전쯤부터 어른 앞에서 담배를 피우지 않게 되었다는 것이다. 또 "조정에서 신하들이 국사를 논의하다가 의논이 막히면 담배만 자꾸 태우게 되는데, 연기라는 것이 높은 곳으로 올라가게 되어 있어서 높은 자리에 앉은 임금에게로 자꾸 가게 되니, 그것을 참다 못한 임금님이 높은 분이 있는 데에서는 담배를 삼가라고 하게 되었다."라는 설화도 있어서, 초기에는 신하들이 왕 앞에서 담배를 피울 수 있었다는 공통된 내용이 발견된다.

서민 생활과 담배

담배 전래 이후로 조선에는 여러 농작물이 전래되어 농민의 생활에 많은 변화가 일어나게 되었다. 감자와 고구마, 그리고 이 작물들보다 뒤에 전래된 옥수수가 농민이 굶주림을 면하게 하는 데 큰 몫을 하였음은 잘 알려져

있다. 이와 달리 담배는 상업 작물로 재배됨으로써 농민의 경제력 향상에
큰 몫을 하였으며, 농업경제가 새로운 국면으로 접어들게 하는 데에도 중요
한 공헌을 하였다.

　고려 말에 전래된 목화가 조선 건국 후 빠른 속도로 보급되어 우리 민족
의 의생활에 일대 변혁을 초래한 한편 지방의 장시가 출현하는 하나의 바탕
이 된 바 있는데, 담배 전래가 미친 영향도 이에 못지않았다. 담배도 목화만
큼이나 광범위한 지역에서 재배되어 국내 수요자는 물론 중국에까지 공급
됨으로써 농민층의 경제력과 국가의 부를 증진시키는 데에 큰 도움을 주었
다. 나아가 자가 수요를 충족하기 위한 자급자족적 농업경제 단계로부터 벗
어나 차츰 상업적 농업이 발달하도록 하는 데에 일익을 담당하였다.

　담배는 처음부터 워낙 사회적 수요가 커서 매우 비싸게 거래되었다.

귀야 귀야 담바귀야 동래나 울산의 담바귀야

은을 주러 나왔느냐 금이나 주러 나왔느냐

은도 없고 금도 없고 담바귀 씨를 가지고 왔네.

이것은 경상도 민요의 하나인 담바귀타령의 일부인데, 일본에서 담배가 전래되어 동래, 울산 지역부터 재배되기 시작한 사실과 함께 금, 은에 비교될 정도로 담뱃값이 비쌌음을 알려 준다. 18세기에 이르러 담배 재배 지역이 크게 확대된 뒤에도 국민 전반의 기호품으로 자리 잡은 까닭에 여전히 담배 농사는 큰 이익을 낼 수 있었다.

담배는 서민 일반의 기호품으로 정착된 18세기부터 서민의 애환을 달래 주는 중요한 물품으로 자리 잡게 되었다. 또한 담배는 술과 함께 서민의 노동 의욕을 북돋우는 기능도 하였다. 남부 지역의 공동노동조직을 대표한 것이 두레라면, 북부 지역에서는 황두였다. 이들이 김매기를 할 때면 "황두꾼들이 이른 새벽에 모여 그날의 작업장에 도착한 뒤 담배참이라고 말하는 간단한 휴식을 하고 일제히 작업에 착수하였다."라 한 데서 실상을 엿볼 수 있다. 개인적 노동이건 조직 내부에서의 노동이건 으레 노동을 시작할 때나 중간 휴식 때에는 담배참 시간이 주어지기 마련이었다. 바로 이 시기에 이르러 담배가 성인 남자 중심의 기호품이 됨과 함께 담뱃대의 길이가 신분을 나타내기에 이르렀던 것이다.

오종록 _ 전 성신여대 교수

족보에도 가짜가 있나요

정진영

족보, 그대로 믿을 수 있나?

오늘날 웬만한 집에는 족보가 있다. 우리가 조금만 관심을 가지고 족보를 본다면 무한한 과거로의 역사 여행을 즐길 수 있다. 우리 시조는 누구이고, 그 할아버지의 아들, 또 그 손자들은 어떤 사람들이며, 무슨 일을 했을까? 이러한 궁금증을 해결하는 데는 그리 오랜 시간을 필요로 하지 않는다. 족보를 보면 우리는 모두 신라 왕실이나 아니면 고려시대 유명한 인물의 후손임을 금방 알 수 있게 된다. 중국인을 시조로 둔 가문도 적지 않다. 그뿐 아니다. 역사책에서 자주 대면할 수 있었던 인물도 가끔은 만날 수 있다. 우리는 부귀영화를 누렸음 직한 조상들의 삶을 동경하기도 하고, 훌륭한 조상을 두었다는 긍지와 자부심에 우쭐해 하기도 한다. 그리고 우리 대부분은 이같은 사실을 조금도 의심할 여지가 없는 것으로 받아들인다.

족보에 수록된 내용은 모두가 사실일까? 사실이라면 우리 조상들이 살았던 시대에는 수천에 불과한 왕족이나 귀족들만이 산 이상한 세상이 되고 만다. 신라나 고려 또는 조선시대에는 귀족이나 양반보다도 농민이 훨씬 더 많았다고 하는데, 이들의 후손은 다 어디로 간 것일까? 우리는 단군의 자손으로 단일민족이라고 하는데, 시조 할아버지가 중국에서 왔다는 것은 또 무엇인가? 의문을 제기하자면 한이 없다.

결론적으로 말하면 족보를 그대로 다 믿을 수 없다. 족보를 믿을 수 없다니 그게 무슨 말인가. 그것은 족보의 기록이 역사적인 사실과는 무관하게 꾸며진 것일 수도 있지만, 족보의 내용이 사실이라 하더라도 족보상의 시조와 나는 혈연적으로 전혀 무관할 수 있다는 것이다.

에이, 어찌 그럴 수가!

족보는 언제, 왜 만들어졌나

족보가 본격적으로 출현한 때는 조선시대였지만, 고려시대에도 '씨족', '세계도(世系圖)', '가첩(家牒)' 또는 '족도(族圖)' 등 고문서 형태의 족보들이 있었다. 종실·귀족·공신·고급 관원의 내외 자손들은 문음(門蔭)의 승계 또는 과거와 벼슬살이를 위해 자신의 가계와 신분을 증빙하는 근거로 이를 작성하였다.

조선시대에 들어와 유교가 점차 보편화되면서 족보다운 족보가 필요하게 되었다. 체계적인 족보는 사가(私家)보다 왕실에서 먼저 편찬하기 시작하였다. 즉 태종 연간의 《선원록(璿源錄)》과 《종친록(宗親錄)》, 세종 때의 《당대선원록(當代璿源錄)》 등이 그것이다. 민간에서는 《안동권씨성화보》(1476년)가 인쇄 반포된 이후 16, 17세기를 거치면서 족보 편찬이 활발하게 전개되었다.

당시 왕실에는 많은 처첩과 이들의 자녀들이 혼재되어 있었다. 이들은 특권의 분배를 둘러싸고 자주 충돌하기도 하였다. 1차, 2차 왕자의 난을 거치면서 등극한 태종으로서는 왕실의 위계질서를 확립하는 것이 무엇보다 중요한 문제였다. 이 문제를 해결하기 위해 왕실에서는 족보를 편찬하였다. 족보는 누가 처이고 누가 첩인지, 누가 적손이고 누가 서손인지를 명확히 구분해 주기 때문이었다. 이 같은 사정은 정도의 차이가 있을 뿐 양반 사대부가도 마찬가지였다.

《선원계보기략》, 1850년(철종1),
(서울역사박물관 소장)
조선 왕실의 족보이다. 1681년(숙종
7)에서 1931년에 이르기까지 변경
사항이 생길 때마다 보충하여 간행
하였다. 왕실 족보로는 1897년 간행
한 《선원록》도 있다.

물론 족보는 조상을 숭배하기 위한 것이기도 하였다. 양반 사대부가의 조상 숭배는 정치·사회적인 이해관계와도 관련이 있었다. 양반들은 족보를 통해 혈연적인 결속력을 강화하는 한편, 하층민과의 차별성을 과시할 수 있었다.

조선시대에 족보를 가진다는 것은 그 자체가 양반임을 의미한다. 우리가 이미 알고 있듯이 양반에게는 사회적인 여러 특권이 주어졌고, 상민과 천민들에게는 사회적인 천대와 경제적인 부담이 가중되었다. 따라서 이들 상민과 천민들은 누구나 양반이 되고자 하였다. 이들이 양반이 되는 방법의 하나가 바로 족보를 가지는 것이었다. 이러한 사정에서 족보는 조선 후기에 더욱 광범위하게 보급되어 나갔다.

족보에는 딸의 이름이 없다

족보란 특정 성씨의 시조부터 편찬 당대인에 이르기까지의 계보를 기록한 것으로, 흔히 세보(世譜)라고도 하였다. 이것은 또 수록되는 범위가 전체냐, 한 분파냐에 따라 대동보(大同譜)와 파보(派譜)로 구분된다. 특정인의 가계를 중심으로 작성된 가첩(家帖)·가승(家乘)·가보(家譜) 등도 족보의 범주에 포함될 수 있다.

족보에는 시조에서부터 세대 순으로 이름과 자·호, 시호, 과거와 관직, 저술과 문집, 특기할 만한 업적, 그리고 출생과 사망 연월일, 묘지의 위치 등 개인의 경력과 이력이 기재되는 것이 일반적이었다. 그뿐만 아니라 후손이 있는지 없는지, 양자를 들인 것인지 아들을 양자로 보낸 것인지, 또는 적자와 서자, 아들과 사위를 구별하여 기록하였다. 물론 족보에 따라 더해지거나 감해지고, 상세하거나 소략함의 차이는 있다.

족보는 철저히 남자 중심의 기록물이다. 조선시대의 여자들은 이름이 없었다. 따라서 여자의 이름이 족보에 오를 수 없었다. 딸은 사위의 이름으로 올려지고, 부인이면 친정의 성관과 부친 및 가문의 이름난 조상이 기록될 뿐이다. 물론 이 같은 기록은 족보와 개개인에 따라 상세하고 소략한 데 따른 차이가 있었다. 또한 족보는 30~40년 또는 50~60년마다, 또는 100여 년 뒤에 몇 번이고 반복해서 새로 편찬되었다. 그러므로 동일 성씨의 족보라 하더라도 시대에 따라 다를 수 있었다. 대체로 17세기를 전후한 조선 전기와 후기의 족보는 기재되는 내용과 체제상에 상당한 변화가 있었다.

조선 전기의 사회는 아직 고려다운 전통이 남아 있었다. 따라서 유교의 종법적(宗法的)인 가족제도가 정착되지 않았다. 남자가 신부 집으로 장가를 가서 그곳에서 생활하는, 곧 처가살이하는 것이 일반적이었다. 재산상속에서도 아들과 딸은 차별되지 않았으며, 사위가 가계를 잇고 제사를 받드는 것도 이상할 것이 없었다. 아들이 없다고 반드시 양자를 들였던 것도 아니어서 후손이 없어 세계(世系)가 단절되는 경우도 허다하였다. 또한 동성동본이라는 이유로 결혼할 수 없었던 것도 아니었다.

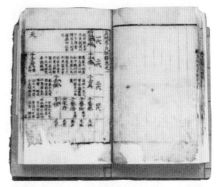

《진성이씨족보》(위)와 《광주이씨세보》(서울역사박물관 소장)

조선 전기의 족보에는 바로 이러한 사회상이 그대로 반영되어 있다. 그 구체적인 모습의 하나가 족보상에 아들과 딸, 친손과 외손이 동일하게 수록되는 것이다. 말하자면 친손과 마찬가지로 외손의 외손, 또 그 외손까지도 차별하지 않고 끝까지 기재하였던 것이다. 그러니 족보에는 특정 성씨만이 등재되는 것이 아니라 온갖 성씨가 망라되기 마련이었다.

가령 《성화보》는 안동 권씨 족보인데도 권씨는 총 수록 인원 9,120명 중 867명에 불과했고, 외손의 외손으로 이어지는 가계가 6, 7대에 이르기도 하였다. 이러한 까닭에 《성화보》는 서거정 등 권씨 외손들의 손을 거쳐 완성되었다. 이같이 조선 전기의 족보는 기재 내용과 편찬 과정상에서 조선 후기 또는 오늘날과 크게 달랐다.

고려다운 전통과 비종법적인 가족제도에 바탕을 두었던 조선 사회는《주자가례》의 보급과《소학》교육의 영향으로 17세기를 전후하여 점차 성리학적 유교 사회로 전환하고 있었다. 이제 아버지의 혈통을 중심으로 하는 친족 제도가 확립되었다. 신부를 맞아들이는 혼례[친영례(親迎禮)]가 일반화되고, 후손이 없으면 반드시 양자를 들이고, 장자를 중심으로 재산과 제사의 상속이 이루어지게 되었다.

조선 후기의 족보 역시 이 같은 사회 변화를 그대로 반영하고 있다. 이 시기의 족보는 전기와는 달리 양자가 일반화되고, 아들이 중심이 되면서 외손은 점차 소략하게 취급되어 2, 3대에 그치거나, 사위만이 족보에 오를 수 있을 뿐이었다. 또한 자녀들의 출생순으로 기재되던 것이 아들을 앞세우게 되었고, 처계(妻系) 및 조상의 제삿날, 묘소의 위치 등이 덧붙여지기도 하였다. 오늘날 일반적으로 볼 수 있고, 발간되고 있는 족보의 형태는 바로 이와 같은 것이다.

왜 가짜가 생기는가

조선시대 족보는 양반의 소유물이었고, 양반의 신분적 특권은 고귀한 혈통과 뛰어난 조상에서 연유하는 것으로 생각하였다. 따라서 일부 양반 가문에서는 왕실이나 이름난 귀족들을 시조로 두기 위해, 혹은 이들의 계보에 자신들을 접속시키기 위해 족보를 편찬하면서 본관을 바꾸거나, 조상의 계보를 조작·윤색하는 행위를 서슴지 않기도 하였다. 조작과 윤색의 일반적인 방법은 모화사상에 따라 시조를 중국과 관련시키거나, 고려 중·후기에 군현

토성에서 성장한 가문들이 고려 초의 개국공신 또는 삼한공신의 후예로 둔 갑하는 것 등이었다. 이러한 족보를 당시의 관찬 사료나 금석문 등과 대조하면 중간에 공백이 생기고 대수가 맞지 않음을 확인할 수 있다. 또한 고려 이래 중앙의 지배 세력은 지방의 향리 가문에서 성장했지만, 점차 향리를 천시하는 경향이 일어남에 따라 조상의 향리 신분을 변명하거나 은폐하려 하였다. 그 결과 그들의 조상이 고려 또는 조선의 왕조 교체기에 신왕조에 복종하지 않아서 향리로 강등되었다는 식으로 합리화하기도 하였다.

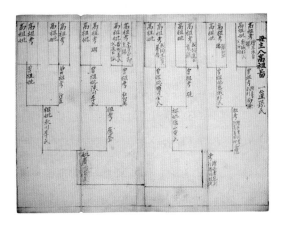

서거정이 《성화보》 서문에서 밝혔듯이, 우리나라에는 원래 족보가 없어서 거가대족(巨家大族)이라도 몇 세대가 지나면 조상의 이름을 알지 못하는 것이 일반적인 현실이었다. 실제 《성화보》에는 시조에서부터 12세에 이르기까지는 간략하게 기록되어 있다. 일찍부터 중앙 정계에 진출한 가문에서도 이러하였으니, 이들보다 뒤늦은 가문의 경

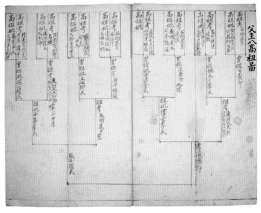

〈팔고조도(八高祖圖)〉, 1549년(명종 4), (대구 경주최씨 종택 소장)
자기 부친과 모친의 조상을 4세대 위인 팔고조부모까지 기록한 것이다. 모주팔고조도는 어머니 쪽의 혈연관계를 아버지 쪽과 동등하게 다루려는 의식의 산물이다.

우에는 조상의 계보가 불명확할 수밖에 없었다. 더욱이 18, 19세기에 와서야 비로소 족보를 편찬할 수 있었던 가문일 경우에는 더 말할 나위가 없다. 그럼에도 후대에 편찬된 많은 족보에서는 시조와 상대(上代)의 세계가 도리어 정연하면서도 구체적으로 기록되어 있는 경우를 종종 볼 수 있다. 이 같은 경우는 시조와 상대의 기록이 허위이거나, 적어도 과장·왜곡되었다는 지적을 면할 수 없다.

족보를 가짜로 만든 것은 이렇듯 족보 편찬 과정에서 자행된 조작과 윤색 때문만은 아니었다. 보다 원천적으로는 조선시대에 성씨와 본관이 타의 또는 자의로 끊임없이 고쳐지고 있던 데서 말미암는다. 성씨와 본관을 고친다는 것은 말하자면 '성을 갈아 버리는 것'이다.

우리나라의 성씨 제도는 굉장히 복잡하다. 성씨의 사용은 삼국 이전부터인 것처럼 보이나 사실은 중국 문화를 본격적으로 수용하는 6, 7세기경부터라고 할 수 있다. 신라가 삼국 통일을 함으로써 고구려계와 백제계의 성씨는 계승되지 못하였고, 후삼국시대에는 지방 호족들에 의해 신라계 성씨를 중심으로 중국식 성씨가 적극적으로 보급되어 나갔다. 후삼국을 통일한 고려 태조 왕건이 각지의 호족들에게 그 지역을 근거로 하는 성씨를 나누어 줌으로써 성과 본관(本貫)을 토대로 한 성씨 제도가 본격적으로 정착되었다. 본관이란 성이 기반하고 있는 지역을 말한다. 이때의 지역이란 행정 체계상 차등적으로 존재하였다. 즉 군현이라는 독립된 행정구역이 있는가 하면 여기에 소속된 속현과 촌, 그리고 향·소·부곡 등이 있었다. 따라서 성에는 군현성, 속현성, 촌성과 향·소·부곡성 등이 있었으며, 이들은 서로 다른 위상을 갖게 되었다.

조선 초기 지방의 군현제도가 대대적으로 개편됨에 따라 지역을 세분하여 다양하게 존재하던 본관 또한 15세기 후반부터는 점차 주읍(主邑: 수령이 파견된 군현) 중심으로 통합되어 갔다. 즉 속현, 촌과 향·소·부곡 등이 소속 군현에 통합되거나 소멸됨으로써 그곳을 본관으로 했던 성씨는 당초 본관을 버리고 소속 군현성에 흡수되거나 그 주읍을 그들의 새 본관으로 정하게 되었다.

이러한 과정에서 본관을 서로 달리하던 동일 성씨가 같은 본관을 쓰게 되는 경우도 생겼다. 물론 이들 동성 상호 간에는 혈연적으로 아무런 관련이 없었지만, 점차 동성동본으로 취급되어 갔다.

본관이 바뀌는 것은 이러한 행정구역의 개편 때문만은 아니었다. 조선시대에 문벌 의식이 고조되면서 저명한 조상이 없는 가문에서는 기성의 명문 거족에 동화하기 위하여 본관을 적극적으로 바꾸어 나가기도 하였다.

더욱이 조선 후기에 이르러서는 성이 없던 천민층이 양인화함에 따라 성을 갖게 되는 층이 더욱 증가하게 되었다. 16세기까지만 하더라도 성이 없는 사람이 전 인구의 40퍼센트 정도였다. 그러나 이들 성이 없던 천민층이 점차 성을 갖게 되었음에도 새로운 성씨의 출현은 거의 없었다. 이들이 기존의 유명 성씨를 선택함으로써 도리어 김·이·박·최·정씨 등이 각지에 산재하게 되었던 것이다. 천민들의 후손은 오늘날 이들 유명 성씨의 족보에 등재되어 있을 것이다. 결국 40퍼센트 정도의 사람들은 혈연적으로 아무런 관련이 없는 성씨의 족보에 그들의 이름을 올리고 있는 셈이다.

물론 새로 성을 가지게 된 이들은 호적상에서 각기 그들의 거주지에 편호됨으로써 거주지가 곧 본관이 되었다. 따라서 새로운 본관이 대거 나타나기도 하였지만, 이들 또한 점차 유명 본관으로 본관을 바꾸어 버림으로써 기존의 성관에 자연스럽게 편입되어 갔다. 이러한 사정으로 조선 초기에 4,500개가 넘던 성관이 오늘날에는 도리어 1,100여 개가 줄어든 3,400여 개에 지나지 않게 되었다. 말하자면 오늘날의 성씨와 본관은 많은 변화를 거친 것인데, 그 구체적인 내용은 결국 대성과 유명 본관으로의 개변(改變)이었다.

그러면 족보는 이러한 성과 본관의 변화 과정을 그대로 보여 주고 있는가? 족보는 성과 본관의 역사를 담고 있지만, 이러한 변화 과정을 기록하고 정리한 것이 아니라 변화된 최종적인 결과만 수록하고 있는 것에 불과하다. 따라서 상당수의 족보는 도리어 시조를 조작·윤색하거나, 성과 본관을 고치고 바꾸어서 형성된 동성동본의 사람들을 혈연적인 사실 관계로 계보화하고 있다. 이러한 족보를 우리는 가짜라고 할 수 있을 것이다.

가짜가 필요한 세상

족보를 가진다는 것은 곧 양반이 됨을 의미한다. 신분제 사회에서 양반이 아니면 상놈이고, 상놈에게는 사회적인 천대와 경제적인 부담이 가중되기 마련이었다. 다산 정약용은 상민들이 군역을 면하기 위한 방법의 하나로 자신의 아버지와 할아버지를 다른 사람으로 바꾸어 버리거나 족보를 위조한다고 하였다. 말하자면 성을 바꾸고 조상을 바꾸어 다른 사람의 족보에 편입함으로써 양반이 된다는 것이다. 실제로 많은 백성들이 현족(顯族)의 족보에 이름을 기록하여 군역에서 빠져나가자, 어떤 이는 신문고를 쳐 상민과

천민들이 가짜 족보를 만드는 일을 금해
줄 것을 호소하기도 하였다.

상민과 천민들은 왜 그들 자신의 족보
를 갖지 못하였을까? 이들은 시조로 삼
을 만한 인물은 물론이고, 할아버지의 할
아버지가 누구인지도 모르는 경우가 허
다하였다. 이들은 또 족보를 만들 수 있
는 경제적인 기반도, 동족의 혈연적인 기
반도 갖추지 못하였다. 더욱이 이들이 족
보를 가지려고 하는 것은 양반이 되기 위
한 목적이지 그들의 진정한 뿌리를 확인

김홍도, 〈벼타작〉, 《풍속화첩》(국립중앙박물관 소장)
벼타작에 여념이 없는 상민들 옆에서 양반이 술병을
옆에 두고 곰방대를 문 채 졸고 있다.

하고자 하는 것은 아니었다. 이러한 사정
에서 이들이 가질 수 있는 족보란 혈연적으로 무관한 남의 족보, 즉 가짜 족
보일 수밖에 없었다.

가짜 족보를 필요로 하였던 것은 하층민만이 아니었다. 더 훌륭한 가문으
로 자신을 위장하고 싶었던 양반의 경우에도 가짜 족보는 필요하였다. 양반
에도 격이 있었다. 따라서 낮은 양반은 높은 양반을, 높은 양반은 더 높은
문벌 가문이 되길 원했다. 양반이 아니고는, 문벌이 아니고서는 인간답게
살아갈 수 없는 사회, 개인의 능력이 아닌 가문의 높낮이가 우선 시되는 사
회에서 가짜 족보란 필연적인 소산물이었다.

오늘날 우리 모두는 성과 족보를 갖게 되었다. 말하자면 우리 조상은 모
두 조선시대에 양반이었던 셈이다. 물론 우리 모두는 원래부터 성을 가졌던

것도 아니고, 또한 우리 모두가 양반이었던 것도 아니다. 그러면 가짜란 무엇인가? 오히려 성씨는 절대 불변이며, 족보 또한 결코 의심할 수 없는 진실이라고 확신하는 우리의 믿음이 가짜일 뿐이다. 하늘이 처음 열리던 날 어디 김씨·이씨가 있었으며, 양반·상놈이 있었던가!

정진영 _경상북도독립운동기념관장

신분 사회의 피해자, 백정

권기중

노비보다 못한 양인

신분은 전통 사회의 사회적 불평등을 규정하는 제도적 장치이다. 이러한 신분은 대개 법으로 규정되어, 개인의 정치적 출세는 물론 사회적 지위와 세세한 일상의 생활양식까지 강제하였다. 전근대의 지배계급은 자기 신분의 보호를 위해 폐쇄적인 혼인 제도와 세습제를 만들었고, 이에 따라 지배계급과 피지배계급의 신분 구조가 형성되었다.

조선시대에는 강력한 중앙집권적 관료 체제를 지향하면서 전제 왕권을 옹호하는 사대부가 집권하였다. 이들은 조선 건국 후 국가 기반의 확충을 위하여 노비를 제외한 모든 인민에 대한 보편적인 권리·의무 관계를 규정하였다. 노비를 제외한 모든 사람들을 일률적으로 양인(良人)으로 간주하였으며, 양인인지 천인(賤人)인지를 판별하기 어려운 자는 양인으로 확정 짓는 등 과감한 양인 확대 정책을 실시하였다. 이러한 정책은 보다 많은 사람들로부터 세금을 거두기 위한 것이었는데, 이 과정에서 백정 계층도 법적으로는 양인 신분을 얻게 되었다.

이 같은 이유로 조선 초기의 양인에는 다양한 계층이 포괄되어 있었다. 주축을 이루는 평민만이 아니라 위로는 문무 관료로부터 아래로는 신량역천(身良役賤)에 이르는 사람들이 모두 양인으로 간주되었기 때문이다. 그러나 법제적으로는 같은 양인이라고 하더라도, 양반과 신량역천인의 실제 사회생활에는 당연히 엄청난 신분적 차별이 존재하였다.

신량역천인은 법적으로는 양인 신분이었으나, 천한 역을 지고 있어서 사회 내부에서 천인에 가까운 대우를 받으며 살아가던 계층이었다. 이들이 지는 역은 각양각색이었다. 조선시대 초기에 신량역천인은 주로 간(干)이나 척(尺)으로 불렸는데, 시대가 내려가면서 의금부의 나장, 각 지방관청의 일수, 관아의 조예, 조운창의 조졸, 역참의 역보, 수영에 소속된 수군, 봉화대의 봉군 등 이른바 칠반천역(七般賤役)이 이들이 지는 대표적인 신역이 되었다. 하지만 칠반천역의 역은 고되었으나 국가의 신역 체제 내에 포함된 어엿한 국가의 역이었다. 이 역을 지는 사람들은 일반 양민의 주거지역에 섞여 살았고, 신분 상승의 기회도 있었다. 그런데 신량역천인 가운데에는 이들과 달리 일반민들이 상종하지 않는 부류가 있었다. 이들이 바로 백정(白丁)이라고 불리던 사람들이다.

백정은 북방 민족이었나

백정이라는 한자식 호칭의 어의를 따져 보면 '백(白)'은 희다, 깨끗하다, 무식하다, 없다 등의 뜻이고, '정(丁)'은 장정(壯丁)을 의미한다. 특히 백정의 '백'자는 그것이 신분 관계의 용어와 결합되어 쓰일 때는 주로 '없다'는 뜻으로 통용되었다. 따라서 '백정'이란 아무것도 가진 것이 없는 무식한 장정이라는 뜻을 담고 있는 말이었다고 생각된다.

고려시대에는 16~60세의 정남(丁男)이 의무적으로 부담하는 일반 요역외에 군인·향리·역정 등처럼 특수한 신분 계층의 사람들이 지는 세습적인 신역(身役) 내지는 직역(職役)이 별도로 존재하였다. 신역·직역의 부담자를 정호(丁戶)라고 한 것에 대하여, 정호를 제외한 일반 농민은 백정이라고 불렀다. 정호에게는 원칙적으로 일반 요역에서 면제해 주고 일정한 면적의 토지를 역을 지는 대가로 지급해 주었으나, 백정에 대해서는 토지가 지급되지 않았다.

이와 같이 고려시대에 가장 광범위하게 존재한 농민층을 의미하던 백정은 고려 말과 조선 초를 거치면서 평민·양민·백성이나 촌민 등의 이름으로 불렸고, 그 대신 백정이라는 이름은 주로 도축업·고리[유기(柳器)] 제조업에 종사하던 계층을 지칭하는 데 사용되었다. 이러한 변화는 조선왕조가 1432년(세종 14)에 이르러 재인(才人), 화척(禾尺)을 일반 평민을 뜻하는 백정이라고 고친 데서 비롯되었다. 이 조치는 조선 초기 양인 확보책의 일환으로 이루어진 것이었다. 하지만 이는 법제상 조치에 불과한 것이어서 역사적으로 천시받아 온 재인, 화척들이 갑자기 평민과 동등하게 될 수는 없었다.

이러한 조선시대의 백정을 고려 이래의 백정과 구분하기 위하여 신백정(新白丁)이라는 말을 쓰기도 하였다. 하지만 평민들은 그들과 같이 백정으로 불리기를 꺼려 자신들을 백정이라고 칭하지 않았다. 이에 따라 결국 조선시대 백정이라는 호칭은 평민을 의미하는 것이 아니라 재인, 화척을 가리키는 말로 변해 버린 것이다.

　그런데 "화척은 곧 양수척(楊水尺)이다."라는 고려 말의 기록에서 조선시대의 백정은 그 이전에는 양수척으로도 불렸다는 것을 알 수 있다. 양수척은 후삼국시대부터 고려시대에 걸쳐 떠돌아다니면서 천업에 종사하던 무리로, 북방 유목민 또는 귀화인의 후예들이라고 알려져 있다. 그래서 백정은 북방 민족의 후예로 이야기되기도 했다.

　이들이 한국 사회에 나타난 시기와 생활 방식의 단서는 조선 초기의 학자인 양성지의 상소문에서 일부 파악된다.

　"양수척이라는 것은 (고려)왕조 초기에 있었고 (몽골의 침입으로) 강화도에 옮겨 갔을 때에도 있었으며, 재인이나 화척은 충렬왕 때에도 있었고 공민왕 때에도 있었습니다. 멀리는 500~600년 전에 있었고 가까워도 몇 백 년 아래로는 떨어지지 않는데도 거문고를 타며 노래하는 풍습과 짐승을 도살하는 일을 지금껏 고치지 못하고 있습니다." 이를 통해 볼 때 양수척·화척·재인은 이미 오래 전부터 우리 사회 구성원의 일부가 되어 도축과 여러 가지

기예로 생활을 유지하였음을 알 수 있다.

이처럼 양수척·화척의 유래는 매우 오랜 시기로 거슬러 올라가며, 그 가운데 일부는 고려시대에 여러 차례에 걸쳐 대내외적 혼란기를 틈타 한반도에 들어온 북방 유목민에서 비롯된 것으로 추정된다. 하지만 백정층 모두가 이들만으로 구성되었던 것은 아니었다. 조선 초기에는 거골장(去骨匠)이라고 불리던 전래의 도축업자들이 전 지역에 걸쳐 상당히 많았다. 이들의 명칭은 16세기 이후에는 기록에 나타나지 않는다. 이로 보아 이들은 도축이라는 업종의 유사성 때문에 백정층으로 자연스럽게 흡수된 듯하다. 이 밖에도 토지에서 떨어져 나온 많은 유랑민들이 경제적인 이유 등으로 백정층에 유입되기도 하였다.

이와 같이 우리가 백정이라고 하는 계층의 사람들은 북방 유목민 계열의 사람들로만 구성된 것은 아니었다. 백정들이 노비와 같이 그 역을 대대로 세습해야 한다는 법적 규정은 없었다. 하지만 이들 백정은 정부의 차별 정책과 그들의 전통적인 생활 습성 탓으로 자연히 역을 세습하게 되었다.

백정은 괴롭다

조선 전기의 백정은 조선 후기만큼 멸시의 대상은 아니었다. 예를 들면 세종 때 4군을 개척한 장수로 유명한 최윤덕은 그 아버지도 장수였으므로 양반이 분명하지만 어렸을 때 이웃에 사는 양수척, 즉 백정의 집에 맡겨 길러졌다고 한다. 그러나 조선 후기에는 양반과 백정의 주거 공간이 엄격히 분리되었으며 더구나 백정의 집에서 길러지는 일은 생각조차 할 수 없었다.

한편 조선 초기에는 죄를 지어 변방으로 추방된 사람이 죽은 뒤에 백정이 그 죽은 이의 아내를 자신의 아내로 삼기를 청하자 수령이 강제로 백정에게 재가를 시킨 일도 있다. 또한 16세기 야사류 책의 하나인 《기묘록보유》를 보면 당당한 양반 출신인 이장곤이 연산군의 추적을 피하여 양수척의 집에 숨어들었다가 백정 딸과 혼인했다는 기록이 보인다. 이 경우는 국가의 추적을 받던 급한 상황하에서 피신하려는 목적이 있었다고는 하나, 이 역시 조선 후기에는 상상할 수 없는 사례이다. 이는 백정에 대한 일반의 인식이 조선 후기에 들어와 크게 변화되었음을 말해 준다.

이러한 인식의 변화는 백정에 대한 국가의 차별 정책에서 기인하는 측면이 컸다. 우선 조선 정부는 백정들이 이리저리 떠돌아다니면 말썽을 일으킨다고 하여 통행 증서를 지참해야만 다른 지역으로 이동할 수 있도록 했다. 또한 정부에서는 백정들이 분명 법적으로는 양인임에도 서울과 지방에 산재한 백정을 모두 찾아내어 특정 방(坊)과 촌(村)에 살도록 정하고 호적을 따로 작성하여 보관하였다. 그리고 출생, 사망, 도망 등의 변화 상황을 조사하

▌ 19세기 말엽의 푸줏간

경주읍 서민마을(백정. 경주시립
도서관 소장)

여 임금에게 보고한 다음 대장에 기록해 두도록 하였다. 때로는 이들을 얼마나 잘 통제하고 안착시켰는가 하는 것이 고을 수령들의 업적 평가에 주요 기준이 되기도 했다.

백정들에 대한 가혹한 억압과 통제는 형벌의 적용에서도 알 수 있다. 정부는 이들이 허락 없이 소나 말을 도살하면 본인에게는 장형 100대, 유형 3,000리, 몸에 먹물을 넣는 형벌을 적용하였으며, 그 가족은 역참 길을 끼고 있는 각 고을이나 역참의 종으로 삼도록 하였다. 또한 강도죄를 범했을 때에는 본인은 즉시 참형에 처하고 처자들은 공신의 종으로 삼고 재산은 관청에서 몰수하였으며 그 부모, 형제, 손자들은 유형 2,000리에 처하였다. 이러한 가혹한 조치는 그들의 처지가 노비보다 그리 낫지 않았음을 보여 준다 하겠다.

백정에 대한 사회적인 멸시는 더욱 심하였다. 따라서 백정들은 일반인들과는 떨어져 읍 밖의 일정 지역이나 농촌 촌락의 외진 곳에 집단을 이루어 살아야 했다. 이들은 어린아이에게조차도 항상 머리를 숙이고 자신을 소인이라 부르며 일반인들 앞에서는 담배를 피우거나 술을 마실 수 없었다. 백정은 옷차림새에서도 일반 양인과 차별되었다. 남녀 모두 중치막이라는 넓은 소매의 겉옷은 물론 명주옷을 입을 수 없었으며, 망건·가죽신도 착용할 수 없었다. 또한 이들은 일반인이 쓰는 검은 옻의 갓을 쓸 수 없었고, 갓끈도 일반인이 사용한 검은 명주는 이용할 수 없었다. 그 대신 백정은 패랭이라고 하는 엉성하게 엮은 대나무 갓을 쓰고, 새끼줄을 그 끈으로 사용했다.

백정에 대한 금기는 일상생활뿐 아니라 혼례와 상례, 제례에까지 적용되었다. 패랭이는 일반 상주(喪主)도 썼으므로 상을 당한 백정은 긴 수건으로 앞머리를 감싸서 상주임을 나타내야 했다. 물론 백정들은 상여도 사용할 수 없었고, 묘지도 일반인들과 따로 자리 잡았으며, 사당도 만들 수 없었다. 이밖에도 백정들은 결혼할 때 말이나 가마를 타지 못하였고, 여자는 비녀를 꽂아 머리를 올리지 못하였다. 이러한 백정에 대한 금기를 어겼을 때에는 그 지역 주민들이 모두 동원되어 백정을 처벌하였다. 한 예로 1809년에 개성 지역의 백정이 결혼식에서 관복을 착용하고 일산을 썼다고 해서 지역 주민들이 그 백정을 난타하고 그의 집을 부수어 버린 사건이 있었다.

백정은 짐승 도살만 했을까

사회적으로 짐승에 가까운 대접을 받았던 백정들이 주로 도축업에 종사한 것은 사실이다. 그러나 이들이 도축업에만 종사한 것은 아니었다. 다만 이들이 종사한 업종들은 천하다 하여 일반인들은 하지 않았다는 공통점이 있다. 먼저 고리를 제조하는 일을 들 수 있다. 고리는 버드나무 가지로 엮은

바구니인데 이것을 만들어 장에 파는 백정
들을 고리백정이라고 하였다. 둘째는 악
기 연주나 노래, 그리고 간단한 무용이나
재주로써 구걸하면서 유랑하는 이른바 '창
우' 생활이었다. 셋째는 형조(刑曹)와 옥사
(獄事)에 속하여 사형 집행을 맡는 회자수
이다. 속칭 망나니[亡亂] 혹은 희광(犧狂)이
라 부르는 회자수는 본래 무인을 채용했으
나, 조선 중기 이래로는 백정을 선발하여
그 일을 하도록 했다. 이는 백정에게 옥졸
자격으로서의 법의 집행권을 부여한 것이
아니라 다만 백정으로 하여금 인간으로서

망나니(온양민속박물관 소장)
사형수의 목을 벤 망나니가 돼지를 받아 집으로 가
는 모습이다.

는 차마 못 할 사형을 집행하게 한 것이었다. 넷째는 가죽신 등의 피혁 제조
업이다. 이에 종사하는 백정을 특별히 갖바치라고 불렀는데, '갖'은 가죽이
라는 뜻이고, '바치'는 장인의 옛 말이다. 다섯째는 농업이다. 극소수이기는
하지만 백정의 일부는 농촌 사회에 동화되어 농업에 종사하기도 하였다. 이
밖에도 아무런 독립적 생활 기반을 갖지 못하고 지방의 토호나 관리들에게
점유되어 사노비화하는 경우도 있었다.

　이러한 여러 업종 중 도축업에 종사하는 백정들이 경제적으로 가장 부유
했다. 이들은 보통 여럿이 조를 이루어 도살 도구를 지니고 우육점이나 민
가의 큰일에 불려가 도축을 하였으며, 지배층에 속하는 일부 인사와 결탁하
거나 혹은 그들에게 고용되어 도축에 종사하기도 했다. 도축의 대가로 보통

소의 피·내장·가죽 등을 보수로 받아서 시장에 내다 팔아 상당한 이익을 챙겼다. 가죽은 말리거나 그대로 갓바치에게 팔았으며 직접 간단한 제품을 만들어 쓰기도 했다. 백정 마을을 지방에서 피촌(皮村)이라고 부르는 것도 이와 연관이 있을 듯하다. 도축 행위는 경제적으로 많은 이익이 생겨서 밀도살이 흔했다.

백정들은 또한 예법이나 생활이 일반인과 차별이 있어 자연히 절약하게 되어, 막대한 부를 이룬 자도 나타났다. 또한 부모상일 때는 도축에 사용되던 칼을 깨끗이 씻고 3년간 도살하지 않는 경우도 있었다. 이는 그들 나름대로의 효도를 실천한 것이며 3년간 생업에 전념하지 않아도 생활할 수 있는 물적 기반이 있었음을 의미한다. 하지만 이러한 경제적인 부의 축적은 도축에 종사하는 일부 백정들에게 한정된 것이지 다른 업종, 즉 고리백정이나 갓바치 등을 포함한 대부분의 백정들 생활이 풍족했다는 의미는 아니다.

보이지 않는 차별

1894년 갑오개혁으로 신분제가 폐지된 이후 백정들의 행동은 적극적인 모습을 보였다. 그러나 법제적인 차별이 없어졌다고 해도 관습상 차별은 여전했다. 다른 일반인과 마찬가지로 호적에 이름을 올린다고는 하지만 일반인과 달리 별도의 호적이 작성되고, 또 직업을 도한(屠漢)이라고 기재해서 백정 신분이 그대로 드러나게 하고 있었다. 그 후 새로운 민적법이 시행되면서 일반인들과 호적이 합쳐지지만, 여전히 직업난에 '도한'이라는 표기나 붉은 점 표시가 남아 있었다.

형평사 운동 포스터

형평운동을 이끈 강상호 선생(왼쪽)과 그의 동생 강영호 선생(형평
운동기념사업회)

사회가 급속하게 변해 감에도 자신들에 대한 이러한 차별 구조는 그다지 변하지 않고 있는 상황에서 백정들은 계속 저항하였다. 비록 구한말까지는 여전히 지역적으로 분산되고 개별적인 형태에 머물렀지만, 그들은 면천(免賤)에 대한 관청의 확실한 다짐을 받으려고 한다든지 일반인들과 마찬가지로 관(冠)을 착용하게 해 달라고 하는 등 집단적이고 공개적인 탄원 움직임을 자주 보이고 있었다. 일제강점기하에서도 이러한 노력은 계속되어 1920년대의 백정 신분 해방운동인 형평 운동으로 이어졌다.

오늘날 '백정'을 비롯한 천민 신분은 더 이상 존재하지 않는다. 하지만 아직 우리 사회에서는 보이지 않는 차별의 여러 모습이 곳곳에 남아 있다. 한 신분이 사회적, 관습적으로 해방되기에는 너무도 많은 시간과 노력이 필요하다고 느껴진다.

권기중 _한성대 크리에이티브 인문학부 부교수

유교적 여성관과 여성들의 삶의 풍경

박미선

오래전 개그콘서트 〈두분 토론〉이라는 프로그램이 있었다. 여당당의 대표 김영희와 남하당의 대표 박영진이 각자의 성을 대표해서 열띤 토론을 펼친 코미디였다. 남하당의 박영진은 남자 측의 입장을 대변하며 말끝마다 "어디 여자가", "소는 누가 키울 거야."라는 말을 덧붙이며 이른바 구시대적 남녀 관계를 비틀어 풍자하였다. 그로부터 10여 년이 지난 지금 이런 소재로 개그를 할 수 없다는 점은 자명하다. 그만큼 여권이 신장되었고, 젠더 의식도 높아진 결과이다. 자본주의와 민주주의가 발달하면서 여성의 노동 가치가 증대되고, 이로써 남녀 양성 간의 평등이 강조되면서 여성의 권리가 향상되어 가는 일은 자연스러운 흐름이라 할 수 있다.

여기에서 다루는 주제는 오늘날 당연하게 여겨지는 여성의 권익이 농업 중심의 유교 국가였던 조선시대에는 어떠했으며, 특히 여성들은 어떻게 살았을까 하는 점이다. 유교가 통치 이념이었던 조선시대 여성들의 삶은 오늘날과는 매우 달랐다. 대부분의 여성들은 유교적 여성관에 순응하며 살아갔다. 물론 유교 이념에 의해 규정된 여성의 역할에 순응하지 않으며 자신들의 존재 가치에 대해서 고민하고 자발적 사회활동을 수행하여 그들의 삶을 주체적으로 살아가고자 하는 여성도 존재하였다. 이를 아울러 살펴보며 조선시대 유교적 여성관과 여성들의 삶의 풍경을 그려 보고자 한다.

여훈서의 보급과 유교적 여성관의 확산

오늘날 학교 교재에서는 남성과 여성 양성평등 입장에서 주의를 기울여 기술한다. 그렇다면 조선시대의 여훈서에는 남성과 여성의 관계가 어떻게 규정되었고 여성 교육의 최종적인 목표는 무엇으로 설정되어 있었을까?

조선시대 여훈서에서는 남녀유별을 기본적인 인간관계로 설정하고 '삼종지도(三從之道)'와 '불경이부(不更二夫)'의 여성 윤리를 강조했다. 남녀유별은 우주만물을 하늘과 땅으로 구분하고 우주의 모든 현상을 건곤(乾坤), 존비(尊卑), 귀천(貴賤), 동정(動靜), 강유(剛柔) 등과 같이 상반된 개념으로 짝하는 유교의 음양 법칙에 기초한다. 여기에서 남성과 여성은 구별되는 존재이며 둘 사이에는 상호보완적인 조화를 추구한다. 하지만 조화가 남녀 간의 평등을 의미하는 것은 아니었다. 여성은 곤(坤), 비(卑), 천(賤), 정(靜), 유(柔)의 개념과 은유적으로 상통하면서 낮고 약한 존재로 규정되었고, 이러한 연결고리는 여성을 남성에게 종속된 존재로 만들었다.

여성 교훈서를 관통하는 중요한 내용은 순종과 의존성이었다. 삼종지도는 어려서 자랄 때는 아버지를 따르고 결혼해서는 남편을 따르며 남편이 먼저 죽으면 아들을 따른다는 것으로 여자의 한평생은 남자에 의지해 살아야 한다는 것이다. 불경이부는 정절을 지켜 두 남편을 섬기지 않는다는 가르침이었다. 또 여성은 절개를 지키며 순종적이고 부끄러움이 없도록 바르게 행동하는 부덕(婦德), 할 말을 분별하여 하는 부언(婦言), 몸을 깨끗하고 청결하게 하는 부용(婦容), 웃고 노는 것을 즐기지 않고 오직 길쌈에 전념하며 가족과 손님 대접을 잘하는 솜씨를 갖추는 부공(婦功) 등 4행(四行)을 함양해야 했다. 여성 교훈서는 대체로 여자로서의 올바른 몸가짐에 대해 가르치는 수신서이며 생활 실용서였다.

여성 교훈서는 조선 전기에는 주로 국가에서 편찬했다면 후기로 갈수록 문중, 개인이 편찬하는 경향이 나타난다. 1404년(태종 4) 유향(劉向)의《열녀전(列女傳)》을 수정 보완한《고금열녀전(古今列女傳)》이 도입되었고, 1434년(세종 16)에는 충신, 효자, 열녀의 사례를 모은《삼강행실도(三綱行實圖)》가 간행되었다.《경국대전(經國大典)》에 따르면 여성들에게《삼강행실도》를 한글로 번역해 가르치도록 하였다. 이후《언문삼강행실열녀도(諺文三綱行實烈

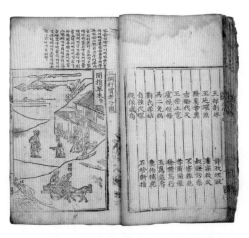

〈삼강행실도언해〉, 17세기 이후(국립한글박물관 소장)
충신, 효자, 열녀의 사례를 모아 그림과 함께 한글로 내용을 정리한 책이다.

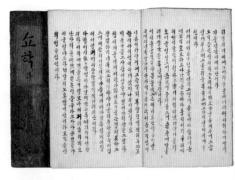

〈소학〉, 조선(국립중앙박물관 소장)
아동들을 위한 수신서로 한글로 번역된 책이다.

女圖)》(1481년), 《속삼강행실도(續三綱行實圖)》(1514년)가 추가로 간행되었다. 임진왜란이 끝난 이후에는 《동국신속삼강행실도(東國新續三綱行實圖)》(1617년)를 발간해 임진왜란 시기 열녀들의 행적을 크게 부각했다. 특히 매 편마다 그림을 넣어서 내용을 알아보기 쉽게 하고, 여백에 한글로 내용을 요약해 놓아 한자를 잘 모르는 서민층과 부녀자들의 이해를 도왔다. 성종의 어머니 소혜왕후 한씨가 지은 《내훈(內訓)》과 《소학(小學)》도 여성들이 읽도록 권장되었다. 특히 《소학》에는 "굶어 죽는 일은 지극히 작은 일이고 절개를 잃어버리는 일은 지극히 큰일이다."라고 하여 여성의 절개를 강조하는 내용이 수록되었다. 이로써 여성의 정절은 목숨 걸고 지켜야 하는 절대적 가치라는 담론이 조선사회에서 지속적으로 재생산될 수 있었다.

여성 교육에 대한 국가적 관심이 계속 이어져 영조 대에는 《여사서(女四書)》를 한글로 번역하였다. 또 개인들의 여성 교훈서 저술도 이어졌다. 조선 중기 이후로는 선비들이 자신의 소견과 경험을 바탕으로 여성 교훈서가 집필되었는데, 후기로 가면서 가문 의식이 강조되고 문중을 중심으로 한 유교적 가부장제가 강화되는 가운데, 남성이 요구하는 이상적인 여성상이 교훈서에 반영되었다. 대표적으로 송시열의 《계녀서(戒女書)》, 한원진의 《한씨부훈(韓氏婦訓)》, 이덕무의 《사소절(士小節)》, 박문호의 《여소학(女小學)》 등을 들 수 있다. 이러한 여성 교훈서에서는 조선시대 이상적인 여성상을 현모양처, 여군자, 절부, 열녀 등으로 형상화하였다. 또 유교적 여성 담론은 점차 양반층에서 양인 신분층까지 확산되었다. 하지만 이러한 추세 속에서 모든 여성들이 자신의 운신의 폭을 유교적 담론의 틀 속에 맞추지만은 않았다.

내외법과 여성의 외출

오늘날 누군가가 남자 아이는 파란색, 여자 아이는 분홍색 장난감을 가지고 놀아야 한다고 주장하면 구시대적이라고 비난받을 것이다. 하지만 조선시대에는 아이가 태어나서 자라는 동안 지속적인 교육을 통해 각자의 성에 따른 역할을 강조하고 남녀 구별을 강화하였다. 남자 아이는 구슬을 주어 놀게 하고 여자 아이는 실패를 가지고 놀게 하였다. 또 남자 아이는 어른의 부름에 빨리 대답하게 하고, 열 살이 되기 전에 숫자와 방위에 대해서 가르치고 열 살이 되면 밖의 스승에게 나아가 배우게 하였다. 여자 아이는 어른의 부름에 느리게 대답하게 하고, 열 살이 되면 안에서 여사(女師)의 가르침을 따라 방적과 양잠을 배워 의복을 짓고 제사를 보살피는 등의 일을 배우도록 하였다. 이러한 교육을 통해 남녀 구별에 대한 인식을 심화시켰다.

일상생활에서도 여성과 남성의 공간은 구분되었다.《예기(禮記)》에서 "집에서도 내외의 구분이 있어야 한다. 남자는 바깥에 거처하고 여자는 안쪽 깊은 곳에 거처해야 하는데 문을 꼭꼭 걸어 닫고 그 문을 지키는 사람을 둔다. 꼭 필요한 일이 아니고서는 남편이 아내의 거처에 들어가지 않으며 아내도 그 바깥으로 나오지 말아야 한다."라는 내외법(內外法)은 공간을 분리하는 데 중요한 원리가 되었다. 여성들은 대체로 집 안에서 생활하였고 남성들은 집 바깥 활동을 하며, 집 안에서도 여성의 공간과 남성의 공간이 분리되었다. 유교의 이러한 규범에 따라서 안채, 안마당, 사랑채, 사랑마당 등 남녀의 생활공간이 분리되었다. 그뿐만 아니라 남녀가 다니는 길을 다르게 하고, 남자와 여자의 대청도 구분하였다.

여성이 외출을 할 때에는 그 행동거지가 규제되었다. 태종 대 3품 이상의 정실은 평교자가 아닌 지붕이 있는 옥교자를 타도록 하였다. 평교자를 타면 가마의 사면을 부축하는 종들과 옷깃을 스치고 어깨를 비비게 되어 가까워지기 때문이었다. 하지만 1444년(세종 26) 평교자를 타지 말라는 금령이 내려진 뒤에도 공공연하게 이를 타고 다니는 일이 있었던 것으로 볼 때, 이를 현실화하는 데에는 한계가 있었던 것으로 보인다. 이외에도 여성들이 길을 걸어 다닐 때에는 너울이나 처네 등으로 얼굴과 몸을 가리도록 하였다. 장옷으로 여성들의 몸을 가려 여성의 신체를 외부의 시선으로부터 보호하는 것이었다. 그렇지만 내외법은 양반층에서 주로 지켜지는 이야기이고 일반 양인들은 남자들과 함께 일하는 경우도 있었으므로 여기에 저촉되지는 않았다.

신윤복, 〈처네 쓴 여인〉(왼쪽)과 〈장옷 입은 여인〉, 《여속도첩(女俗圖帖)》(1805, 국립중앙박물관 소장)
얼굴과 몸을 가리고 외출하는 하층민 여인과 장옷을 쓰고 외출하는 여인을 그렸다.

그렇지만 엄격히 내외했을 것으로 추측되는 양반가의 부부 모습과 달리 16세기 미암 유희춘과 그 부인 송덕봉은 함께 장기를 두고 시를 화답하며 궁중에서 하사한 술을 나눠 마시기도 하였다. 또 유희춘은 아내의 충고에 귀를 기울였고 집안의 대소사를 부인과 의논하였다. 즉, 규방의 세계가 외부와 엄격히 단절되지 않고 상호 조화롭게 작동하였다.

또한 양반 여성들이 담 안의 규방에 갇혀 지냈던 것만은 아니었다. 16세

김득신, 〈정조의 현륭원 행차〉, 1795년경(국립중앙박물관 소장)
그림 가운데 왼편에, 정조의 현륭원 행차를 구경하려고 나온 여성들이 보인다.

기 묵재 이문건(1494~1567)의 부인 안동 김씨는 사신 행차를 구경하러 갔다가 비 때문에 행차가 늦춰져 당일 돌아갈 수 없게 되었다. 그녀는 묵재에게 다음날 돌아가겠다는 전갈을 보냈는데 묵재가 이를 허락하였다.

미암 유희춘(1513~1577)의 부인 송덕봉도 종종 임금 행차를 보기 위해 집을 나섰다. 송덕봉은 그녀의 딸과 1569년 종묘로 제사를 지내러 나온 임금 행차를 구경하기 위해 새벽부터 집을 나섰다가 밤늦게 돌아왔다. 또 송덕봉은 중국 사신이 왔을 때는 궁궐 주변의 정자로 나가서 의례 행렬을 구경하였다. 국가의 행사가 있을 때 남편들은 국왕이나 사신의 행차가 지나가는 길목에 있는 집을 미리 빌려 놓고 거기서 부인이 구경하도록 해 주었다. 조정에서도 국왕 행차가 있을 때에는 길갓집을 임시 거처로 삼아도 좋다는 허가증을 발행하였다.

특별한 경우이지만 1830년에는 남성들 사이에서 유행했던 금강산 여행을 떠난 김금원이라는 여성이 있었다. 김금원은 "여자로 태어났다고 방 안 깊숙이 문을 닫고 경법만을 지키며 사는 것이 옳은가?"라며 역동적인 삶을 추구하였다. 어려서부터 병약했던 금원은 부녀자의 일보다는 글을 익히며 스스로 이와 같이 여성의 한계를 절감하였다. 그리고 열네 살에 이야기 속의 금강산과 번화한 서울의 거리를 보고자 계속 부모에게 졸라서 결국 허락을 받았다. 김금원은 남자 옷으로 갈아입고 제천의 의림지, 금강산, 관동팔경, 설악산, 그리고 번화한 서울 등을 두루 구경하고, 그 기록을 《호동서락기(湖東西洛記)》로 남겼다. 《호동서락기》에는 '이제야 알았노라(方知)', '깨닫는다(覺)' 같은 말이 종종 쓰였는데, 금원은 이 여행을 통해 새로운 세계를 보고 견문을 넓힐 수 있었던 것이다. 비록 남장을 해야 했던 한계는 있었지만, 제도를 탓하며 순응적인 삶을 살았던 다른 여성과 달리 자신이 원하는 여행을 실천에 옮기고 견문을 넓히고자 한 것이었다.

일부일처제와 처첩의 지위

조선 초 가정 내에서 정명(正名)을 구현하고자 처와 첩을 구분하고, 1413년 《속육전(續六典)》에서 일부일처제를 천명하였다. 즉, 양반 여성과 남성이 모두 한 명의 남편과 한 명의 부인을 두도록 하였다. 다만 남편은 부인 이외에 첩을 두는 것을 용인하였다. 조선시대의 일부일처제는 부부 사이의 낭만적 사랑을 위한 제도적 장치라기보다 처의 정명을 바로잡아 가정 내 위계를 바로잡는 의미가 컸다.

남편의 처를 한 명으로 규정하는 것은 부인의 입장에서 부인의 지위를 보장받는 이점이 있었다. 양반층의 처는 남편이 벼슬에 나아가면 그 벼슬의 품계에 따라 정경부인, 정부인 등 외명부 봉작을 받아 사회적 지위를 갖게 되었다. 또 가정 내에서 가정을 경영하고 제사를 준비하며 자녀를 교육하는 등의 일을 주도하였다. 만약 남편과 시아버지가 죽은 뒤에 집안의 최고 어른이 되면 입양을 결정하거나 혼인, 상속의 문제도 주도적으로 처리할 수 있었다. 1820년(순조 20) 해남 윤씨 가문으로 시집 간 이씨 부인도 집안의 총부(冢婦)로 가문 내에서 제사와 관련된 권한을 행사하였고 양자를 들이는 데 있어서도 영향력을 발휘하였다.

하지만 부부 관계가 좋지 못하거나 자녀를 출산하지 못할 경우에는 남편이 첩을 두기도 하였다. 조선시대 부부 관계가 좋지 못할 때 이혼을 할 수는 있었지만 이혼이 쉬운 것만은 아니었다. 이른바 칠거지악은 가부장적 가족 제도를 유지하기 위한 측면에서 만들어진 이혼의 요건이었는데 시부모를 잘 모시지 못하거나, 대를 이을 아들을 낳지 못하거나, 음란하거나, 질투가 심하거나, 나쁜 병이 있다거나, 말이 많다거나, 도둑질을 하였다거나 하는 등 처의 잘못이 있을 때 남편이 처를 쫓아낼 수 있도록 한 것이다. 하지만 이 중 음란과 시부모에 대한 불효 이외에는 거의 이혼 사유가 되지 못하였고 부부관계가 안 좋다고 하더라도 형식적으로는 부부로 지내면서 남편이 첩을 들이는 경우가 있었다. 남편이 첩을 들일 경우 처첩 사이의 문제가 부부갈등의 요인이 되었다. 양반 남성들은 이를 무마하기 위해서 부인에게 투기하지 말라는 부덕을 강조했고 그 속에서 부인은 어진 부인으로서 현실을 수용할 수밖에 없었다.

한편 첩은 가정에서 여러 차별을 감내해야 했으며 부부 사이도 불안정하였다. 특히 첩이 낳은 자녀들이 겪는 차별은 컸다. 첩 소생의 자녀는 어머니의 신분에 따라 양인이나 천인이 되었고 관료로 진출할 수 있는 과거 시험에 응시할 수도 없었다. 어렵게 관직에 진출해도 품계나 직위에는 제한이 있었다.

16세기 중후반의 여성으로 추정되는 강의(姜顗)의 딸 신천 강씨는 김훈과 혼인해서 자녀 7명을 두고 서울에서 살았던 것 같은데, 남편이 경상도 청도 성현역의 찰방에 임명되자 첩을 얻었다. 강씨는 찰방에 불과한 남편이 첩을 얻자 남편에 대한 배신감에 무척이나 속이 상해 고통스러워 하다가 결국 쓰러지고 말았다. 강씨는 다음날이 되어서야 깨어났는데 남편은 아내를 살리기 위해 결국 첩을 내보냈다. 처가 아무리 부덕을 강조하는 교육을 받았다고 하더라도 남편과의 애정을 첩과 나누고 싶지 않은 처의 본심을 확인할 수 있다.

부인들은 첩뿐만 아니라 남편의 자유로운 관계에 대해서도 대체로 묵인할 수밖에 없었던 것으로 보인다. 남편의 이와 같은 행위에 일침을 가한 예외적 사례가 있는데 바로 유희춘과 송덕봉의 편지를 통하여 유추할 수 있다. 유희춘은 첩을 얻어 서녀를 넷이나 두었다. 그런데 유희춘이 관직 때문에 서울에 혼자 있을 때 4개월간 여인을 가까이 하지 않은 것에 대해서 부인에게 편지를 써 은근히 자랑하였다. 당시 담양에 머무르고 있었던 송덕봉은 '서너 달 홀로 지낸 것을 가지고 자랑하다니 그대도 별 수 없다'고 일침을 놓고 이를 자랑하는 것이 얼마나 창피스러운 일인지 조목조목 썼다. 불과 4개월 여색을 멀리한 것을 칭송받을 일로 여겼던 유희춘의 인식으로 미루어 보면 당시 남성들의 일반적 인식을 짐작할 수 있다.

가정 내에서 첩의 지위는 매우 불안정하였다. 이봉의 서녀인 이옥봉은 선조 때 승지 벼슬을 지낸 조원(1544~1595)의 첩이었다. 남성 일방에 의해서 첩이 되었던 것이 아니라 이옥봉의 아버지가 그녀의 뛰어난 시적 재능에 걸맞은 조원을 선택하여 적극적인 노력을 해서 맺어진 관계였다. 조원의 소실이 된 이옥봉은 조원의 정처와 달리 자신의 재능을 펼치고 다른 집안의 소실들과 교류를 맺으며 활발한 문예활동을 하였다. 하지만 이웃집 여성을 돕기 위해 쓴 시가 다른 관리들의 입에 오르내리자 집에서 쫓겨났다. 여자의 목소리가 담을 넘어서는 안 되고 사회적인 일에 관여해서 안 되는 것이 내외법의 규범이었다. 다른 정치적 이유가 있을 수도 있지만 드러난 사실로만 본다면 이옥봉이 원정(原情)하는 소장에 시를 덧붙여 써서 옥사에 영향을 준

점이 유가적 규범을 넘어선 행위였기 때문에 소박을 당한 것이었다. 그녀가 쓴 시가 남성들 사이에서 희롱거리가 되자 그녀는 한순간에 남편 조원에게서 내쳐졌다.

정절 이데올로기와 열녀

오늘날 여성의 혼전 순결이나 여성의 정절을 따지는 것은 어불성설이다. 그렇지만 조선시대에는 여성의 정절을 무척이나 강조하였다. 태조는 즉위하던 해에 대소신료에게 절부(節婦)를 권장하고 문려(門閭)를 세워 정표로 삼으라고 하였다. 또《경국대전》에는 '열녀정려법'과 '재가녀 자손에 대한 금고법'이 마련되었다.

열녀정려법은 절의의 선행을 한 자를 해마다 연말에 예조에서 정기적으로 선정하여 국왕에게 보고하여 장권(獎勸)하는 것이었다. 상으로 관직이나 물건을 주거나 또는 특히 뛰어난 자에 대하여는 정문(旌門)을 세워 그 행적을 표창하거나 요역을 면제하는 복호(復戶)를 장권하였다. 열녀를 장려하는 법이 지속적으로 권장되면서 조선 후기에 이르면 지방에서 열녀로 보고되는 수가 급증하여, 18세기 후반에 이르면 각 군현에서 열녀로 추천된 여성들이 과연 표창할 만한 열녀인지 아닌지를 신중하게 심사

열녀정문, 조선 시기(안산향토사박물관 소장)
열녀의 행적을 기리기 위하여 세운 정문(旌門)이다.

하도록 하였다. 또한 처음에 열녀는 남편이 죽은 후에도 개가하지 않는 여성을 가리켰으나 점차 정절을 지키기 위해 신체를 훼손하거나 자결하는 여성을 의미하게 되었다. 특히 조선 후기로 갈수록 죽은 남편을 좇아 자결하는 여성이 늘어나면서 수절하는 여성은 열녀에서 제외되기도 하였다.

재가녀 자손 금고법은 재가한 자나 간음 등의 음란한 행위를 한 부녀의 아들, 손자, 서얼 자손은 문과, 생원, 진사시에 응시할 수 없는 법이다. 재가한 여성 본인보다는 그 자손이나 가문에 커다란 불이익을 주는 것으로, 이 법은 사실상 남편을 잃은 양반 신분의 여성이 재가하는 일을 어렵게 만들었다. 양반 관료 사회에서 양반 가문은 가격(家格)을 유지하기 위해서 과거합격자를 꾸준히 배출해야만 하는데, 과부가 된 며느리가 재혼을 하면 그 가문의 출사로가 막히는 것이므로 가문의 입장에서는 큰 위협이 되었다. 따라서 재가녀 자손 금고법의 시행은 그 정책적 효과가 큰 제도였다.

하지만 조선 초기만 하더라도 여성의 재가는 품위를 잃은 행위 정도로 인식되어 재가는 물론이고 세 번 혼인하는 양반집 여성까지 있었다. 그렇지만 이와 같은 제도의 시행으로 조선시대 여성은 정절과 일부종사(一夫從事)를 따라야만 하는 구조하에 놓여 있었다. 더구나 임진왜란과 병자호란이라는 두 차례의 전쟁 이후 조선의 여성들은 남편이 죽은 뒤에 재혼하지 않는 것이 당연시되었으며, 다른 여성과 차별되는 열녀가 되기 위해 목숨마저 내던지게 되었다. 국가는 열녀에 대해서 표창하고 출판을 통해 이를 널리 알렸다. 그뿐만 아니라 국가에서는 열녀를 발굴하고 기리고자 정려(旌閭)하며 각종 혜택을 주었다. 열녀의 집이나 그 마을 앞에 문을 세워 영예를 드높여 주었다. 국가 차원에서 정절 이데올로기를 확산시키고 열녀를 조장한 것이다.

사대부들도 열녀전을 지어 열녀 이데올로기를 재생산하였다. 그뿐만 아니라 일부 여성은 열녀라는 지위가 여성으로서 사회적 인정을 받는 하나의 방법이었기에 자발적으로 선택하기도 하였다. 이러한 복합적 요소들이 작동하면서 조선시대 열녀의 수는 늘어났다.

이처럼 열녀를 조장하는 사회 속에서 모든 여성들이 열녀전에 나오는 여성들과 같이 남편이 죽으면 매우 당연한 듯 죽음을 선택하고 세상을 떠났던 것은 아니다. 많은 다른 여성들은 죽음 앞에서 망설이면서 살고 싶은 욕망을 강하게 드러냈다. 또한 부모에 대한 효행이라는 측면이나 자녀 양육을 위해 삶을 지속해 갔다.

18세기 말 서울의 양반 여성 풍양 조씨(1772~1815)는 스무 살에 동갑내기 남편을 병으로 잃었다. 조씨는 남편이 죽자 따라 죽으려다가 친정아버지와 시어머니의 설득으로 살아남았다. 해남의 이씨 부인도 남편이 죽자 남편을 따라 죽으려고 단식을 감행하였다. 그렇지만 시삼촌들이 종손이 후사도 없이 죽었는데 며느리까지 죽어 버리면 종가의 대가 끊길 것을 걱정하며 만류하였다. 이씨 부인은 이에 단식을 포기하고 해남 윤씨의 종부(宗婦)로 살아간다. 또 몽아비라는 양자에게 유서를 쓴 재령 이씨는 40년 전에 죽은 남편과의 약속을 지키려고 죽음을 결심하였지만 삶에 대한 미련을 갖고 있었다. 친정아버지에게 유서를 쓰고 죽은 서흥 김씨는 남편과의 의리보다 아버지에게 불효한다는 생각이 앞섰다. 그의 아버지는 "자식이 죽어 아비가 곡하는 것이 무슨 이치란 말인가."라고 통곡하면서 딸을 죽음으로 몰아넣은 사회의 윤리를 원망하였다. 정최능(鄭最能)의 아내 장씨는 남편이 죽었지만 따라 죽지 않고 남아 있는 아들을 잘 길러서 혼인을 시켜 가정을 이루는 일이 더 중요하다고 여겼다. 남편을 따라 죽는 열녀보다 어미 노릇을 하는 것이 몇 배 더 가치 있는 일이라고 판단한 것이다.

사회적으로 열녀를 현창하는 모습이 계속 이어지고 있었지만 19세기 여러 지식인들 사이에서는 열부에 대한 비판적 모습도 나타나기 시작한다. 정약용(丁若鏞)은 〈열부론〉에서 남편을 따라 죽는 것은 그저 자기 자신을 죽이는 것이라고 하였다. 따라서 연로한 시부모와 어린 자녀를 위해 그 슬픔을 견디며 그 삶에 힘써야 한다고 주장하였다. 귀중한 목숨을 의로운 상황이 아닌데도 버린다면 이는 쓸데없는 죽음에 불과할 뿐이라는 것이었다. 19세기 말 의병장 기우만(奇宇萬)도 〈효열부 신씨 정려기〉에서 남편이 죽자 여성이 따라 죽으려는 마음을 접고 시부모와 자식들을 봉양한 것은 바른 도리라고 평가하였다. 조선의 마지막 거유라 불리는 김택영(金澤榮)도 〈절부에 관한 설〉에서 남편을 따라 죽는 것은 한순간의 고통이지만 죽지 않는 것은 평생의 고통이라면서, 의리상 죽지 않은 여성이야말로 절부라고 칭송하였다. 남편의 죽음이라는 불행 속에서 아내인 여성이 어머니이자 며느리로서의 역할을 저버리고 죽는다면 시부모와 자녀는 또 다른 불행에 직면해야 한다며 자신의 죽음 대신 그 책임을 다하는 절부를 칭송하는 담론이 나타난 것이다.

박미선 _ 전남대 인문학연구원 조교수

임꺽정의 분노와 좌절

한상권

임꺽정, 백성의 희망이 되다

임꺽정은 16세기 중엽 명종 때에 활동한 인물로 홍길동, 장길산과 더불어 조선시대 3대 의적으로 불린다. 의적이라 함은 단순한 무법자와는 달리 민중에게 칭송을 받고, 지지받고, 원조받는 영웅 내지 투사를 말한다. 이들은 민중의 염원, 희망의 대상이 되어 당대의 죽음과는 관계없이 불사설(不死說)로 전설이 될 만한 인물이다.

임꺽정은 양주 백정 출신으로서 지혜가 있고 용감하며 날쌨다. 조선시대의 백정은 도살업, 고리 제조업, 육류 판매업 등을 하여 살아가는 사람들로서 신분적으로 노비는 아니었으나 그 직업이 천하다 하여 노비보다 더 심한 천대를 받았다. 1894년 갑오농민전쟁 당시 농민군이 '칠반천인의 대우는 개선하고 백정 머리에 쓰는 패랭이는 벗겨 버릴 것'을 폐정 개혁안의 하나로 요구할 정도로 백정에 대한 신분상 차별 대우

1928년 11월 21일자 《조선일보》에 삽화로 실린 임꺽정(안석주 작)

는 심했다.

임꺽정은 최하층 천민 출신으로 조선 봉건사회의 권위를 총체적으로 부정한 혁명아다. 임꺽정이 봉건 지배층의 권력에 정면으로 맞서 결연히 항거한 점에 주목한 벽초 홍명희(1888~1968)는 식민지 통치기의 암울한 사회 분위기를 타개하기 위해 소설《임꺽정[林巨正]》을 일간지에 게재함으로써 가장 조선다운 정조(情調)를 지닌 인물로 임꺽정을 부활시켰다.

흉년, 세금 그리고 가렴주구

임꺽정 부대의 주력은 가난에 쪼들린 자, 침탈을 견디지 못한 자, 죄가 두렵고 부역을 피하기 위한 자, 위협이 두려워 무리에 합류한 자들이다. 이들은 몰락 농민, 도망 노비, 백정, 장인(匠人), 역자(驛子) 등 당시 사회에서 각종 천대와 수탈을 받는 최하층민들이었다. 이 밖에 각종 기밀을 제공해 준 아전과 약탈한 물건을 내다 판 상인들이 합세하였는데, 이들은 임꺽정 부대의 보조 세력이다.

이들이 도적 활동을 하게 된 원인으로 먼저 잇따른 흉년과 기근을 들 수 있다. 도적 활동은 사회적 불평등이 심화되고 경제적 위기가 닥쳐 오는 시기에 만연한다. 자연재해로 인한 기근과 흉작은 농민의 생활 상태를 악화시키고 도적 활동을 부추긴다. 서양의 경우 16세기 말엽 지중해 지방에서 비적단이 놀랄 만큼 늘고 있었는데, 이는 이 시기에 농민의 생활 상태가 두드러지게 낮아진 것을 반영하고 있다. 조선에서도 16세기 중엽 잇따른 흉년과 만성적인 기근이 농민들의 유망과 도적 활동의 원인이 되었다.

다음으로 과중한 부세 부담을 들 수 있다. 흉년과 함께 과중한 세금은 백성들로 하여금 지쳐서 무너지게 하는 요인이었다. 임꺽정 부대의 활동 근거지인 황해도에는 두 가지 큰 폐단이 있었다. 각종 공물의 폐단이 그 하나로, 나라에 바치는 물품이 너무 많아서 백성들이 감당할 수가 없었다. 황해도의 토지, 인구, 물산이 남쪽 지방에 비해 훨씬 못하나 진상 물품의 종목과 수량이 하삼도보다 훨씬 많고 까다로웠다. 다른 하나는 군역과 관련된 폐단이었다. 황해도의 군인은 서울 번상과 도내 국방 외에 의주, 이산, 강계와 같은 평안도 변경 요충지에 가서 방비를 서

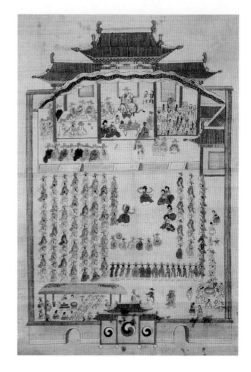

〈신관도임연회도〉(고려대학교 박물관 소장)
수탈로 백성들의 삶은 피폐해졌으나 세도가들의 생활은 날로 호화스러워졌다.

는 부담 하나가 더 있어, 군정을 색출할 때 민심이 늘 소란하였다. 이 때문에 임꺽정 부대가 한창 기세를 부릴 즈음, 정부는 피역인이 가세할 것을 두려워하여 군정 색출을 잠시 중단하기도 하였다.

고을 수령의 침탈 역시 도적 활동의 중요 원인이었다. 수령의 가렴주구는 권세가의 비리와 연결되어 있었다. 권세가는 공공연히 벼슬을 팔아 무뢰한 수령들로 하여금 백성들을 약탈하도록 부추겼다. 재상들의 탐욕이 한이 없기 때문에 그들을 섬기기 위해 수령은 가축까지 잡아들이는 등 백성들의 고

혈을 짜내기에 혈안이 되어 있었다. 임꺽정 부대가 재상, 관료, 양반들을 백성의 적으로 여겨 처단하려 한 것은 이 때문이었다.

게릴라 활동

임꺽정 부대의 규모와 전술, 활동 거점 등에 관해 《명종실록》에서는 다음과 같이 기록하고 있다.

> 황해도의 도적이 비록 방자하다고 하지만 그 우두머리는 8, 9명에 지나지 않으며, 모이면 도적이고 흩어지면 백성이다. 깊은 산골에 나누어 숨어 붙잡을 만한 자취도 없고, 적국처럼 진을 치고 침입하여 교전할 수 있는 것과도 다르다.

임꺽정 부대는 8, 9개의 소부대로 나누어져 있었으며, 임꺽정은 각 부대의 우두머리를 거느리는 총대장이었다. 일반적으로 비적의 이상적인 단위는 20명 이하였으므로, 임꺽정 부대의 규모는 약 200명 정도였을 것이다. 그리고 평산 전투에서 임꺽정 부대가 관군의 추격에 맞서 기동성 높은 유인 전술을 구사한 점으로 보아, 이들은 상당한 정도의 훈련을 받은 수준 높은 정예군이었다.

임꺽정 부대는 산악 지형을 활용한 게릴라 전술을 구사하였다. 이들이 치고 빠지는 게릴라 전술을 구사한 것은 무장 수준과 밀접한 관련이 있다. 임꺽정 부대는 창, 칼, 활, 화살, 도끼 등 단순한 무기로 무장하였을 뿐 총포류

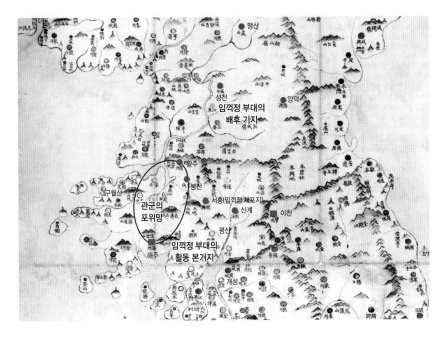

임꺽정 부대의 활동 지역
《각도지도》 중 〈조선전도〉의 중부 지역 지도에 붉은 점으로 배후 기지를, 붉은 네모난 점
으로 활동 기지를 표시했다.

등 화약 무기는 없었다. 관군에 비해 화력과 병력 면에서 열세인 까닭에 이
들은 진을 치고 관군과 정면으로 맞서서 교전할 수 있는 형편이 못 되었다.
반면 이들은 지형지물에 익숙하였으며 기병대를 거느리고 있어 기동력 면
에서 탁월하였다. 임꺽정 부대는 효과적인 게릴라 활동을 위해 황해도 구월
산, 서흥, 신계 등을 중심 기지로 삼으면서, 평안도의 성천, 양덕, 맹산과 강
원도의 이천(伊川) 등 험준한 산악 지대에 별도의 활동 근거지를 마련하였다.

그러나 이들의 활동 근거지가 산악이었던 것만은 아니다. 이들이 모여 도
적 활동을 할 경우에는 산악을 거점으로 하면서도 관군의 추적을 피해 민가

로 흩어질 경우, 의복과 언어가 백성들과 다름없어 고발하지 않으면 비록 1,000여 명의 병사를 동원하더라도 어쩔 도리가 없었다. 또한 한번 모였다 다시 흩어지면 반드시 각자 행동하고 늘 민가가 많은 곳에서 지냈는데, 개성과 평양, 서울 등이 분산하여 활동할 때의 주요 거점이었다. 비적들도 먹어야 살고 무기도 보급 받아야 하므로, 노획물을 팔아 필요한 물자로 바꾸어야만 한다. 임꺽정 부대가 개성, 평양, 서울 등 상업이 발달한 도시와 황해도 봉산과 같이 교역의 중심지를 근거로 활동한 까닭은 물자의 약탈과 판매 처분이 용이하였기 때문이다.

악질 관리 처단

당시 지배층은 임꺽정을 포악무도한 도적이라 하여 무법자, 약탈자로 매도하였다.

적이 난동한 지 3년 만에 다섯 고을의 수령이 피해를 입었고, 여러 도의 군사를 동원하여 겨우 한 적을 잡았으며, 양민의 죽음은 헤아릴 수 없었다.

임꺽정은 단순히 물자를 약탈한 비적이 아니라 통치 권력에 정면으로 도전한 반적(叛賊)이었다. 실제로 임꺽정 부대는 대낮에도 관청문을 포위하여 수령의 나졸을 사살한 후 옥문을 부수고 갇힌 일당을 구출해 갔으며, 사신을 맞이하는 관군을 살해하고, 서울에서 가까운 지역을 횡행하면서 포도대장을 역임한 자들의 신변을 위협하는 등 대담한 활동을 벌였다.

임꺽정 부대에 의해 희생된 최초의 관리는 개성부 도사 이억근이다. 이억근은 개성부 포도관으로 평상시 임꺽정 부대를 추적, 체포하는 일에 힘을 다하여 수십 명을 잡은 공로가 있기에 미움을 샀다. 임꺽정이 개성부 관할지에 침입했다는 신계 현령의 제보를 받고 개성부에서 군대를 동원하여 임꺽정을 포위하자, 이억근이 그 틈을 타 군사 20명을 거느리고 새벽을 이용하여 임꺽정 소굴에 들어갔다가 일곱 대의 화살을 맞고 죽었다.

이듬해에 임꺽정은 서울 중부 장통방에 잠입하였다가 관군에게 발각되어 포도대장 남치근의 추적을 받았으나 격투 끝에 탈주에 성공하였다. 임꺽정

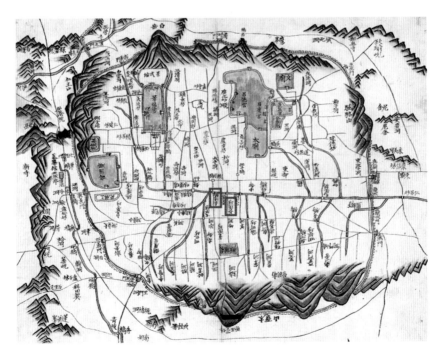

김정호, 〈도성도〉, 《대동전도》(1861년 이후, 영남대학교 도서관 소장)
임꺽정이 잠입하였던 서울 중부의 장통방 지역(밤색 선)이다.

부대는 서울 넓은 거리에서 관군에 대항하여 부장을 쏘아 맞혀 포위망을 뚫었다. 임꺽정 체포에 실패한 책임으로 좌변포도대장 남치근과 우변포도대장 이몽린이 체직되었고, 포획하는 데 실패한 부장, 군관 등은 모두 의금부에 이송되어 중한 처벌을 받았다.

서울 탈주에 성공한 이후 임꺽정 부대의 기세는 더욱 드높아져 관을 사칭하고 여러 고을을 출입하여 수령에게 접대를 받기도 하였다. 또한 임꺽정 부대가 황해도 일대를 온통 장악하여 대낮에도 통행이 막혔다. 이들은 빼앗은 재물을 실어다 서울에 두고 판매하였으며, 공공연히 조정의 관원이나 감사의 족속이라고 사칭하면서 행동하였다.

임꺽정 부대가 황해도 일대를 손에 넣자, 정부는 임꺽정 부대의 소굴이 있는 봉산군 군수에 이흠례를 임명하였다. 이 소식을 들은 임꺽정은 이흠례를 살해할 것을 의논하였다. 이흠례가 일찍이 신계 현령으로 있을 때 임꺽정 부대원을 많이 잡아들여 그 공로로 봉산 군수직에 올랐으니, 먼저 이 사람을 해치면 군대의 위엄을 세울 뿐만 아니라 후환도 없앨 수 있을 것이라는 판단 때문이었다.

그러나 이흠례를 처단하려는 계획이 모사 서림의 체포로 사전에 누설되어, 임꺽정 부대는 도리어 관군에 포위당하게 되었다. 선전관 정수익과 봉산 군수 이흠례가 봉산 군대를 이끌고 평산군 북면에 있는 어수동에 먼저 이르렀으며, 금교 찰방 강려와 평산 부사 장효범이 평산 군대를 이끌고 어수동에 와서 합류하였다. 관군 500명이 평산 마산리로 진격하여 무성한 숲과 깊은 골짜기를 출입하면서 추격전을 벌이자, 임꺽정 부대는 이들을 깊은 계곡으로 유인한 후 골짜기 아래로 도망쳤다. 관군의 부장 연천령이 강려의 역마로 바꿔 타고 봉산 군사 한 명과 산 아래로 곧바로 달려가 이들의 퇴로를 차단하였으나, 도리어 임꺽정 부대에게 살해당하고 역마마저 **빼앗** 겼다.

선전관을 통해 임꺽정 체포에 실패했다는 보고를 받은 국왕은 정부의 핵심 관료들을 비밀리에 한자리에 모이도록 한 후, 새로운 차원의 대책을 직접 지시하였다. 관군과 정면으로 맞서 싸우고 거리낌 없이 관리를 살해하여 국가의 권위를 손상시키는 임꺽정 부대를 토벌하기 위해 황해도, 평안도, 함경도, 강원도, 경기도 등 5도의 군사를 출동시키라는 강력한 토벌책이었다. 이에 대해 대신들은 5도에 대장을 파견하여 군대를 동원하면 백성들이 소요하는 폐단이 있을 것이니, 병조로 하여금 종이품 무신 두 명을 가려서 순경사라 이름하여 황해도 강원도 두 도에만 내려보내도록 할 것을 건의하였다.

순경사 파견과 가짜 임꺽정 소동

국왕을 비롯한 지배층은 임꺽정 부대가 도사, 수령, 부장 등을 거리낌 없이 처단한다는 사실을 충격적으로 받아들였다. 이는 나라를 욕보이고 국가의 권위를 훼손시키는 행위이므로, 임꺽정 부대는 단순한 도적 떼인 '군도'가 아니라 국가권력에 정면으로 도전하는 반역 집단인 '반적'이라 생각하였다. 또한 정부는 평산 전투를 계기로 임꺽정 부대의 전략 전술과 전투력이 탁월한 수준임을 주목하였다. 국왕이 민폐를 무릅쓰고 순경사 파견을 독려한 것은 이 때문이었다. 임꺽정 체포의 책임을 단순히 한 도의 감사나 군현의 수령에게 맡기는 것이 아니라, 군사를 동원하여 중앙정부 차원에서 토벌하겠다는 것이었다. 군사를 징발하려는 계획에 대해, 흉년이 심하고 군대를 뒷바라지하는 비용이 많이 들기 때문에 민심이 이반할 것이라는 반대 의견도 있었다. 그러나 국왕과 척신 세력가인 윤원형 등은 장수를 보내 황해도의 도적을 섬멸해야 한다는 당초의 강경론을 조금도 굽히지 않았다.

1560년(명종 15) 12월 초, 정부는 황해도와 강원도에 순경사를 파견하면서 각각 군대를 지휘할 장교를 50명씩 뽑아 거느리고 내려가 임꺽정 부대를 섬멸할 것을 지시하였다. 이후 얼마 안 되어 도적의 괴수 임꺽정을 잡았다는 장계가 올라왔다. 그러나 황해도 순경사가 체포한 인물은 임꺽정이 아니고 임꺽정의 형 가도치인 것으로 드러났다. 순경사가 고문을 가해 임꺽정이라는 허위 자백을 받아 냈던 것이다. 가짜 임꺽정 소동은 군대가 출동한 지 오랜 시일이 지났는데도 아무런 공이 없다는 비판이 일자, 순경사가 일단 혐의쩍은 사람을 잡으면 진위를 따지지 않고 심한 고문으로 협박해 자백을 받음으로써 책임을 모면하고 상도 받으려 한 때문에 일어났다. 이 사건을 계기로 순경사 파견에 대한 비판론이 다시 일어 황해도 순경사는 파직되고 새로운 순경사 파견은 중단되었다. 이듬해 9월에도 의주 목사 이수철이 대적 임꺽정과 대당 한온 등을 붙잡았다고 아뢰었으나 역시 거짓임이 판명되었다.

토포사 파견과 서울 교란 전술

순경사를 파견하여 임꺽정 부대를 토벌하려 한 정부의 계획은 실패로 끝났다. 그런 와중에 임꺽정 부대의 기세는 날로 충천하여 황해도 지방과 그 일대를 계속 장악해 나갔다. 황해도 일대가 임꺽정 있는 줄만 알고 나라가 있는 줄은 모르는 이른바 '적국의 형세'가 되자, 좌의정 이준경은 토포사를 파견하여 임꺽정 부대를 토벌할 것을 건의하였다. 황해도를 사방에서 공격하고 포위하기 위해, 경기도, 함경도, 평안도, 강원도 등의 네 도가 서로 약속하고 일제히 군대를 일으켜 도적이 빠져나가지 못하도록 하자는 것이었다.

그런데 토포사가 황해도를 향해 떠난 지 약 20여 일 뒤인 10월 말경, 임꺽정 부대가 대대적으로 서울에 잠입하였다는 소문이 나돌았다. 관군의 토포 병력을 분산시키고 지배층을 혼란에 빠뜨리려는 임꺽정 부대의 절묘한 교란 전술임에 틀림없었다. 소문을 들은 국왕은 임꺽정 부대가 총공세를 펴 서울을 직접 침공해 오는 것으로 이해하여 비망기를 내려 임꺽정 부대의 서

오간수문
임꺽정 무리가 도성에 들어와 전옥서를 부수고 도망갈 때 청계천에 설치되었던 오간수문을 통해 달아났다.

울 잠입을 철저히 막도록 지시하였다.

도성문은 인정을 치기 전에 미리 닫고 해 뜬 다음에 열도록 하였으며, 도성문을 닫은 후부터 다음날 해 뜨기 전까지 아무도 통행할 수 없도록 하였다. 그리고 목멱산, 인왕산, 백악산, 타락산 등 네 산의 성곽 중 도적이 넘어올 만한 곳에는 우선 군대를 매복시켜 살피도록 하였다.

이어 피역인들이 임꺽정 부대에 합세할 것을 두려워하여 이들의 활동이 잠잠해질 때까지 군정 색출을 중지시켰으며, 다음날에는 경복궁과 창덕궁 각문에 수문장을 더 배치하여 평상시보다 갑절 엄하게 기찰하도록 하고, 시장을 열지 못하도록 은밀히 지시하였다. 그뿐만 아니라 임꺽정 부대가 서울에 가득하다는 보고가 들어오자, 5부로 하여금 호를 헤아려 통을 만들고 기찰하도록 명하였다. 국왕을 비롯한 봉건 지배층은 임꺽정 부대에 도성이 언제 함락될지 모른다는 극도의 공포감에 싸여 있었다. 이처럼 임꺽정 부대의 서울 출현 소식에 위아래가 모두 허둥지둥하고 온 나라가 동요하는 모습이 사람들의 눈에는 나라가 곧 망할 지경에 이른 것으로 비쳤다.

토포사 파견을 통한 관군의 초토화 작전으로 임꺽정 부대의 주력은 타격을 받아 세력이 크게 약화되었다. 임꺽정은 토벌군의 포위망을 뚫고 구월산을 탈출하는 데 성공하였으나, 2차 포위망에 걸려 1562년 1월 황해도 서흥한 노파의 집에서 사로잡혔다. 임꺽정을 체포하였다는 소식을 듣고, 명종은 "반적이 일어나 매우 한심스럽게 여겼는데, 이제 잡기 어려웠던 적을 포획하여 백성들이 베개를 높이고 편안히 잘 수 있게 되었다."며 대단히 기뻐하였다. 봉건 정부가 토포사를 파견하여 임꺽정 부대를 토벌하는 전과를 올리기는 하였으나, 이에 따른 폐해 또한 적지 않았다.

임꺽정을 보는 역사가의 눈

임꺽정은 관군과의 3년에 걸치는 전투 끝에 생포되어 1562년 초에 최후를 마쳤다. 임꺽정 부대의 활동은 봉건국가의 권위에 정면으로 도전하는 것이었다. 이들은 도사, 수령, 부장들을 서슴없이 처단하였으며, 재상, 관료, 양반들 봉건 지배층을 적으로 삼았다. 이 때문에 봉건 정부는 이들을 단순히 물자를 약탈하는 도적의 무리인 군도가 아니라 국가 기틀을 뒤흔드는 반적으로 여겨, 많은 반대와 희생을 무릅쓰고 군사를 동원하여 토벌하지 않을 수 없었다. 임꺽정 부대의 활동은 봉건 지배층에게 커다란 타격을 주었다. 황해도를 비롯하여 그 일대는 국가의 통치력이 미치지 못하는 적국 형세가 되었고, 국왕이 거처하는 서울은 곧 함락될 것만 같은 위기감에 싸였으며, 지배층 내부에서조차 "나라가 언제 망할지 알 수 없는 일이다.", "변란이 일어나지 않은 것이 다행이다."라는 탄식이 잇따라 터져 나왔다. 이는 지배 체제의 위기와 개혁의 필요성을 예고하는 것이었다.

임꺽정의 반란은 훈구와 사림 세력의 교체를 촉진하였다. 기존의 지배 세력을 역사의 무대에서 끌어내리고, 새로운 사회 세력을 전면에 등장시키는 데 중요한 역할을 한 것이다. 그러나 정작 임꺽정 자신의 문제인 천민층의 신분 해방은 해결하지 못했다. 그가 이러한 문제를 해결하려는 의식을 지니고 있었는지도 사실은 의문이다. 그는 원초적으로 봉건 지배층의 권위에 도전하는 반항심을 지녔지만, 모순을 객관적으로 인식하고 이를 생산 대중의 힘을 결집하여 해결하려는 사회의식은 지니지 못했다. 이 때문에 그의 저항은 생산 활동에서 유리된 채, 잉여물을 약탈하는 도적 형태를 띨 수밖에 없었다.

봉건사회 변혁 운동은 생산 현장에서 유리된 사회 주변부 세력이 주도하는 산발적이며 일시적인 저항으로부터, 생산 활동에 뿌리를 내린 농민 대중의 지속적이며 견실한 저항으로 발전해 간다. 이런 의미에서 볼 때, 16세기 임꺽정의 활동은 봉건사회 변혁 운동의 초기적인 형태로서 역사적 의의가 있다.

한상권 _덕성여대 교수

4부 법과 소송

《경국대전》은 조선의 헌법이었을까

소송 현장을 가다, 소지에서 결송까지

재산 증여와 입양, 다툼의 대상이 되다

백성들이 정말 신문고를 두드릴 수 있었는가

혹독한 형벌, 힘겨운 귀양살이

신분상승 욕구와 배금주의의 합작품, 위조 범죄

《경국대전》은 조선의 헌법이었을까

남지대

조선은 법치국가였다. 비록 오늘날 헌법과 같은 기본법은 없었으나, 조선은 건국 직후 통일 법전을 편찬하였고, 법 조문을 일반화하여 《경국대전》으로 완성하였다. 그 뒤 《경국대전》은 400여 년 동안 법치국가 조선에서 가장 기본적이고 중요한 통일 법전 구실을 하였다.

먼저 법치국가 조선에서 일반화한 통일 법전 《경국대전》을 편찬하는 과정과 그 뒤의 법전들을 살펴보고자 한다. 이어 누가 법을 어떻게 만들어 시행하였는지, 삼권이 나뉘지 않고 모든 권력이 궁극적으로 왕에게 속해 있던 조선사회에서 법은 어떠한 것이었는지, 이러한 점을 《경국대전》 중심으로 정리해 보자.

법은 국가가 강제로 실현하는 사회규범이며, 사회 변화에 따라 발전하였다. 우리 역사에서도 관습법에서 출발하여 율령 단계를 거쳐 고려 때에는 단일 왕법(王法) 단계에 이르렀고, 조선시대에 들어와 통일 법전으로 발전하였다. 그리하여 조선시대에는 유교적 법치주의 이상 아래 통일 법전과 형법으로 온 국민을 통일적으로 지배·규율할 수 있었다.

통일 법전,《경국대전》의 편찬

《경국대전》은 조선을 법치국가답게 만든 통일 법전들 가운데 가장 기본이 되는 법전이다. 기본 법전 없이 왕법만으로 통치하던 고려 사회는 '고려 공사(公事)는 사흘'이라는 속담처럼 법의 안정, 곧 지배의 안정성을 확보하기가 어려웠다. 고려를 이은 새 왕조 조선에서는 정치와 사회의 안정을 위해 법의 안정성을 확보하는 것이 매우 중요한 과제였다. 조선은 개국하자 바로 통일 법전《경제육전》을 편찬하여 통치의 기본 도구로 삼으려 하였는데, 이러한 노력은《경국대전》의 완성으로 마무리되었다.《경국대전》에는 고려 말 조선 초의 사회발전을 통해 나라의 바탕으로 자리 잡은 백성의 기본권이 반영되었으며, 감성에 흔들리는 인치(人治)를 극복하고 '영구히 준행하는 법'에 근거하여 법치를 안정시키려는 의지가 담겨졌다.

1485년《경국대전》이 반포·시행되기까지를 대강 살펴보면 다음과 같다.

조선은 건국 초부터 유교적 법치를 내세웠다. 정도전은 1394년(태조 3)에 원나라의《경세대전》을 본뜨고《주례》등에 따라《조선경국전》을 편찬하여 통치의 기본 지침을 육전으로 분류·제시하였다. 이와 짝을 이뤄 1397년에 1388년 이후의 법령을 모아 조선왕조 최초의 통일 법전인《경제육전》을 반포하였다. 이로써 조선은 성문의 통일 법전에 근거하여 통치하는 법치국가가 되었다. 이《경제육전》은 이두(방언)로 된 수교(受敎)를 원문 그대로 실어서 '방언

▌《경국대전》(서울대학교 규장각한국학연구원 소장)

육전' 또는 '이두 원육전'이라 불렀다. 법전이 이·호·예·병·형·공전의 육전 체제로 된 것은 《주례》나 《경세대전》의 영향도 있었지만, 통치의 필요에 따라 관서 중심으로 법령을 만들고 법전도 육조와 각 관서의 수교(受敎)를 모아 정리하는 방식으로 만들었기 때문이었다.

태종 때에는 《경제육전》의 이두와 방언을 한문으로 바꾸고, 누락된 것과 이후의 법령을 모아 1412년 원육전·속육전으로 편찬하였다. 태종의 개혁을 반영하여 조문을 수정하였다. 어쩔 수 없어 조문을 고치는 경우에도 원육전의 조문을 그대로 두고 바꾼 내용을 주(註)로 달도록 하여 원육전 본위로 법의 형식적인 안정과 통일을 기하였다. 이렇게 원육전, 곧 《경제육전》을 조종(祖宗)의 성헌(成憲)으로 존중하여 속육전 등 뒤의 법령으로 함부로 고치거나 없애지 못하도록 하는 '조종성헌 존중주의'가 성립하였다. 이는 1865년에 《대전회통》을 편찬할 때까지 기본 원칙으로 지켜졌다.

세종 초에 태종이 정한 원칙에 따라 《속육전》을 거듭 개수·증보하였는데, 경연의 강론 등을 거쳐 1433년(세종 15) 《신찬경제속육전》으로 반포하였다. 이때 영구히 지켜야 할 법령은 정전(正典)에 싣고 일시적인 것은 등록(謄錄)에 실어 전(典)과 록(錄)을 구분하였다. '록'에는 바뀌기 쉬운 시행세칙, 단서조항과 논란이 많아 아직 합의가 덜 된 규정 등이 실렸다. 《경제육전》, 《속육전》, 《신찬경제속육전》은 수교 원문을 그대로 싣거나 조문을 조금 다듬어 실은 수교집이다. 수교집 형태의 법전은 각 법령의 입법 취지, 처벌 형량, 시행세칙, 단서조항 등이 한꺼번에 실려 있어 법을 집행하기가 쉽고, 또 법전을 신속하게 편찬할 수 있다. 그런데 비슷한 내용이 거듭되거나 복합적이고 장황한 수교의 형식은 법의 일반성을 해치는 문제가 있다.

이렇게 법전의 개수·증보 작업이 이어지자, 여러 수교들은 모아 전체적으로 정리하여 통일 법전을 편찬함으로써 성헌의 안정성을 확보할 필요성이 커졌다. 종합적인 통일 법전을 편찬하기 위해서는 비슷한 수교를 한 항목에 모아 정리하고 조문의 내용을 추상화·일반화해야 한다. 또한 필요에 따라 별도의 하위 규정집도 만들어야 한다. 이에 세조는 1457년에 육전상정소를 두고 《경국대전》 편찬을 시작하여, 1460년 〈호전〉과 1461년에 〈형전〉을 차례로 완성하여 먼저 시행하였으며, 1466년(세조 12) 말에 재교열을 거쳐 《경국대전》을 완성하여 1468년부터 시행하기로 하였다.

그러나 세조의 죽음으로 시행되지 못하였고, 《경국대전》은 예종, 성종 때의 몇 차례 개수·보완을 거쳤다. 예종이 곧바로 고쳐 1469년 반행하여 이듬해 1월부터 시행키로 하였지만(기축대전), 예종도 그 시행을 보지 못하였다. 성종이 즉위하여 또 수정하여 반포하였고(1474년 갑오대전), 결국 1482년 말에 수정 작업을 완료하고 '고칠 수 없음'을 못 박아서 1485년(성종 16) 1월부터 시행하였다. 이것이 지금까지 전하는 《경국대전》이다(을사대전). 이렇게 여러 차례 수정 작업을 거듭한 까닭은 영구히 지켜 갈 법전의 완벽을 기하려는 의지와 지배층의 이익을 반영하려는 조정에 있었다. 1485년 이전의 법전이 남아 있지 않은 것은 관리들이 익숙한 옛 법전을 그대로 쓰는 것을 막기 위해 새 법전을 반포할 때마다 옛 법전과 그 판목까지 회수하여 폐기하였기 때문이다.

《경국대전》의 완성은 성왕(聖王)이 한 시대의 법제를 갖춘다는 유교이념에 근거하여 새 왕조 조선에서 통치규범과 제도를 완비하여 군주 중심의 집권체제를 확립하였음을 뜻한다. 이렇게 《경국대전》이 명실상부한 조종의 성헌이 됨으로써 조선의 통치체계가 안정되었고 유교적 법치국가가 확립되었다. 또한《경국대전》은 짜임새를 잘 갖추었고 내용이 풍부하며, 고유한 법을 성문화함으로써 중국 법이 함부로 침투하지 못하도록 막는 방파제 구실도 하였다.

《경국대전》이후의 법전들

《경국대전》이후에도 새로운 수교[법령]는 여전히 만들어졌다. 그 가운데 영구히 시행할 법령을 가려서 '속록(續錄)'을 편찬하였다. 1492년(성종 23)에 《경국대전》시행 후의 법령 중에서 영구히 시행할 것을 가려 대전을 잇는 영세의 법전으로《대전속록》을 편찬하였고, 1543년(중종 38)에《대전속록》이후의 법령을 모아 같은 방식으로《대전후속록》을 편찬하였다. 그리고 1555년(명종 10)에《경국대전》가운데 다르게 해석될 수 있는 조문과 용어를 주석하여《경국대전주해》를 편찬함으로써 규정 해석에 통일을 기하였다.

조선 후기에도《대전후속록》이후의 수교와 조례를 모아 1698년(숙종 24)에《수교집록》을 편찬하였다. 《수교집록》은 속록의 강목과 조항을 본떠 비슷한 것을 한데 모아 시기순으로 배열하고 조목마다 품정(稟定)하였는데, 형전이 아주 많아졌고 호전에는 대동법 등 변화가 반영되었다. 이렇게 법전이 늘어나고 사회 변화를 반영하는 새로운 성격의 법령들이 많아지자, 1706년(숙종 32)에는《경국대전》과《대전속록》,《대전후속록》,《수교집록》의 조문을 통합·정리하여《전록통고》를 편찬하였다. 《전록통고》에서는《경국대전》을 주로 삼고 이후의 법령은 한 글자 낮추어《경국대전》을 경서(經書)에,

그리고 이후의 법령을 전주(傳註)에
견주어 정리하였다.

영조는 1741년(영조 17) 대훈(大訓)
으로 탕평정국을 안정시키며《신보
수교집록》,《증보전록통고》,《속오
례의》를 편찬하고 이어《속대전》을
간행하여 법제를 새롭게 정비하였
다. 1743년에 편찬한《신보수교집

《대전통편》(서울역사박물관 소장)

록》은《수교집록》의 속편으로 형전의 항목과 조문이 크게 늘어났다.《증보
전록통고》는 1742년《전록통고》를 보충하여 새 항목을 설정하고 조문 내용
을 다듬고 구체화하였다. 이와 함께《대전속록》에서《신보수교집록》까지를
《경국대전》을 편찬할 때와 같은 방식으로 법 조문을 일반화·추상화하고 집
대성하여《속대전》을 완성, 1746년《경국대전》과 함께 간행·반포하였다. 대
전의 수명(修明)을 내세운《속대전》에는 탕평책으로 바꾼 권력 구조를 반영
하였고, 아울러 사회 변화 속에서 형정(刑政) 합리화와 관형(寬刑)을 강조하
였다. 이렇게 조선의 법전은《경국대전》과《속대전》으로 정리되었다가, 정
조 때에 두 대전을 통합하여 1785년(정조 9)《대전통편》을 편찬하였다.《대
전통편》에서는《경국대전》을 '원(原)',《속대전》을 '속(續)',《속대전》이후의
것을 '증(增)'으로 구분하여 조문을《경국대전》위주로 통합 정리하였고,《경
국대전》가운데 폐지된 조문도 싣고 그 아래에 '금폐(今廢)'로 표시하였다.

고종 초, 대원군의 주도 아래《대전통편》을 저본으로 삼고 80년간 새로
제정된 법령을 정리하여 덧붙인 조선의 마지막 통일 법전인《대전회통》을

1865년(고종 2)에 반포하였다. 《대전회통》에는 《대전통편》의 구별에 더하여 그 이후의 것은 '보(補)'로 표시하였다. 이어 1866년에는 《대전회통》을 편찬한 관원들이 육조와 각 관아의 사무 처리에 필요한 행정 법규와 사례를 모아 《육전조례》를 편찬하였다. 《육전조례》에는 육전에 분속된 관아마다 관직과 관리의 수, 직무 권한의 분장, 임면과 징계의 절차, 경비의 수입과 지출 규정 등이 수록되어 있다.

지금까지 살핀 조선왕조의 주요 법전을 표로 정리하면 다음과 같다.

조선왕조의 주요 법전

법전명	편찬연도	주요내용
조선경국전	1394년(태조 3)	정도전이 원나라의 《경세대전(經世大典)》 체제를 따라 통치 이념을 천명한 종합적인 법전. 《대명률》을 채용.
경제육전	1397년(태조 6)	1388년~1397년의 현행 및 준행할 법령을 수교의 원문 그대로 육전(六典)으로 분류 수록. 이두 원육전.
경제육전	1412년(태종 12)	1388년~1412년의 법령을 원집(원육전)과 속집(속육전) 각 3권으로 편찬. 조종성헌 존중주의 채택.
신찬경제속육전	1433년(세종 15)	1412년~1433년의 법령. 정전(正典)과 등록(謄錄)으로 구분하여 속육전을 개수 증보. 각 6권.
경국대전	1485년(성종 16)	태조~세조(성종 초)의 법령을 통합·정비한 조선왕조 기본 법전. 1466년, 1469년, 1473년에 완성, 재교정. 1484년 영구준행을 확정한 1485년 을사대전(乙巳大典)이 현전.
대전속록	1492년(성종 23)	《경국대전》~1492년의 현행 법령을 대전처럼 정리한 법전.
대전후속록	1543년(중종 38)	《대전속록》~1542년의 현행 법령을 속록처럼 정리한 법전.
경국대전주해	1555년(명종 10)	《경국대전》의 규정 가운데 다르게 해석할 수 있는 조문과 용어 62항목을 주해한 주석서.
수교집록	1698년(숙종 24)	《대전후속록》 이후의 수교와 조례를 다듬어 정리한 법전.

전록통고	1706년(숙종 32)	《경국대전》과 《대전속록》, 《대전후속록》, 《수교집록》의 조문을 합쳐 참고하기 편하도록 분류·정리한 법전.
증보전록통고	1742년(영조 18)	《전록통고》를 그 이후의 수교로 증보함.
신보수교집록	1743년(영조 19)	《수교집록》 이후의(~1738년) 수교를 모아 정리한 법전.
속대전	1746년(영조 22)	《대전속록》~《신보수교집록》을 《경국대전》의 편찬 방식으로 편찬한 대전(大典). 《경국대전》과 병존.
대전통편	1785년(정조 9)	《경국대전》[원(原)]과 《속대전》[속(續)]을 통합하고, 이후의 법령을 증보하여 [증(增)] 편찬한 통합 법전.
대전회통	1865년(고종 2)	《대전통편》 이후의 법령을 정리하여 덧붙여 편찬한 조선 최후의 통합 법전. 《경국대전》[원(原)], 《속대전》[속(續)], 《대전통편》[증(增)], 증보한 것을 보(補)로 정리.
육전조례	1866년(고종 3)	각 관서의 관직과 관리, 직무 분장, 임면과 징계 절차, 경비의 수입 지출 등에 관한 조례를 모아 정리한 행정 법전.

위에서 보았듯이 《대전회통》의 편찬에 이르기까지 조종성헌 존중주의는 굳게 지켜졌다. 이에 근거하여 《경국대전》은 사회가 변화함에 따라 새로운 법조문이 늘어나고 옛 조문이 더러 폐지되었음에도 19세기 중엽까지 조선 왕조의 기본 통치 규범으로서의 지위를 누릴 수 있었다.

법은 어떻게 만들어 시행하였는가

조선의 법은 왕명(王命)이었다. 왕이 입법에서 최종 결정을 하였다. 왕명인 교(敎)는 왕지(王旨), 교지(敎旨), 수교(受敎) 전지(傳旨) 등인데 곧 법이 되었다. 각 관서에서는 받은 왕명을 수교(受敎)라 하였다. 수교는 왕이 친히 내릴 때도 있었으나 대부분은 관서에서 맡은 일에 관하여 올려 결재받은 것이

贈橫貫於 *寶盉左右圓環以大櫻子兩端緻連於其端*
大朝鮮國王之寶 *金龜鈕*

《보인소의궤》(1877, 서울대학교 규장각한국학연구원
소장)
1876년(고종 13) 궁중에서 사용하는 보(寶)와 인(印)의
개주(改鑄), 개조(改造), 수보(修補) 과정을 기록한 의궤
이다. '보인'은 국왕이 사용한 옥새와 도장을 의미한다.

었다. 이를 계하문서(啓下文書)라 하였다. 각 관서에서는 그 수교와 계하문서를 직무 규정으로 삼고 반드시 등록하여 두었다. 따라서 법전을 만들 때에는 우선 육조와 여러 관서에서 위와 같이 등록해 둔 수교들은 모아 정리하였던 것이다.

《경국대전》에 규정된 입법 절차를 보면 다음과 같다. 먼저 해당 관서에서 신법 제정이나 구법 개정안을 의정부에 올리면 의정부에서 논의하여 왕에게 올려 결재 받는다. 그 뒤 예조가 사헌부·사간원의 동의 서명[서경(署經)]을 받아서 법으로 확정하여 해당 관청에 통지하였다. 곧 '관서의 입안 → 의정부 의결 → 왕의 결재 → 사헌부·사간원의 동의 서명 → 예조의 해당 관서 통지'의 절차를 차례로 밟았다. 그런데 각 관서에서는 이러한 까다로운 절차를 피하여, 담당 사무 처리에 필요한 사목이나 조건을 바로 왕에게 올려 그 관청의 직무 규정으로 성립시키는 경우가 많았다. 그리하여 '관서의 입안(→ 의정부 논의) → 왕의 결재'가 오히려 보통의 절차였다. 또한 관원이 상소 등으로 법안을 발의하는 것은 열려 있었다. 그 결과 관서마다 수교가 증가하였고 규정들 사이에 체계가 덜 잡히고 비슷한 규정들이 넘쳐나, 법전 편찬이 잦아지는 원인이 되기도 하였다.

조선시대에는 사법권도 최고·최종 재판권은 국왕에게 있었으며, 관서나 관원들은 이를 위임 받아 행사하였다. 중앙 관서가 모두 소관 업무에 관하여 태(笞) 이하의 죄를 다스릴 수 있었지만, 의금부·형조·한성부·사헌부가 주된 사법기관이었으며, 지방의 관찰사와 수령도 형벌과 개인적 소송[사송 (詞訟)]을 다스렸다. 소송의 심리는 수령 → 관찰사 → 형조(또는 사헌부) → 상언(上言 또는 신문고)의 단계를 밟아 이루어졌다. 단계를 뛰어넘는 소송은 수리하지 않았으며, 해당 기관에서 소송을 수리하지 않거나 소송을 심히 지연시킬 경우에만 상소(上訴)할 수 있었다. 인명을 중시하여 살옥(殺獄)은 삼심의 삼복제(三覆制)를 강조하였다. 개인의 소송은 토지·노비·부채에 관한 것이 주였고 조선 후기에는 묘를 둘러싼 산송(山訟)도 많았는데, 민사적 해결과 함께 필요에 따라 형사처벌을 아우르기도 하였다.

조선의 법은 근대 이후의 법과 성격이 다르다. 근대 이후의 법은 국민의 권리와 의무, 개인과 개인, 개인과 국가의 관계에 관한 규정이 중심을 이룬다. 이와 달리 조선의 법은 대부분 관서나 관리가 직무상 지켜야 할 행정 법규였다. 민사 법규가 적지 않았으나, 그것도 순수한 사법(私法)이 아니라 명령 형식의 강제 규정이자 관리가 준수해야 할 행정 법규였다. 그리하여 개별 법령인 수교를 해당 관서에만 내렸고 편찬한 법전도 필요한 관서나 관리에게 배포하였다. 또 조선의 법은 왕실, 사대부[사족], 상민(常民), 천구(賤口)를 신분적으로 차별 대우하였다.

《경국대전》의 여러 면모와 하위법들
《경국대전》에는 정부 조직법에서 사회규범에 이르기까지 다양한 내용이 담겨 있다. 〈이전(吏典)〉에는 품계·관서·관직 체계와 각 관서의 직무 분장과 관리의 수, 관리의 임면·사령·인사관리, 죽은 뒤의 추증·시호 등에 관한 규정들이 실려 있다. 〈호전(戶典)〉에는 국가재정의 기반인 호적, 토지제도와 조세제도 및 재정지출 규정과 각종 재산의 매매 및 등기 등의 경제 전반에 관한 규정들이 실려 있다. 〈예전(禮典)〉에는 외교, 학교교육과 과거뿐 아니라 개인과 국가 차원의 의례, 친족 규범, 풍속 등의 규정들이 들어 있다. 〈병전(兵典)〉에는 군사 제도, 과거와 시험, 무반 관리의 임면과 인사관리, 군역·국방과 관련된 규정들이 실려 있다. 〈형전(刑典)〉에는 형정(刑政) 일반과 일반 형법 《대명률》에 대한 특별법으로서의 형벌, 노비에 관한 규정 등이 실려 있으며, 맨 끝에 노비 소송 판례가 덧붙어 있다. 〈공전(工典)〉에는 각종 토목공사와 도량형, 공장(工匠)의 소속·수효와 관리 규정이 실려 있다. 이를 분량으로 비교해 보면 〈이전〉과 〈병전〉이 가장 많고 다음으로 〈예전〉, 그리고 〈공전〉, 〈형전〉, 〈호전〉의 순이다.

이렇게 《경국대전》의 규정은 관제와 같은 통치 체제의 골격에서부터 교육·과거 제도의 세부 규정, 토지·가옥·노비 등 재산권의 보호 및 분쟁 해결 절차, 그리고 사신 접대와 관리의 예절은 물론 서민을 대상으로 한 풍속의 권장 사항까지 그 내용이 아주 다양하였다. 그런데 《경국대전》에는 왕을 직접 규제하는 조문은 없다. 다만 대전에 실려 있는 조종의 성헌은 왕이 내리는 수교[신법]보다 위에 있었기에, 법은 왕보다 높았고 왕도 지켜야 하는 규범이 되는 셈이었다.

《경국대전》에는 몇몇 하위법을 두고 있다. 토지제도의 경우 과전법[직전법], 재정의 경우 공안과 횡간, 국가·왕실의 의식에서는 《국조오례의》, 그리고 형률에서는 《대명률》이 그것이다. 공안은 전세·공물·요역을 포괄하는 세입 장부이며, 횡간은 세출 장부이다. 《국조오례의》는 길·가·빈·군·흉례의 오례로 나누어 국가 의식(儀式)의 세부 절차를 규정한 것이며, 사대부는 《가례(家禮)》를 준용하도록 하였다. 아울러 각 관청에서 받아 등록하는 수교 역시 낱낱의 법령이면서 대전을 보완하는 하위법 구실을 하였으며, 《대전속록》, 《후속록》이나 《수교집록》도 영구히 지켜야 할 법이기는 하나 조종성헌인 《경국대전》에 비하여 한 단계 낮은 법령이라는 점에서 하위법의 위치에 있었다. 또 판결의 공정을 기하기 위해 《무원록》이나 《심리록》, 《사송유취》가 이용되었고, 뒷 시기의 《만기요람》은 물론 《추관지》나 《춘관지》 등도 법령집에 준하는 기능을 하였다.

요컨대 《경국대전》은 통치 체제와 행정 절차를 규정한 행정법전의 성격이 짙으나, 국정의 기틀을 세우는 헌법의 성격과 형사·민사에 관한 기본 법전의 성격은 물론 관혼상제 등 풍속에 관한 사회규범까지를 담고 있는 매우 포괄적인 통합 법전이다.

남지대 _서원대 명예교수

소송 현장을 가다, 소지에서 결송까지

김경숙

분쟁과 문서

서로 다른 사람들이 모여 사는 인간 사회에서 갈등과 분쟁은 있기 마련이다. 현대 사회에서는 사람들 사이에 분쟁이 발생하면 법원에 민사소송을 제기하여 해결한다. 조선 사람들은 분쟁이 발생하면 어떠한 방식으로 해결했을까?

조선시대 사송(詞訟)은 문서로 고소하고 말로 다투는 쟁송으로 오늘날 민사소송(이하 소송으로 칭함)에 비교되곤 한다. 《경국대전》에서는 수령이 힘써야 할 일곱 가지 업무를 수령칠사(守令七事)로 규정했는데, '사송간(詞訟簡)'이 포함되어 있다. 위정자가 어질고 바른 정치를 해서 백성들의 삶이 안정되면 불만과 갈등이 줄어들고 자연스럽게 소송도 줄어든다는 인식의 표현이었다. 그렇다고 인위적인 소송 억제 정책을 써서 백성들이 소송을 제기하지 못하도록 억제했던 것은 아니다. 오히려 현실에서 조선 사람들은 억울한 일을 당하거나 자신의 권익을 지키기 위해 관을 찾기를 주저하지 않았다. 신분과 성별에 관계없이 국가에 적극 청원 활동을 하고 소송을 기피하지 않았다. 이 때문에 조선 후기를 호송(好訟) 사회라고 일컫는 학자들도 있다.

일상의 소소한 문제들로 인한 분쟁은 관에 소지(所志), 즉 청원서를 제출하여 뎨김[題音]이라는 관의 처분을 받아 해결했다. 그러나 이를 넘어서는 사인들, 특히 노비나 전답, 상속, 매매 등의 문제들은 법에 규정된 절차에 따라 격식을 갖추어 소송을 진행하고, 송관의 판결 후에는 승소자에게 증명서를 발급했다. 결송입안(決訟立案)이라는 문서이다. 여기에는 원고의 소지로부터 시작하여 원고와 피고의 진술, 증거, 증언들이 담겨 있고 마지막에 판결과 판결의 근거가 기록되어 있다. 한 건의 문서이지만 그 속에는 해당 소송과 관련된 문서가 다수 포함되어 있어 소송의 전말을 파악할 수 있다.

이 결송입안을 통해 조선시대의 한 소송 현장으로 들어가 보자. 원님 재판이 아닌 체계화된 절차와 규정에 따라 진행되는 재판장에서 자신의 권익을 지키기 위해 적극적으로 주장을 펼치며 소송에 임하는 조선 사람들을 만날 수 있을 것이다.

친송(親訟)과 대리 소송

1661년(현종 2) 6월 한성부에서 고(故) 지중추부사 정문부의 노비 사경(士京, 35세)에게 결송입안을 발급했다. 정문부(鄭文孚, 1565~1624)는 임진왜란 때 북관대첩으로 잘 알려진 인물이다. 그 전투를 기리는 북관대첩비는 러일전쟁 때 일본으로 유출되었다가 수십 년 후에 반환되는 수난을 겪었다. 결송입안에서 사경은 소송을 제기한 원고로 등장한다. 그의 이름 앞에 붙은 '정문부의 노비'라는 칭호는 사경이 상전가의 소송을 대리로 진행했음을 말해 준다.

1661년 한성부 입안(서울대학교 규장각한국학연구원 소장)

한성부에서 노 사경(土京)에게 발급한 결송입안이다. 한성부 수진방 간동계에 위치한 집터를 대상으로 정대운과 거주인들의 분쟁, 노 사경과 정대운의 분쟁 과정에서 생산된 각종 청원서, 진술, 가고문서, 현장조사 등을 시간순으로 정리하고 말미에 소송관의 판결 근거와 판결문이 기록되어 있다.

조선 사회는 자기 소송은 자신이 직접 진행하는 친송(親訟)이 원칙이었다. 현대사회에서 소송을 위해 변호사부터 찾는 것과는 무척 다른 방식이다. 조선 초기에는 대리 소송을 할 수 있었고, 이를 업으로 하는 외지부(外知部)들도 활동했다. 그러나 사송간(詞訟簡)을 지향한 당시 사회에서 대리 소송은 부정적으로 인식되었을 뿐만 아니라, 성종 대에 오면 소송을 부추기고 시비를 어지럽힌다는 이유로 외지부를 전면 금지했다. 외지부가 불법화되면서 타인이 소송장에 들어가 대신 변론을 하는 대리 소송은 자취를 감추었다.

대리 소송이 금지된 사회에서 사경은 어떻게 대리 소송을 할 수 있었을까? 《경국대전》의 규정에 따라 사족 부녀와 공신, 왕의 외척, 당상관 등은 송관의 심문에 직접 나가지 않고 자서제질(子壻弟姪)이나 소유 노비를 대신 보내 심문에 응할 수 있었다. 대리 소송이 가능했던 것이다. 그 범위는 점차 넓어져 송정에 나갈 수 없는 상중인 사람, 지방관과 공무 출장 관원, 유배 죄인들도 대송이 허용되었고, 서인 부녀들은 남편에 한정하여 대리 소송을 할 수 있었다. 관인이 아니어도 노비를 통해 대송하는 관행까지 형성되고 있었다.

사경은 상전 정문부가 동지중추부사라는 종2품직을 역임했으므로 노비가 대리 소송을 할 수 있었다. 그러나 당시 정문부는 역모에 연루되어 이미 수십 년 전인 1624년(인조 2)에 옥사한 상태였고 그의 큰아들 정대영이 진주로 옮겨 가 살았다. 그런데 《해주정씨대동보》에 따르면 정대영도 1658년(戊戌) 7월 5일에 이미 사망한 것으로 기록되어 있다. 소송 당시에는 정대영의 처 이씨와 아들 정유정(鄭有禎, 1586~1674)이 진주에 살고 있었다. 사경이 선대 상전인 정문부의 노비라고 칭하고 있지만 실질적인 소송자는 이씨 모자였다. 즉 진주에 사는 이씨 모자가 한성부에서 소송을 진행하려고 한성부에 사는 노비를 내세워 대리 소송을 하는 상황이었다. 사경이 변론 중에 "상전은 대송(對訟)할 수 없어서"라고 진술한 것도 이러한 상황에서 나온 표현이었을 것이다.

기송(起訟)과 소지 제출

소송의 제기는 관에 소지를 제출하는 행위에서 출발한다. 고을 수령이 사법·행정·군사 등의 업무를 통합적으로 관장하는 체제에서, 소송이나 민원, 공증 등 일상에서 발생하는 각종 문제들은 일차적으로 고을 수령에게 소지를 제출하는 정소(呈訴) 활동을 통해 처리되었다. 오늘날처럼 법원에 가야할까, 경찰서에 신고할까, 민원실을 찾을까 고민할 필요가 없었다. 대신 어느 고을 수령을 찾아갈 것인가를 선택해야 했다. 분쟁은 피고의 거주지나 분쟁물의 소재지에 가서 소지를 제출했기 때문이다. 타고을에 체류하면서 소송을 진행하려면 숙박과 식사 등 여행비까지 감수해야 했음은 물론이다.

사경이 소지를 제출한 곳은 한성부였다. 분쟁물이 한성부 수진방 간동계에 위치한 집터였고, 피고는 수원에 사는 유학 정대운(鄭大雲, 44세)이었다. 수원이나 한성부에서 소송이 가능했다. 사경은 당시 한성부 남부 명철방(明哲坊) 남소문동(南小門洞)에 살고 있었으므로 송정을 왕래하는 데는 수원보다 한성부가 편리했을 것이다. 정대운도 집터 문제로 얼마 전부터 도성에 와서 머무는 중이었기에 일부러 수원까지 갈 필요도 없었다.

1661년 4월 24일 사경이 한성부에 제출한 소지는 집터에서 어떤 문제가 발생했는지 잘 보여 준다.

제 상전이 정사년[1617년(광해 9)]에 중부 수진방 간동계에 있는 빈터 238
간을 종친 진평정(晉平正) 이승경(李承慶)에게 값을 주고 매득했는데, 을축
년[1625년(인조 3)]에 상전이 경상도 진주 땅에 흘러 들어가 거주했습니다.
그 후 정묘년[1627년(인조 5)]에 빈터 내의 45칸을 이신우(李信友) 처 정씨
에게 방매했고 나머지 193칸은 그대로 있습니다.

지금 들으니, 수원에 사는 정대운이라는 사람이 조상 집터라고 하면서 문
기를 위조해 매각하려고 수시로 왕래했다고 합니다. 빈터에 들어와 살던
사람들이 한성부에 사연을 갖추어 소지를 올렸는데, 정대운은 사실이 드
러나자 물러갔습니다. 그는 본래 형편없는 사람으로 이치에 맞지 않은 행
위로 패소했습니다. 그 후 오히려 간사한 꾀를 내어 서울에 그대로 머물며
그 땅을 팔기를 도처에 청하니, 그의 속셈이 매우 놀랍습니다. 상전가의
매득문기와 이신우 처 정씨에게 방매한 문기를 한성부의 문서와 상고하신
후 위 정대운을 차사를 보내 잡아와 법에 따라 무겁게 다스릴 것을 각별히
처분해 주십시오.

수진방 간동계는 오늘날 종로구 관훈동, 견지동 일대로 경복궁과 창덕궁
사이에 위치한 서울의 중심부이다. 그 어느쯤에 238칸 규모의 빈 집터가 있
었는데 집 없는 군병(軍兵)들이 들어와 40년이 넘도록 살고 있었다. 그런데
1661년 3월 수원에 사는 유학 정대운(鄭大云)이 조상의 집터라고 주장하며
한성부에 소송을 제기하였다. 당시 빈터에 살고 있던 거주인들은 11가호에

달했는데, 이들은 단체로 소송에 대응하였다. 원고는 조상에게 물려받은 집터라고 했지만, 피고들은 정대영의 집터로 그가 진주로 떠난 후 자신들이 들어와 살고 있다고 주장하였다. 한창 변론이 진행되던 4월 1일 정대운은 증거문서를 돌려주기를 요구하였다. 정대영과 소송하기 위해 진주로 간다는 이유에서였다. 거주인들이 주장하는 집터의 소유주와 직접 쟁송을 하겠다는 것이다. 그 후 정대운은 송정에 나타나지 않았고 소송은 그대로 중단되었다.

그로부터 채 한 달이 안 된 4월 24일, 사경이 한성부에 소지를 제출했던 것이다. 상전이 종친 이승경에 매득한 집터임을 주장하며, 정대운이 문기를 위조해 집터를 팔려고 하니 법에 따라 처리해 줄 것을 요구하였다. 정대운이 진주에 내려갔는지 여부는 확인할 수 없지만, 진주에 있던 정대영의 처 이씨 모자가 정대운과 거주인들의 쟁송에 대해 적극적으로 대응에 나선 결과임은 분명하다. 집터의 주인임을 주장하고 나선 사경 측의 소송 제기로 이제 정대운은 원고에서 피고로 법정에서의 위치가 바뀌게 되었다.

시송(始訟)과 시송다짐

한성부에서는 사경의 소지에 "정대운을 잡아와 한 곳에서 심문할 것"이라는 내용의 뎨김[題音]을 써 주었다. 소송을 개시하기 위해 정대운의 출석을 요구하는 처분이었다. 그런데 뎨김의 처분은 누가 거행해야 했을까? 한성부도 정대운이 사는 마을 대표도 아니고 소지를 올린 사경 본인이었다. 쟁송에서 송관은 소송자 사이에서 양측을 조정하고 판결하는 위치에 있었으므로 양측 사이에 깊이 개입하지 않았다. 관에서 뎨김으로 처분을 하면, 소지를 올린 본인이 직접 상대에게 처분 내용을 전하고 송정에 함께 데리고 가야 했다.

그 때문에 사경은 정대운을 찾아가 뎨김을 전하고 송정에 함께 갈 것을 요구했을 것이다. 그러나 정대운은 나타나지 않았다. 그 대신 그가 도성에서 머물고 있던 집 주인이 관정(官庭)에 나와 다짐을 했다. 정대운이 증거자료로 쓸 상속 문서를 찾으러 원주에 사는 5촌 숙모집에 가고 없으니, 5월 5일까지는 책임지고 나오게 하겠다는 약속이었다. 피고가 송정에 나타나지 않았기 때문에 소송은 개시되지 못한 채 달을 넘기고 있었다.

정대운이 송정에 나타난 것은 약속한 날에서 여러 날이 지난 5월 13일이었다. 그날 원고와 피고 두 사람은 송정에 함께 나와 소송 개시를 위한 시송다짐(始訟侤音)을 했다. 소송을 개시하기 위한 절차였다.

> "저희들이 집터를 서로 다투는 일로 오늘부터 다 같이 송정에 나와 서니, 원고와 피고 중 이유 없이 송정에 나오지 않으면 법에 따라 친착(親着)으로 판결해 주십시오."

양측이 함께 송정에 나와 소송을 시작하니 앞으로 어느 한쪽이 송정에 출두하지 않으면 법에 따라 판결하라는 다짐이다. 진술의 법적 효력을 확보하기 위해 한성부에서는 두 사람의 진술 내용을 문서에 기록하고 각자에게 서명을 받았다. 이때 사경은 자신의 손마디 모양을 그리는 수촌(手寸)으로 서명을 대신했다. 소송관도 서명하고 한성부 관인(官印)을 찍었다. 이로써 시송다짐의 절차가 마무리되고 소송이 개시되었다.

그런데 시송다짐에서 언급된 '친착(親着)'은 무엇일까? 문자상으로는 '직접 서명'이라는 뜻으로, 소송자가 송정에 출두했음을 확인하고자 직접 서명하는 절차이다. 소송 개시를 위해서 원고와 피고가 송정에 함께 나와야 했듯이, 이후 송변 과정에서도 양측이 함께 송정에 나와야 했다. 한쪽이 나타나지 않으면 소송은 진행되지 못했다. 소송이 한창 진행되는 도중에 어느 한쪽이 불리해져 일부러 송정에 나타나지 않으면 소송은 하염없이 지체될 수밖에 없었다. 이러한 상황을 방지하기 위해 마련된 법적 장치가 친착으로 판결하는 '친착결절(親着決折)' 규정이었다.

이에 따르면, 소송을 개시한 후 50일 동안에 이유 없이 송정에 나타나지 않은 날이 30일이 지나면 소송의 곡직과는 관계없이 출석한 사람에게 승소 판결을 했다. 친착으로 승소 판결을 받기 위해서는 상대가 송정에 나타나지 않는 동안에도 21일 이상을 매일 송정에 출석해서 본인의 서명을 증거로 남겨야 했음은 물론이다. 친착결절의 규정이 실제 재판에서 적용된 사례들도 확인된다. 1576년(선조 9) 경주에 사는 이준과 이순 형제가 초계에 사는 이춘수와 노비 소유권 문제로 해를 넘겨 가며 쟁송을 했는데, 종국에는 이춘수가 송정에 나타나지 않아 친착으로 판결이 내려졌다. 그때 이준 형제는 21일 이상의 친착 날짜를 채우기 위해 1577년(선조 10) 10월 7일부터 10월 29일까지 23일 동안 매일 송정에 출석하여 서명을 증거로 남겼다.

이렇게 친착은 판결의 기본 근거로 작용하는 소송 절차상의 규정이었다. 소송이 개시되기 위해서는 이에 대한 양측의 동의가 요구되었다. 그 때문에 사경과 정대운이 자신들이 이유 없이 송정에 나오지 않으면 친착으로 판결하는 데에 동의하는 시송다짐을 한 후 소송을 개시했던 것이다. 이는 소송에 성실히 임하겠다는 다짐이기도 하였다.

송변(訟卞) – 가고문서와 현장조사

송변은 소송이 개시된 당일부터 진행되었다. 원고와 피고는 송관의 심문에 구두로 진술하며 주장을 펼쳤다. 주장을 입증하기 위해서는 가고문서(可考文書), 즉 증거문서를 제출하고 증인 심문도 행해졌다. 송변은 단기간에 끝나기도 하지만 경우에 따라서는 수년이 걸리는 지난한 과정이었다. 중간에 가고문서를 찾아오거나 증인을 데려오기 위해 기한을 요청하면 한동안 소송이 중지되기도 했고, 소송이 불리하다고 여긴 쪽이 일부러 송정에 나타나지 않기도 했다. 사경과 정대운도 한성부의 심문에 따라 구두 진술과 가고문기에 대한 검토가 진행되고, 여기에 현장 조사까지 거행되었다.

구두 진술에서 정대운은 집터의 유래를 원래 증조할아버지의 처가에서 전래한 183칸 규모의 집이라고 주장했다. 할아버지는 여주로 흘러가 살았고 자신도 병자호란 때 적군에게 사로잡혀 병인(病人)으로 겨우 목숨만 부지하느라 지금까지 추심하지 못했다고 하였다. 이를 입증하기 위해 그는 상속문서 중의 한 형태인 화회문기(和會文記) 2건을 가고문서로 제출하였다. 그러나 사경은 집터의 출처에 대해 자신은 상세히 모른다고 진술하며, 그 대신 상전가에서 해당 집터를 매득할 때 작성한 매매계약서 1건을 제출하였다.

소송에서 가고문서는 특히 중요한 판결의 근거였으므로 이에 대한 검토는 절차에 따라 엄격히 관리되었다. 송관이 원고와 피고가 함께 보는 데서

가고문서를 검토한 후 밀봉하고 관인을 찍었다. 그 과정에서 원고와 피고는 상대측의 가고문서에 대한 의견을 구두 진술하고 다짐에 서명하였다. 만약 문서가 위조나 변조되었다고 판단되면 서명을 하지 않고 거부하였다. 후에 문서를 다시 검토해야 할 때는 양측이 함께 보는 데서 이전의 밀봉하고 관인을 찍은 부분이 그대로인지를 확인하여 이상 없다는 다짐을 한 후 다시 개봉하였다. 사경과 정대운이 제출한 가고문서들도 이 절차에 따라 검토되었을 것이다.

가고문서를 검토한 결과 현장 조사가 결정되었다. 정문부가 매득한 매매계약서에는 238칸, 정대운의 화회문기에는 183칸으로 양측의 집터 칸수가 크게 차이가 났기 때문이다. 한성부에서는 이를 확인하기 위해 담당 낭청(郎廳) 등을 현장에 보내 실물을 측량했다. 7자를 1칸으로 삼아 측량한 결과 정대운의 집터는 218칸 반이 나와서 화회문기와 35칸 반의 차이가 있었고, 정문부의 집터는 282칸으로 매매계약서와 44칸의 차이가 있었다. 한성부의 측량 결과에 대해 양측에서는 다시 소지를 올려 주장을 펼쳤다. 정대운은 자신의 집터와 정대영이 매득한 집터가 연접해 있음을 지적하면서, 터가 하나가 아니라 두 개의 터임을 주장하였다. 사경은 정문부가 매득할 때 칸 수의 많고 적음에 따라 집값이 정해졌으므로, 매득자의 입장에서 집값을 줄이고자 관행적으로 칸 수를 줄여 측량했다고 주장하였다.

결송(決訟)과 입안 발급

한 달여의 기간 동안 양측의 진술, 가고문서 검토와 현장 조사, 그리고 소지 제출로 이어지는 송변이 모두 완료된 후 판결 단계로 접어들었다. 이를 위해 6월 17일 원고와 피고는 송정에서 최종적으로 공동 진술을 했다.

> "저희들이 집터를 서로 다투었는데, 각 날[各日]에 원고와 피고가 다짐을 올려 이미 진술을 모두 마쳤습니다. 법에 따라 관의 규정에 따라 판결해 주십시오."

원고와 피고가 더 이상 주장할 내용도 추가로 제출할 증거도 증인도 없으므로 법에 따라 판결을 요청하는 결송다짐(決訟侤音)이다. 소송이 개시될 때 시송다짐을 했던 것과 마찬가지로 소송이 끝날 때에도 결송다짐이 필요했다. 이 또한 문서화되고 각 진술자들과 소송관의 서명, 그리고 관인을 찍어 법적 효력을 갖추었다.

한성부에서는 원고와 피고의 결송다짐에 따라 판결 단계에 들어갔다. 판결의 근거는 원고와 피고가 제출한 가고문서와 현장 조사에 근거했음을 밝히고 있다. 정대운의 화회문기에서 기록된 집터 칸 수와 주변 지형물을 현장 조사를 통해 확인했는데, 원고의 문서는 사방의 경계, 즉 사표(四標)가 구체적으로 기록되고 실제 현장에서도 확인되었다는 것이다. 반면 정대운의 문서는 사표 중 서쪽만 기록되고 동, 남, 북 3면은 표시가 없는 점이 지적되었다.

또한 원고측은 해당 빈터에 집을 짓지는 않았으나 사람들이 들어와 살게 한 반면, 피고측은 70년 동안 한 번도 추심하지 않다가 갑자기 옛 문서를 가지고 와서 선대 집터라고 주장함은 터무니없음을 지적했다. 해당 공터에 대

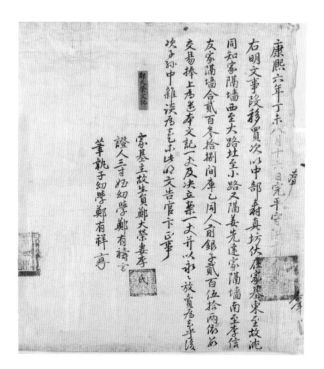

해 지속적이고 실제적으로 소유권을 행사해 온 원고측을 법적으로 인정한 판결이었다.

판결 후 승소한 사경은 한성부에서 증명서를 발급 받았다. 집터에 대한 소유권을 확정하고 분쟁의 재발을 방지하기 위해서라도 소송에서 승소했음을 증명하는 결송입안(決訟立案)을 받아 두어야 했다. 이를 위해서는 수수료로 질지값[作紙價]을 납부하여야 했다. 질지값은 분쟁물의 규모에 따라 차이가 있었는데, 노비는 1구에 저주지 3권, 주택은 기와집 1칸에 2권, 초가집은 1권이었으며, 전답은 10부에 2권이었다. 1권은 넓이 1척 4촌, 길이 1척 6촌 크기의 종이 20장에 해당하였다. 20권, 즉 400장을 상한액으로 제한하였지만, 질지값의 부담이 적지 않았고 규정을 초과한 높은 질지값 때문에 소송에서 승소하고도 포기하는 경우들도 발생하는 등 민간에서 불만이 적지 않았다고 한다. 간동계 집터는 한성부의 측량값으로 282칸이었다. 빈터는 4칸을 기와집 1칸으로 환산해서 70.5칸이 되므로 141권(2,820장)에 달하여 상한액이 적용되는 대상이었다. 사경 측에서는 이 결송입안을 발급 받기 위해 질지값으로 저주지 20권(400장)을 납부하였을 것이다. 그때 사경이 결송입안을 발급 받지 않았으면 수진방 간동계의 집터는 역사에서 지워졌을 것이다.

이후 한성부 집터는 어떻게 되었을까? 소송 후 6년이 지난 1667년(현종 8) 8월 정대영의 처 이씨는 집터 238칸 전체를 완평수(完平守) 이홍(李洪)에게 은자 250냥을 받고 방매했다. 소송의 실제 당사자가 이씨였음이 분명히 드러나는 순간이었다. 주인이 상주하지 않는 서울 집터는 분쟁의 가능성이 상존했으므로, 진주에 사는 이씨 입장에서 계속 관리하기가 용이하지 않았을 것이다. 매매할 때 이씨는 매매문기와 함께 결송입안까지 모두 이홍에게 넘겨줌으로써, 수진방 간동계 집터와의 관계를 완전히 정리하였다.

김경숙 _서울대 부교수

재산 증여와 입양, 다툼의 대상이 되다

박경

자식 없이 사망한 한 여성의 재산을 둘러싼 소송

전처 자식을 미워하고 구박하는 계모의 캐릭터는 동서양 고전 소설에서 흔히 접할 수 있다. 한국의 고전 소설에서도 무고한 전처 자식을 학대하고 심지어는 죽음에 이르게까지 한 계모의 이야기는 익숙한 주제이다. 이러한 계모는 독자들에게 악녀로서 지탄을 받아 왔으며, '못된 계모'는 계모의 대표적인 이미지로 정착되어 왔다. 그러나 현실에서 계모와 전처 자식인 의자녀(義子女)의 관계는 갈등으로만 점철된 관계는 아니었다. 자식 없이 사망한 여성의 재산을 둘러싼 16세기 말의 한 소송을 들여다보면 재산의 증여와 상속이라는 현실적인 행위에 반영된 이들 관계의 다면성이 드러난다.

1584년(선조 17) 나주목에서는 정 조이(召史)의 재산을 둘러싸고 정 조이의 친정 조카와 의자들 사이에 소송이 벌어졌다. 정 조이는 향리가의 딸로 나한걸과 혼인하였다. 그런데 그가 사망한 후 그의 재산을 나한걸의 전처 자식들이 모두 차지하자 정 조이의 친정 조카 측에서 자신들의 상속분을 요구하며 나주목에 소송을 제기하였다. 이 소송의 판결을 맡은 송관은 나주 목사

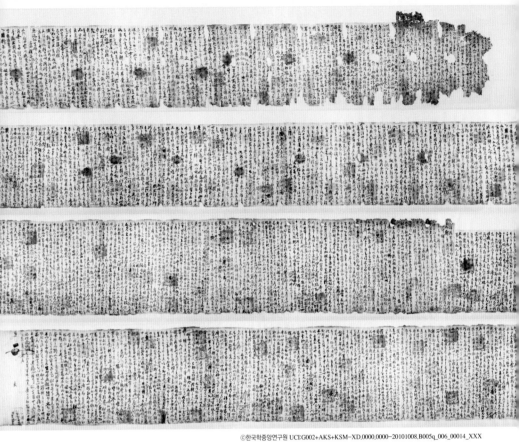

©한국학중앙연구원 UCI:G002+AKS+KSM-XD.0000.0000-20101008.B005q_006_00014_XXX

1584년 나주목 결급 입안(의성 김씨 학봉 종가 소장)
1584년(선조 17) 나한걸 처 정 조이의 재산을 둘러싸고 정 조이의 조카들과 의자들이 벌인 소송의 판결문.

김성일이었다.

원고는 손한과 정천희였다. 정 조이에게 손한은 3촌 조카의 남편, 정천희는 3촌 조카였다. 이들은 피고인 정 조이의 의자, 나기년 형제가 세 가지 방법으로 정 조이의 재산을 모두 차지했다고 주장하였다. 첫째, 정 조이 생전에 남편 나한걸이 정 조이의 재산을 팔고, 다른 토지와 가옥을 매수하는 방법으로 정 조이의 재산을 자신의 재산으로 둔갑시켜 아들들에게 물려주었다고 하였다. 둘째, 정 조이 말년에 나기년이 정 조이의 토지, 기와집, 재물, 노비들을 팔아 버리고, 정 조이가 판 것처럼 꾸몄다고 주장하였다. 셋째, 정 조이가 나기년 형제에게 토지와 가재를 증여한 것처럼 문기를 위조해 재산을 차지했다고 주장하며, 이를 방증하는 정황 증거들을 제시하였다.

피고인 나기령, 나기년 형제는 원고 측의 첫 번째 주장에 대해 나한걸이 재산을 매매한 것은 자신들이 어렸을 때의 일이라 자세한 상황을 알 수 없다고 하였다. 그러면서도 이때 토지를 판 문기 3건 중 2건은 나한걸 사망 후 정 조이가 직접 판 것이라는 등의 근거를 대며 원고의 주장이 잘못되었다고 주장하였다. 나주 목사는 나한걸이 정 조이의 재산을 자신의 재산으로 만들었는지 여부에 대해서는 판별하지 않았다. 대신 정 조이가 나한걸 사망 후 그 재산을 모두 의양자(義養子)인 나기년에게 증여했다는 사실에 초점을 맞추었다. 정 조이가 문서를 작성하여 이 재산을 증여했으니, 원 소유자가 나한걸이 아니라 정 조이라 하더라도 본족인 친정 조카들이 차지할 수 있는 재산이 아니라고 결론을 내린 것이다.

원고 측의 두 번째 주장에 대해서는 정 조이가 그의 재산을 직접 판 것이 확실하다고 주장하며, 이를 매입한 사람을 소환하여 증언을 듣고 문서를 검토해 달라고 요청하였다. 나주 목사는 피고 측의 요청대로 문서를 검토하고 증언을 들은 후 문서가 있고 매입한 사람들이 모두 정 조이에게서 매입하였다고 진술했다며, 정 조이가 직접 판 것이라고 판단하였다.

정 조이가 나기년 형제에게 재산을 증여한 문서가 위조라는 원고 측의 세 번째 주장에 대해서는 원고 측에서 위조의 근거로 든 사안에 대해 조목조목 반박하였다. 나주 목사는 피고의 반박 논리에 손을 들어주었다.

이러한 판단을 바탕으로 나주 목사는 피고 측에 승소 판결을 하였다. 다만 조상이 일구어 온 재산을 사손(使孫)이 한 곳도 물려받지 못하는 것도 마땅하지 않다며, 일부 재산을 원고 측이 받을 수 있도록 배려하였다.

문서 위조 여부에 대한 본족과 의자의 다툼

이 소송에서 정 조이가 의자들에게 재산을 증여한 문서가 위조인지 여부에 대한 원고, 피고의 주장과 나주 목사의 판결에는 조선 전기 증여와 상속의 실상이 드러난다.

원고 측에서 문서 위조의 근거로 든 정황은 다음과 같다. 첫째, 정 조이가 말년에 정천희 형제에게 나기년 형제가 자신에게 소홀히 대한다고 서운함을 토로했다고 하였다. 나기년 형제에 대해 서운해 했던 정 조이가 그의 재산을 모두 그들에게 증여했을 리가 만무하다는 것이다. 둘째, 계모가 재산을 증여하면서 작성한 문기는 관의 공증을 받아야 하는데, 정 조이가 나기년 형제에게 재산을 증여한 문서는 관의 공증을 받지 않았다는 것이다. 셋째, 정 조이의 어머니가 자식들에게 재산을 나누어 주면서 작성한 문서에서 정 조이가 자식 없이 사망하면 자신이 준 재산을 추심하라고 유언했다고 주장하였다. 그런데 나기년이 정 조이를 부추겨 정천희 집에서 이 문서를 빼앗아 오게 했다는 것이다. 원고 측에서는 정 조이에게 재산을 물려준 정 조이 어머니이자 자신들의 조모인 원 재주(財主)의 유서 내용을 거론하면서 자신들이 정 조이의 재산을 추심하는 것을 정당화하고자 하였다.

피고 측에서는 나기년이 정 조이의 3세 전 수양자로서 재산을 증여 받은 것이라고 대응하였다. 정 조이의 남편과 전처와의 사이에 세 아들이 있었는데, 둘째인 나기령에게는 나한걸의 재산과 노비 1구를 주었을 뿐이고, 막내인 나기년은 정 조이의 수양자이므로 그에게 대부분의 재산을 주고 제사를 맡겼다고 한 것이다. 나주 목사는 정 조이가 나기년이 3살 이전일 때 수양했는지에 대해서는 결론을 내리지 않았다. 그렇지만 나기년이 양자이기에 정 조이가 재산을 증여한 것은 확실하다고 판단하였다.

정 조이가 나기년에게 재산을 증여하며 작성한 분재기에 관의 공증을 받지 않았다는 문제 제기에 대해서는 관에 공증을 청하는 소지를 올려 관인은 받았지만 정 조이의 병이 중하여 관아에 가지 못해 공증 문서인 입안(立案)을 받지 못했다고 해명하였다.

조선시대에는 증여나 거래 후 그 문서를 관에서 공증받는 제도가 있어 당시 사람들은 이 제도를 이용하여 문서의 신뢰도를 높였다. 분재기의 경우, 《경국대전》에서는 부모, 조부모, 외조부모가 자식이나 손자에게, 처부모가 사위에게, 남편이 처나 첩에게 작성해 준 문서와 형제, 자매가 화회한 문서 외에는 관의 공증을 받도록 규정하였다. 그런데 중종 대에 계모가 작성한 분재기에 관의 공증을 받도록 할 것인지에 대해 논의가 이루어져 《대전후속록》에 계모, 적모, 서모가 작성한 문서는 관의 공증을 받도록 규정되었다. 원고 측에서는 이 법을 언급하며, 정 조이가 의자들에게 재산을 증여하며 작성해 준 문서는 법적 효력이 없으며, 위조일 가능성이 많다고 주장하였다.

이에 대해 나기년 형제는 소지에 관인이 찍혀 있다는 점을 근거로 자신들이 소지를 접수했지만 정 조이가 병들어 관에 나갈 수 없는 부득이한 사정으로 입안을 발급 받지 못했다고 대응하였다. 조선시대에 재산을 증여 받은 사람이 분재기를 공증해 달라고 소지를 올려 청원하면 관에서는 재산을 증여한 사람과 문서 작성 시 증인으로 참석한 사람들의 증언을 받고 증여한 재산이 재산 증여자의 소유임을 증빙하는 문서를 검토한 후 공증해 주었다. 그런데 재산 증여 사실을 증언해야 하는 정 조이가 중병으로 관아에 가지 못해 입안을 발급 받지 못했다고 한 것이다.

나주 목사는 입안을 발급 받지 못했다 하더라도 소지에 관인이 찍혀 있고, 재산 증여 시 증인과 필집으로 참여한 사람들이 모두 정 조이가 나기년 형제에게 재산을 증여하고 문서를 작성한 것이 확실하다고 진술했다는 점을 고려하여 정 조이가 작성해 준 분재기를 관의 공증을 받지 못한 백문기(白文記)와 동일하게 볼 수 없다고 판단하였다.

정 조이 어머니의 유언에 대해서 나기년 형제는 그러한 유언을 했을 리가 없다고 반박하였다. 정 조이 어머니가 재산을 증여할 때 정 조이 나이가 20여 세여서 자식이 없을 것을 미리 염려했을 리가 없으며, 어머니가 자식의 제사를 끊으라고 했을 리가 없다는 것이다.

정 조이가 그 분재기를 훔쳐 갔다는 것도 사실이 아니라고 주장하였다. 그들은 정 조이가 문기를 가지고 나온 것을 보았다는 목격자들이 원고와 가까운 사람들이라며, 목격자의 증언에 신빙성이 없다고 주장하였다. 또 문기를 몰래 가지고 나오려 했다면 다른 사람이 알지 못하게 가지고 나왔을 것이고, 또 당시 정 조이가 와병 중이어서 운신할 수 없었다고 하였다. 그리고 만약 정 조이가 가지고 갔다면, 당시 정천희가 관에 청원하여 문서를 잃어

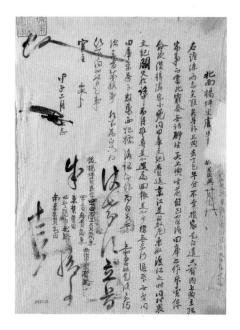

서실 입지 발급 청원 소지(서울대학교 규장각한국학연구원 소장)
갑자년 노 생원 댁 노 익홍이 상전 댁에서 밭문서를 잃어버렸다며 입지 발급을 청한 소지이다. 조선시대에는 문서를 잃어버렸을 때 매매나 분쟁에 대비하여 소지를 올려 입안이나 입지를 발급 받았다. 입안은 별도로 문서를 작성하여 발급하는 형태인 데 반해 입지는 소지에 제음 형식으로 써서 발급했다.

버렸다는 것을 증빙해 주는 입지(立旨)를 발급 받았을 것이라고 하였다. 당시 사람들은 문서를 도둑맞거나 잃어버렸을 때, 혹은 문서가 소실되거나 썩어 훼손되었을 때 관에 소지를 올려 이를 공증 받아 그들의 재산권을 지켰다. 이때 공증해 준 문서가 바로 입안, 혹은 입지였다.

나주 목사는 나기년이 정 조이를 부추겨 이 문서를 훔쳐 갔다면 즉시 관에 고하여 추심했어야 했다고 판단하였다. 재산 소유권을 증빙해 주는 문서를 잃어버렸는데도 이를 찾으려는 시도를 하지 않았다는 점에서 원고 측 주장에 신빙성이 없다고 본 것이다.

이러한 논리로 나주 목사는 정 조이의 재산 증여를 사실로 판단하였다. 그리고 남편의 자식을 양자로 삼고 사망한 후 제사까지 맡긴 정 조이의 의사를 존중하여 나기년 등 피고 측에 승소 판결을 하였다.

나주목 판결에 따르면 정 조이는 의자 중 막내를 양자로 삼아 자신의 재산 대부분을 증여하였다. 장자에게 제사를 맡긴 남편 나한걸과는 달리 막내 의자인 나기년에게 자신의 제사를 맡겼다. 이는 정 조이가 나기년에게 남편의 다른 아들들이나 친정 조카들과는 구별되는 유대감을 가지고 있었기 때문이라고 해석할 수 있다. 물론 원고의 주장대로 남편이나 의자들이 정 조이의 재산을 차지하기 위해 술수를 썼을 수도, 정 조이 말년에 의자들과 갈등이 있었을 가능성도 있다. 그러나 나기년을 양자로 삼았다는 것은 피고 측뿐 아니라 원고 측에서도 부정하지 못하는 사실이었다. 또 원고 측에서 나기년이 정 조이를 부추겨 문서를 훔치게 했다고 주장한 것에서 원고 측에서도 이들 사이에 유대감이 있었다는 사실을 인정하고 있었음을 알 수 있다. 정 조이는 20대의 젊은 나이에 나한걸과 재혼하여 남편의 아들 중 가장 어린 막내가 커 가는 과정을 함께 하면서 아들과 같은 친밀감을 느끼게 되었던 것으로 보인다.

소송에 반영된 조선 전기 증여·상속 관행

조선 전기에는 아들, 딸을 구분하지 않고 모든 자녀에게 같은 양의 재산을 상속하였다. 부모가 자식에게 재산을 나누어 줄 때에도 대체적으로 이러한 균분 상속의 원칙을 지켰으며, 부모 3년상 후 자녀들이 부모 재산을 화회하여 나눌 때에도 모든 자녀들이 모여 부모의 재산을 균등하게 나누었다. 다만 각 자녀 몫의 일반 재산 외에 봉사에 소요되는 비용을 충당하기 위한 재산을 따로 떼어 문서상에 봉사조, 제위조, 승중조 등의 명칭으로 기록하였다. 조선시대에 유교적 제사 형태가 정착되어 가면서 봉사조는 장자가 관리하게 되었다. 이에 따라 《경국대전》에서도 부모가 재산을 나누어 주지 않고 사망하면 그 재산을 적자녀들이 똑같이 나누어 가지되 장자에게는 승중조로 1/5을 더 주도록 규정하였다.

한편 조선 전기에는 핏줄이 아닌 다른 사람에게 재산을 주는 것을 꺼리던 관행이 있었다. 따라서 자식이 없으면 자신에게 재산을 준 부모의 핏줄인 형제, 자매나 그들의 자녀, 손자들에게 재산을 증여·상속하는 것이 일반적이었다. 《경국대전》에도 이러한 관습이 반영되었다. 즉 자녀가 없는데, 부부 중 한 편이 사망하면 생존한 배우자가 사망한 배우자의 재산을 관리하다 증여·상속할 수 있지만 사망한 배우자의 본족 외에 다른 사람에게 줄 수 없도록 규정하였다. 혼인한 후에도 남편과 처의 재산은 구분하여 관리되다가 자식 없이 사망하면 각각에게 재산을 전해 준 조상의 핏줄에게 돌아갔던 것이다.

다만 의자녀, 첩자녀, 양자녀가 있으면 이들이 핏줄이 아니라 하더라도

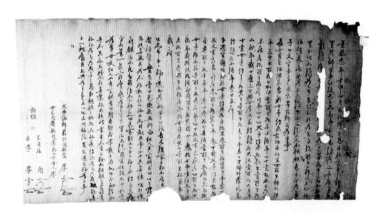

1452년 이우양 허여 문기(한국학중앙연구원 장서각 소장)
1452년(문종 2) 이우양이 자식 2남매에게 노비를 나누어 준 문서로 조선 전기 상속 관행이 잘 드러난다. 이우양은 딸과 아들에게 똑같이 7구의 노비를 나누어 주었으며, 아들에게는 승중조로 2구의 노비를 더 주었다. 나누어 준 노비 명단에는 각각 아버지, 어머니, 3촌 숙모 등 어느 쪽에서 받았던 노비인지를 명기하였다. 그리고 문서 말미에 자신이 나누어 준 토지, 노비, 가재(家財)를 자자손손 영구히 전해 주고 가난하여 팔더라도 동족 족류에게 팔라고 당부하였다. 만약 불초한 자손이 자손이 아닌 사람에게 팔거나 인척인 수양 자녀에게 주거나 천첩 자식으로 재산을 상전에게 뺏기는 일이 생긴다면 관에 고하여 본손에게 되돌리라고 유언하였다.

《경국대전》에 규정된 의자녀, 첩자녀 상속분

구분	자녀의 유무	상속 대상자	상속분
전모(前母)·계모 노비	자녀가 없는 경우	의자녀	1/5 (승중자: 3분을 더 줌)
	자녀가 있는 경우	승중 의자녀	1/9
적모(嫡母) 노비	자녀가 없는 경우	양첩 자녀	1/7 (승중자: 3분을 더 줌)
		천첩 자녀	1/10 (승중자: 2분을 더 줌)
	딸만 있는 경우	승중 양첩자	1/7을 주되 3구를 넘지 못함
		승중 천첩자	1/10을 주되 3구를 넘지 못함

법정 상속분을 주도록 하였다. 《경국대전》에서 양자녀는 수양 자녀와 시양 자녀를 의미한다. 대를 잇기 위해 남편의 동성 친족으로 아들 항렬인 남성을 양자로 삼은 경우 이 양자는 계후자(繼後子)라고 했고, 계후자는 적장자와 같은 상속분을 받을 수 있었다. 수양 자녀나 시양 자녀는 조선 건국 이전부터 재주의 핏줄이 아니더라도 상속 대상자였다. 의자녀와 첩자녀는 세종대 이후 유교적 제사 형태와 가족 질서가 정착되는 과정에서 상속 대상자가 되었다. 본래 자식 없는 여성이 재산을 증여하지 않고 사망하면 그 재산은 그 여성의 본족에게 돌아갔다. 그런데 세종 대에 제사를 받드는 의자, 첩자에 대한 상속분이 법제화되면서 이들에게 법정 상속분을 주고 나머지 재산을 본족에게 되돌리게 되었다. 이후 제사를 받드는 의자, 첩자뿐 아니라 일반 의자녀, 첩자녀에 대한 상속분이 법제화되어 《경국대전》에 수록되었다.

손한과 정천희는 자식 없이 사망한 정 조이의 재산을 정 조이 부모의 자손인 자신들이 상속 받아야 한다며 나주목에 소지를 올려 소송을 제기하였다. 정 조이가 자식 없이 세상을 떠났으니 원 재주인 정 조이 부모의 자손이 그 재산을 물려받아야 한다는 것이 소송의 명분이 되었다. 또, 핏줄이 아니면 재산을 주는 것을 꺼리는 관습이 지배적이던 조선 전기 사회상 속에서 원고 측에서는 증거 문서 없이도 정 조이 어머니가 딸에게 자식이 없으면 자신이 준 재산을 추심하도록 유언했다고 주장할 수 있었다.

　정 조이의 조카와 조카사위인 손한이 함께 소송을 제기한 것은 아들, 딸에게 부모의 재산을 똑같이 증여하고 상속했던 조선 전기의 관행에 따른 것이었다. 손한이 아내 대신 아내의 상속권을 주장한 것이다. 조선시대 사족 여성은 송정(訟廷)에 나오지 않는 것이 원칙이었으므로 남편인 손한이 아내 대신 소송에 참여하였다. 한편 나기년 형제가 재산을 똑같이 나누어 받지 않고, 나기년이 정 조이의 대부분의 재산을 받았다는 사실이 그가 정 조이의 양자로서 재산을 받았다는 것을 뒷받침하는 근거가 되었다는 점에서도 당시 자녀들에게 똑같이 나누어 주던 평균분급의 관행이 드러난다.

　그런데 조선시대 증여·상속에서 재산 소유자의 의사는 법 규정에 우선하였다. 법에 규정된 상속분은 재주가 재산을 나누어 주지 않고 사망했을 때의 상속분이었다. 따라서 문서를 작성하여 재산을 증여한 경우 재산 증여에서 제외된 사람이 법정 상속분에 따른 상속권을 주장하기 어려웠다. 조선 전기에는 아들, 딸이 부모 재산을 같은 양으로 나누어 받았지만 17세기 이후에 딸을 차별하거나 장자에게 부여된 봉사조가 늘어나는 현상이 나타났다는 것은 잘 알려진 사실이다. 법정 상속분은 변화하지 않았음에도 이러한 변화가 나타날 수 있었던 것은 재주의 의사를 우선시했던 관행 때문이었다.

　정 조이가 나기년 등에게 재산을 증여하는 문서를 작성하지 않고 사망했다면 손한과 정천희는 법에 규정된 상속분에 따라 정 조이의 재산을 정 조이의 의자와 나누어 받을 수 있었다. 그러나 정 조이가 생전에 나기년 등에게 증여함에 따라 그의 의사가 우선시되어 이들이 정 조이의 재산을 받을 수 없게 된 것이다. 이에 이들은 정 조이가 나기년 등에게 재산을 증여한 문서가 위조라고 주장하면서 자신들의 상속권을 주장하였다. 그러나 나주 목사는 정 조이의 재산 증여를 사실이라고 판단하여 피고 측에 승소 판결하였다. 다만 원 재주의 자손이 전혀 재산을 받지 못하는 것은 온당하지 못하다면서 일부 재산을 주도록 배려하였다. 이렇게 당시 송관은 핏줄에게 재산을 물려주어야 한다는 정서와 관행을 반영하는 유연성을 보여 주기도 하였다.

전처 자식을 입양한 까닭은?

정 조이는 남편의 막내아들 나기년을 양자로 삼아 재산을 증여하고 자신의 제사를 맡겼다. 앞에서 언급했듯이 원고 측의 문서 위조 주장에 대응하여 피고 측에서는 정 조이가 나기년을 3세 전에 수양하여 양자로 삼았다고 함으로써 정 조이가 그의 대부분의 재산을 나기년에게 증여할 충분한 동기가 있었다고 맞섰다. 원고 측에서도 나기년이 정 조이의 양자라는 사실은 부정하지 않았다. 그러나 그가 3세 전에 수양한 수양자인지에 대해서는 의문을 표시하였다.

조선시대에는 수양, 시양, 입후 세 가지 종류의 입양이 이루어지고 있었다. 이 중 입후는 1437년(세종 19) 유교적 제사 형태를 정착시키기 위해 아들 없는 집에 봉사할 아들을 세울 수 있도록 제정된 입후법에 따라 대를 이을

양자녀에게 토지를 허여한 문기와 안동부 사급 입안(광산 김씨 후조당 소장)
1480년(성종 11) 김효지 처 황씨가 계후자, 수양녀, 시양녀에게 토지를 나누어 주면서 작성한 문서와 이를 안동부에서 공증해 주는 입안을 발급하는 과정에서 작성된 문서들이다. 김효지 처 황씨 토지 허여 문기, 황씨의 공함 답통, 토지 허여 시 참여했던 증인, 필집의 초사, 안동부 사급 입안의 순으로 점련되어 있다.

양자, 즉 계후자를 세우는 것이었다. 입후법에는 계후자의 자격 조건, 입후 조건과 절차가 규정되어 있었다. 이 법에 따라 양부와 생부, 즉 양측의 아버지가 예조에 입후 허가를 청하는 소지를 올리면 예조에서 그 사안이 법에 부합하는지를 조사한 후 허가를 해 주어야 입후가 성립되었다.

수양과 시양은 고려시대부터 행해지던 입양 형태로 양부모와 양자녀 사이에 사사로이 맺어졌으며, 입양 대상에 제한이 없었다. 조선시대 수양과 시양을 나누던 기준은 3세 이전에 입양했는지, 3세가 넘은 아이를 입양했는지였다.

《경국대전》에서는 양부모에게 자식이 없는 경우 3세 전에 입양한 수양 자녀에게는 그 재산을 모두 주도록 했고, 시양 자녀에게는 1/7을 주도록 규정

《경국대전》에 규정된 수양 자녀와 시양 자녀의 상속분

가족 유형	재주	수양 자녀	시양 자녀
자녀가 없는 경우	양부모	모두 지급	1/7
적실에 자녀가 없고 양첩 자녀가 있는 경우	양부	양첩 자녀와 평분(平分)(천첩 자녀는 1/5)	1/7
	양모	첩 자녀 몫(양첩 자녀: 1/7, 천첩 자녀: 1/10)을 제외하고 모두 지급	1/7
적실에 자녀가 없고 천첩 자녀만 있는 경우	양부	천첩 자녀 몫(1/5)을 제외하고 모두 지급	1/7
	양모	천첩 자녀 몫(1/10)을 제외하고 모두 지급	1/7
적실에 자녀가 있는 경우	양부모	1/7	1/10

하였다. 이렇게 법적으로는 상속분을 차별했지만 이 역시 양부모가 나누어 주지 않고 사망했을 때의 상속분이었다. 시양 자녀라 하더라도 양부모가 문서를 작성하여 모든 재산을 증여했다면 양부모의 의사가 존중되었다.

따라서 정 조이가 나기년에게 문서를 작성하여 재산을 증여한 일이 확실하다면 나기년이 수양자이든, 시양자이든 문제가 되지 않았다. 그러나 문서가 위조된 것이라는 원고 측의 주장에 대응하는 피고 측에서는 정 조이가 나기년을 3세 전에 양자로 삼았다는 점을 강조할 필요가 있었다. 나기년이 정 조이에게 재산을 증여받은 사실이 없었다 하더라도 정 조이의 모든 재산을 받을 수 있는 법적 권리를 가지고 있다는 점을 피력할 필요가 있었던 것이다.

그렇다면 정 조이는 왜 의자를 양자로 삼았을까? 조선 전기에는 부부가 각각 자신의 친족을 수양 자녀나 시양 자녀로 삼는 경우가 많았다. 부계, 모계 등의 계통을 구분하지 않고 혈연을 중시했던 고려시대부터 이어져 온 친속 관계에 따라 혼인 후에도 부부가 각각 자신의 친족과 친밀한 관계를 유지하고 있었다. 따라서 조선 전기에 혈연 관계가 있는 친족을 양자나 양녀로 삼는 것은 자연스러운 일이었다. 또한 자신의 친족을 수양 자녀나 시양 자녀로 삼아 재산을 증여·상속한다면 자신에게 재산을 준 원 재주의 자손에게 재산을 줄 수 있었다. 이는 자손 외에 재산을 주는 것을 꺼리던 관행에도 부합하는 일이었다.

그러나 수양, 시양은 당사자들 간에 맺어지던 관계였던 만큼 혈연 관계가 있는 친족이 아니더라도 누구나 양자녀로 삼을 수 있었다. 조선시대 사람들은 친밀한 관계이거나 중요한 목적을 달성해야 할 필요가 있을 때 친족이 아닌 사람을 수양 자녀나 시양 자녀로 삼기도 하였다. 15세기에 많은 왕자녀들이 사대부들의 양자녀가 되고, 심지어는 상인의 양자가 되기도 했던 일은 그 대표적인 사례이다. 이를 통해 왕자녀들은 양자녀로서 이들 양부모로부터 재산을 받고, 왕자녀의 양부모들은 권세나 이권을 얻을 수 있었다. 심지어 북방 지역이나 왜관 근처 사람들은 여진인, 일본인과 같은 외국인과 양부모·양자녀 관계를 맺기도 하였다.

또 15세기 초 여러 비빈들이 왕자나 왕손을 수양자나 시양자로 삼았다. 이들은 아들, 손자뻘은 물론이고, 시동생을 양자로 삼기도 하였다. 그리고 15, 16세기에 첩이 적손을 수양자로 삼은 사례도 나타난다. 왕실이나 가족의 결속을 위해, 여성들이 자신의 입지를 강화하기 위해 자신의 핏줄이 아닌 남편의 자손을 양자로 삼기도 했던 것이다.

이러한 입양 관행 속에서 정 조이도 남편의 막내아들 나기년을 양자로 삼았다. 판결대로 정 조이의 재산 증여가 사실이라면, 정 조이는 남편의 자식 중에 자신이 신뢰할 수 있는 막내를 양자로 삼아 재산을 주고 노후와 사후의 일을 맡긴 것이었다. 이는 기존 친속 관계에도 종법 질서에도 구애받지 않은 선택이었다. 그럼에도 정 조이는 재주의 의사에 따라 재산을 증여할 수 있는 권리와 입양 대상에 제한이 없는 자유로운 수양, 시양 관행을 활용하여 남편의 막내아들을 상속자로 선택하였다. 관행적으로 법적으로 문제가 없는 입양이었기에 나주 목사도 의자를 양자로 삼아 재산을 증여한 것을 인정하고, 피고 측에 승소 판결하였다.

균분 상속과 재주의 핏줄에게 재산을 증여·상속하던 원칙은 고려시대부터 내려오던 조선 전기의 핵심적인 상속 관행이었다. 또한 계통을 구분하지 않고 혈연을 따지던 친속 관계와 자손이 아니면 재산을 증여하는 것을 꺼리던 증여·상속 관습에 따라 부부가 각각 자신의 친족을 수양 자녀나 시양 자녀로 삼으려 했던 관행도 조선 전기에 널리 행해지고 있었다. 그런데 이와 더불어 재산 증여와 상속에 재주의 의사가 우선시되고, 개인의 필요에 따라 자유롭게 입양 대상을 선택할 수 있었던 것도 이 당시 사회의 한 모습이었다.

박경 _서울대 인문학연구원 책임연구원

백성들이 정말 신문고를 두드릴 수 있었는가

구덕회

조선시대에는 백성들이 신문고를 두드려 억울한 일을 왕에게 직접 호소할 수 있었다고 한다. 아울러 언론 제도가 발달하여 왕권의 전횡을 견제하고 관리들의 부정과 비리를 탄핵하여 공정한 정치가 이루어질 수 있었다고 알려져 있다. 그런데 정치를 잘못하여 신하들에게 쫓겨난 왕들도 있었고, 막대한 권력과 재산을 가지고 국정을 좌우한 고위 관리들도 적지 않았다. 또한 하층민들이 양반 지주나 지방의 수령들로부터 수탈을 당하여 억울하게 재산과 처자식을 빼앗기거나 남의 노비가 되기도 하고, 고향을 버리고 몰래 도망가서 화전민이 되거나 심지어 도적이 될 수밖에 없었던 일도 많았다. 이것은 제도와 그 운영의 잘못 때문인가, 아니면 그 실상이 잘못 알려진 때문인가?

언론 기구의 대표, 삼사

조선시대에는 앞 시기에 비해 언론 제도가 더욱 정비되어 기능이 강화되

<개궐도> 금천교와 진선문 부분
창덕궁 돈화문을 들어오면 금천교를 건너게 되고, 바로 진선문을 만나게 된다. 이 진선문 앞에 신문고를 설치하였다.

고 활동도 보장되었다. 나아가 원칙적으로 관리들은 왕에게 하고 싶은 말을 할 수 있었다. 서울의 주요 관원들은 윤대(輪對) 제도를 통해 왕을 만날 수 있었고, 왕을 교육하는 자리인 경연에서 왕과 함께 현실 정치나 정책에 대해 논의할 수도 있었다. 또한 상소도 널리 허용되었다.

조선시대의 언론은 이른바 언론 '삼사(三司)'의 제도로 정비되었다. 건국 초에 사헌부와 사간원이 설치되고, 성종 때에 세종 때의 집현전을 계승한 홍문관이 세워지면서다. 사헌부와 사간원에서는 주로 관리들의 부정과 비리 탄핵, 왕에 대한 간쟁과 더불어, 관리 임면과 법률의 개정이나 폐지를 심사하는 서경(署經)을 담당하였다. 홍문관원은 경연관으로서 왕의 공부를 돕고 정책 논의에 참여하는 외에, 대간(사헌부와 사간원의 벼슬아치)의 언론에 학문적 근거를 제시하여 언관으로서 기능하였다.

16세기에 이르러 사림 세력이 성장하면서 새로운 언론 관행이 만들어졌다. 삼사의 언관들은 개인적으로 활동하기보다는 동료들과의 합의를 거쳐 논의를 제기하였다. 더 나아가 사헌부와 사간원이 합세하는 양사 합계(合啓), 여기에 홍문관까지 가세하는 삼사 합계를 통해 그 언론이 공론(公論) 곧 다수의 공통된 견해임을 표방하고 나서게 되었다. 아울러 소문으로 들은 사실에 근거해서도 탄핵할 수 있는 풍문 거핵(風聞擧劾)과 그 말의 출처를 밝히지 않아도 되는 불문 언근(不問言根)의 관행도 확립하여 언론 활동을 활발히 전개하였다.

또한 삼사 관원들은 동료들과 의견이 일치하지 않을 때, 왕이나 다른 사람들로부터 비판을 받을 때, 또는 자신들의 주장이 받아들여지지 않을 때에는 스스로 그 자리를 피하는 피혐(避嫌)을 하였다. 피혐에 대한 처치도 삼사 스스로가 담당하였다. 이러한 피혐과 처치는 삼사 관원들이 자주 교체되는 부작용을 낳기도 했지만, 언론의 공정성을 확보하여 기능을 강화하는 장치가 되었다. 한편 삼사의 탄핵을 받은 관원은 그 결말이 내려질 때까지 근무를 중단하게 되고 심지어 스스로 변론하여 대간과 다툴 수도 없었다. 국가의 정책 추진도 삼사에서 이의를 제기하면 동의할 때까지 시행이 중지되기까지 하였다.

이러한 언론의 관행이 쌓이면서 대간은 임금의 귀와 눈이 되는 관리이므로 모든 일에 대해 모르는 것이 없어야 한다는 인식이 확립되었다. 국가 기밀에 관계되는 사항이라도 대간에게는 문서로 알리거나 그 논의 과정에 대간이 참여하도록 하였다. 삼사의 언론 기능이나 내용은 왕을 비롯한 권력

〈동궐도〉 대청(臺廳) 부분
숙장문을 지나면 바로 왼쪽에 대청이 있다. 대청은 사헌부, 사간원의 언관들이 궁궐에
들어와 업무를 보던 곳이다.

집단의 성격, 시대 상황에 따라 달라져 항상 일정치는 않았다. 그러나 명분
이나 윤리·풍속에 관련된 사안, 관리들 특히 수령·감사 등의 인사 문제나
비리 행위는 항상 삼사 언론 활동의 중심이었다.

조선 초기에는 유교적인 지배 체제의 확립이 중심 과제였으므로 삼사의
언론도 그 영향을 받았다. 왕권이 비교적 강하였고 공신이나 고위 관료들이
정국을 주도하였기 때문에 대간의 언론은 별 힘을 얻지 못했고 그 활동도
미약하였다. 16세기에 이르러 새로이 성장한 사림 세력은 주로 삼사에 자리

잡고 기득권을 가진 훈구 세력의 부정과 비리를 논핵함으로써 자신들의 입지를 강화하였다. 이 과정에서 여러 언론 관행이 쌓여 나갔고, 그 활동이 제도적으로 보장받을 수 있게 되었다. 16세기 말에 이르러 사림 세력이 중앙 정계의 주도권을 장악하면서 삼사의 언론은 더욱 활발해졌다. 삼사를 통한 상호 비판과 견제가 붕당 간의 세력 균형을 이룰 수 있게 하였다. 그러나 붕당 간의 권력 다툼이 치열해지자 상대 세력을 견제하고 몰아내거나, 자기 세력을 비호하고 끌어들이는 데 삼사의 언론이 그 첨병으로서 역할을 하였다. 18세기 영조·정조 대에 탕평정치가 추진되면서 삼사의 활동은 정치적인 성격이 줄어든 대신 정치 기강의 확립이나 관리의 비리 탄핵, 민생 문제 등에 중점이 두어졌다. 19세기에 이르러서는 세도정치가 이뤄지면서 삼사의 언론도 크게 위축되었다. 이제 삼사는 세도 가문의 하수인으로 전락하여 본래의 기능조차 상실하였다.

지방 사족의 여론과 언로

16세기 이후에는 지식인층이 확산되고 지방 사족의 성장이 두드러지면서 이들이 중앙 정계에 진출하여 정치 활동을 전개하였다. 사족들은 향약을 통해 자신들의 결속을 다지고 하층민들을 통제하였으며, 서원을 통해 여론을 주도해 나갔다. 원래 후진 교육과 선현들의 제사를 목적으로 설치되었던 서원은 지방 유생들이 모이는 곳이었으므로 지방의 여론이 형성되는 곳이기도 하였다. 각 지역의 서원들은 연락망을 통해 서로 의견을 교환하고, 중심 서원이나 향교에 모여 여론을 모으기도 하였다. 서원을 통해 모인 여론은 그 서원 출신의 관리들을 통해 중앙 정계에 반영되기도 하고, 집단적인 상소 형태로 왕에게 올려지기도 하였다.

한편 사족들은 유향소(향소)에 참여하여 수령을 보좌하면서 자신들의 이익을 지키는 등 지방 행정에 간접적으로 참여하였다. 이들은 자신들의 모임인 향회를 열어 의견을 교환하고 결의를 하기도 하였다. 향회에서 결의된 의견은 상당한 영향력을 갖고 있었고, 이것은 일차적으로 수령과 관찰사에게 올려지고 최종적으로 왕에게 상소되었다. 유향소와 향회가 지방 세력의 이익을 대변할 수 있는 기구였기 때문에 18세기에는 이를 둘러싸고 새로이 성장한 지방 세력과 향전(鄕戰)이라는 다툼을 벌이기도 하였다.

16세기 말에 형성된 붕당은 주로 학파를 중심으로 결집되었으므로 자연히 지방의 서원과 연계를 맺고 있었다. 남인들은 경상북도 일대에 있는 이황과 그 제자들을 모신 서원과 연결되고, 북인들은 경상남도 일대에 있는 조식과 그 제자들을 모신 서원과 연결되었으며, 이이와 성혼의 제자들이 중심이 된 서인은 경기와 충청·호남 지방의 서원들과 연결되어 이 지역들을 각각 자신들의 세력 기반으로 삼았다. 즉 지방의 서원은 지방 여론을 수렴하여 중앙에 반영하는 곳이면서 동시에 중앙 정치집단의 지역적 기반이었다.

바로 이러한 서원과 중앙 정치집단 사이의 연결이 중요한 언로 구실을 하였고, 그 배후에서는 산림(山林)이 중요한 역할을 담당하였다. 산림은 학문적 소양을 바탕으로 과거 시험을 거치지 않고도 높은 벼슬에 올랐으며, 향촌 사회의 세력을 근거로 재야에 머물면서도 자신의 추종자들을 통해 중앙 정계에 막강한 영향력을 행사하였다. 정인홍, 김장생과 송시열, 허목 등 대표적인 산림들은 각각 북인, 서인, 남인의 우두머리로 인식되었고, 그 정권

〈송시열상〉(서울역사박물관 소장)
송시열은 조선 후기 대표적인 산림
이었다.

의 이념적 지주로 활동하였다. 이들은 당대의 사상을 주도하고 정치 전반에 걸쳐 의견을 개진하였다. 중앙의 언론은 이들의 뜻을 반영하는 중추적 역할을 하였다.

그런데 서원을 통해 형성된 지방의 여론이나 산림들의 활동은 어디까지나 지배층의 입장에서 이루어진 것이었다. 이러한 점은 삼사의 언론도 마찬가지였다. 물론 지배층의 언론이 피지배층인 일반 백성들의 입장을 도외시한 것만은 아니었다. 민생의 안정은 사회와 국가의 안정과 직결되므로 민생과 관련된 사회·경제 정책이나 수령과 관찰사의 비리·부정에 대해서 관심을 기울이지 않을 수 없었다. 그러나 이것은 어디까지나 민본 정치를 표방하는 지배층의 입장에서 이루어진 것이지 피지배층인 일반 백성들의 입장을 반영한 것은 아니었다. 따라서 백성들의 억울함은 다른 통로로 해결되어야 했다.

그림의 떡, 신문고

조선시대의 일반 백성들은 중앙정부나 지방 수령, 그리고 지방의 토호들에 의해 경제적인 수탈과 피해를 자주 당하였다. 그러나 힘 있는 사람들의 불법이나 부정은 대개 은폐되고, 법을 집행하는 관원들의 오판으로 억울하게 처벌을 받는 경우도 많았다. 부당하게 재산이나 처자를 빼앗기기도 하고, 양인이 천민이 되기도 하였다. 나아가 피해자인 백성이 힘에 눌려 가해자로 바뀌어 형벌을 당하는 일도 생겼다. 더구나 조선 초기에는 수령의 권한을 강화하기 위하여 일반 백성들이 수령에 대해 고소를 할 수 없도록 하여 백성들의 억울함이 가중되었다. 조선 후기에는 국가에 대한 부세가 개인별로 부과되는 대신 공동납의 형태로 바뀌면서 집단적인 민원이 자주 발생하였다.

억울하고 원통한 일을 당한 힘없는 사람들은 대부분 운명이거니 체념하고 이를 감수하거나 아예 자신의 억울함을 깨닫지 못하는 경우조차 많았다. 그러나 일부 의식이 있거나 용기 있는 사람들은 자신들의 억울하고 원통함을 풀 수 있는 길을 찾게 된다. 왕을 비롯한 지배층도 안정된 지배 유지를 위해서는 백성들의 생활 안정과 민심 획득이 중요함을 인식하고, 이를 위해 소원(訴冤) 제도를 마련하였으니 신문고와 상언·격쟁의 제도가 그것이었다.

1401년(태종 1) 7월, 태종은 중국의 제도를 본떠서 백성들이 왕에게 직접 호소할 수 있도록 신문고(처음에는 등문고라 했다)를 설치하였다. 신문고는 의금부 당직청에 있었고, 영사(令史) 한 명과 나장(螺匠) 한 명이 항상 지키고 있었다. 억울하고 원통한 일이 있는 사람들은 신문고를 쳐서 왕에게 직접 호소하게 하였다.

그러나 아무 때나 신문고를 칠 수 있는 것은 아니었다. 서울에 사는 사람들은 먼저 담당 관원에게 호소하여 해결이 되지 않으면 사헌부에 호소하게 했다. 지방에서는 먼저 자기 고을의 수령에게, 그 다음 관찰사에게, 그래도 해결이 되지 않으면 사헌부에 호소하도록 했다. 사헌부의 처리에도 만족하지 못하면 마지막으로 신문고를 치도록 하였다. 이때 각 단계별로 전 단계의 관원에게서 그 사안을 처리했다는 확인서를 받아 제출해야만 다음 단계에 호소할 수 있었다. 이러한 절차를 지키지 않으면 아무리 정당한 사유가 있더라도 신문고를 칠 수 없게 했고 오히려 엄한 벌을 내렸다. 정치의 득실이나 민생의 안정과 관련되어 건의할 것이 있는 사람도 먼저 의정부에 올렸다가 받아들여지지 않으면 신문고를 칠 수 있게 했다. 다만 역모와 관련된 사안의 경우에는 바로 신문고를 칠 수 있었다.

신문고를 치고자 하는 사람이 있으면 이를 지키던 영사가 먼저 의금부의 관리나 당직원에게 보고한 후에 사유를 확인해서 사안에 따라 신문고를 칠 수 있게 하였다. 역모에 관한 일이면 바로 신문고를 치게 하였고, 정치의 득실이나 억울한 일에 대해서는 절차를 제대로 거쳤는지와 사유가 합당한지를 확인하고 자세히 물어 조서를 받은 다음에야 북 치는 것을 허락하였다. 신문고를 치면 의금부의 관원이 왕에게 보고하고 왕의 지시에 따라 해당 관청에서는 5일 안에 처리하여야 했다. 신문고를 친 사람의 억울함이 사실이면 이를 해결해 주었고, 거짓일 경우에는 엄한 벌을 내렸으며, 해당 관원이 잘못한 것으로 판명되면 그들에게 책임을 물었다.

처음에는 절차가 복잡한 어려움은 있었지만 신문고를 통해 호소할 수 있는 사유에 대한 제약이 심하지는 않았다. 그러나 처벌을 감수하면서까지 절차를 어기고 신문고를 두드리는 사람들이 늘어나고, 수령이나 관찰사들이 자신들이 처리할 수 있는 문제들도 신문고에 미루는 경우가 많아지면서 신문고를 칠 수 있는 사유도 크게 제한되었다. 국가 안위와 관계되거나 불법적인 살인에 대한 일만이 허용되었다. 아울러 다른 사람이 대신 신문고를 치는 행위도 금지되었다. 다만 억울하게 대간의 탄핵을 당한 관리들의 경우

신문고를 칠 수 있도록 한때 허용되었다. 그 후 16세기에 이르러 형벌로 자신이 죽게 된 경우와 부자 관계를 가리는 일, 정실부인인지 첩인지를 가리는 일, 양인인지 천인인지를 가리는 일에 대해서도 신문고를 칠 수 있게 조금 확대되었다.

그러나 힘없는 일반 백성들이 정해진 절차를 거쳐 신문고를 친다는 것은 거의 불가능했다. 수령이나 관찰사 또는 서울의 해당 관원들이 자신들과 관련된 문제가 신문고를 통해 왕에게 알려지는 것을 용납하려 하지 않았다. 사건을 제때 처리하지 않거나 유형·무형의 압력과 회유를 통해서 신문고를 치지 못하게 하였다. 천신만고 끝에 신문고 앞에 이르러도 이를 지키는 의금부 관원들의 방해에 부딪히게 된다. 실제로 신문고를 치는 데에 비교적 제약이 적었던 세종 때에도 노비인 자재(自在)라는 여자가 의금부 당직원의 금지로 신문고를 치지 못하게 되자, 법을 어기면서 광화문의 종을 두드려 원통함을 호소하려 한 일도 있었다. 더구나 중죄인들을 다스리는 의금부에 대한 일반 백성들의 두려움은 신문고에의 접근을 더욱 어렵게 하였다. 서울에 사는 사람들은 그래도 신문고에 접근할 기회가 있었지만 지방 백성들에게는 그림의 떡에 지나지 않았다. 이러한 상황은 조선시대 전 시기에 걸쳐 거의 그대로 지속되었다.

따라서 신문고를 이용하는 사람들은 대부분 서울에 사는 전·현직 관리들이었고, 그 사유도 토지나 노비의 소유권과 관련된 송사에 대한 불만이나 경제적인 이권과 관련된 것이 주류를 이루었다. 그나마 특권 지배층의 반발로 세조 때부터 폐지와 설치가 반복되었다. 그러다가 신문고는 결국 중종 이후 아예 기능을 상실하여 유명무실화되었다.

상언과 격쟁

16세기에 접어들면서 신문고가 유명무실해지자 백성들이 억울함을 호소할 수 있는 방법은 상언과 격쟁만이 남게 되었다. 상언은 대부분 왕의 행차가 있을 때 그 앞에 나아가 글을 올려 억울함을 호소하는 것이다. 격쟁은 왕이 있는 곳 근처에서 시끄럽게 징을 울려 왕의 이목을 끈 다음 구두로 자신의 억울함을 호소하는 것이다. 이 둘은 중국이나 일본에서 찾아볼 수 없는 조선의 독특한 제도였다. 상언은 신문고에 비해 절차가 간편하여 일반 백성들이 이용하기 쉬운 것이었지만, 기본적으로 글을 알아야 한다는 한계가 있었다. 격쟁도 별다른 제약은 없었지만 격쟁을 한 사람은 먼저 형조의 취조부터 감수하여야 했다. 상언이나 격쟁도 처음에는 신문고와 마찬가지로 호소할 수 있는 일의 범위가 제한되었고, 다른 사람이 대신하는 것도 금지되어 있었다.

이러한 제약에도 일반 백성들은 상언과 격쟁을 적극적으로 활용하였다. 지배층들은 그 남발에 따른 분란을 이유로 규제를 강화하려 하였지만 대세를 거스를 수는 없었다. 결국 18세기 초에 이르러 아들이나 손자가 아버지와 할아버지를 위한 일, 지어미가 지아비를 위한 일, 아우가 형을 위한 일, 노비가 주인을 위한 일과 기타 지극히 원통한 일에 대해서도 상언과 격쟁이 허용되었다. 이로써 다른 사람이 대신 호소할 수 있는 길이 열리게 되었다. 이것은 농민층 분해와 상공업적인 분위기의 진전, 그에 따른 신분제의 동요 등과 같은 사회·경제의 변동과 함께 사회적 갈등이 커지면서 일반 백성들의 저항 의식도 성장함으로써 이루어진 결과였다.

영조는 백성들과의 잦은 접촉을 통해 그들의 억울함을 풀어 줌으로써 왕권의 정당성을 확보하려 하였다. 이에 따라 같은 일을 여러 번 되풀이하여 호소하거나 다른 사람이 대신 하는 등 상언과 격쟁이 남발되었고 제한 규정도 제대로 지켜지기 어려웠다. 이를 바로잡는다는 명목을 내세워 1771년(영조 47) 11월에 창덕궁 진선문(進善門)과 경희궁 건명문(建明門) 앞에 신문고를 다시 설치하여 규정된 내용만을 호소할 수 있게 하고 다른 내용이나 수단은 일체 금지하였다. 북의 표면에는 '신문고(申聞鼓)'라고 써서 알아보기 쉽게 했지만, 이 신문고가 궁궐 안에 설치되었고, 이용에 대한 제약도 강화되어 겉으로 내세워진 명분과는 달리 일반 백성들이 이용하기는 매우 어려웠다. 그러나 정조는 백성들의 병폐를 적극 수렴하려 하였고, 이에 상언·격쟁은 더욱 활성화되었다. 이로부터 상언과 격쟁이 대폭 허용될 뿐만

김홍도, 〈취중송사〉 부분, 《행려풍속도》(1778, 국립중앙박물관 소장)
수령의 행차 길에 두 사람이 분쟁에 대한 송사를 하고 있다.

아니라 민폐 일반에 관계되는 사안 모두가 대상이 되는 질적인 변화가 일어

나기도 하였다.

19세기에는 세도정치가 이뤄지면서 삼사의 언론 기능이 유명무실해진데다 정치 기강이 문란해져 백성들에 대한 수탈이 강화되었다. 삼사 관원들이 외척·세도 가문의 하수인으로 전락하여 일반 백성들의 이해를 제대로 대변할 수 없었다. 신문고나 상언·격쟁 제도 역시 제약이 강화되어 일반 백성들이 이용하기는 더욱 어려워져 갔다.

억울함을 풀 길이 막힌 백성들은 적극적인 저항의 길로 나섰다. 지방관이나 악덕 지주들의 죄상을 폭로하기 위해 집단으로 상급 기관에 항의하거나[정소(呈訴)], 나쁜 소문을 퍼뜨리고[와언(訛言)], 부정한 관리나 지주의 집에 요구 사항과 온갖 욕설을 담은 글을 살포하였으며[투서(投書)], 그러한 글을 많은 사람들이 볼 수 있는 곳에 붙이기도[괘서(掛書)] 하였다. 나아가 동헌 뒷산에 올라가 큰 소리로 수령과 아전들의 비리를 외치거나[산호(山呼)], 밤에 횃불 시위를 하기도[거화(擧火)] 하였다. 이러한 방법들은 오래전부터 이용되었지만, 19세기에 한층 활발해졌다. 더구나 부세제도의 문란으로 백성들의 불만은 더욱 높아졌고, 이제 개인 차원을 떠나 집단 민원의 형태로 나타나게 되었다. 백성들에 대한 억압과 수탈이 더욱 심해지자 19세기 전반부터 일반 백성들은 물리적인 힘을 동원한 '봉기'를 일으켜 적극적인 방법으로 대응하기에 이르렀다.

구덕회 _ 전 경복고 교사

혹독한 형벌, 힘겨운 귀양살이

심재우

어떤 형벌이 있었는가

조선시대의 형 집행 장면과 고문은 사극의 단골 메뉴이지만 고증이 충실하지 못한 경우가 적지 않다. 제도의 실상을 제대로 파악하지 못했기 때문이다. 이 글에서는 조선시대에 과연 어떤 형벌이 있었으며, 형정은 어떤 이념하에 운영되었는지를 살펴본다. 그리고 마지막에는 많은 관리들이 겪은 '귀양살이'에 대해서 좀 더 언급하여 당시 형벌 문화를 이해하고자 한다.

조선시대에는 어떤 형벌이 있었을까? 조선시대의 형법은 일반적으로 중국 명나라의 《대명률(大明律)》을 이용하였는데 대명률의 첫머리에는 태(笞)·장(杖)·도(徒)·류(流)·사(死)라고 하는 다섯 가지 형벌이 적혀 있다. 태·장형은 가벼운 죄를 범한 경우에 태와 장으로 죄인의 볼기를 치는 형벌이다. 태형은 10대에서 50대까지, 장형은 60대에서 100대까지 각각 다섯 등급으로 나누어 집행하였다. 원래 대명률에서는 가시나무를 사용하도록 하였으나, 다산 정약용에 따르면 조선에서는 일반적으로 물푸레나무를 사용하였고 없으면 다른 나무를 대신 썼다.

도형은 비교적 중한 죄를 범한 자를 관에 붙잡아 두고 노역을 시키는 형벌로 지금의 징역형과 비슷하였다. 1년, 1년 반, 2년, 2년 반, 3년까지 기간이 다섯 가지로 정해져 있었으며 각각에 장60, 장70, 장80, 장90, 장100이 반드시 뒤따랐다. 유형은 유배형을 말하는데, 매우 중한 죄를 범한 자를 차마 사형시키지 못하고, 먼 지방으로 귀양 보내어 죽을 때까지 살게 하는 것이다. 죄인을 유배 보내는 거리에 따라 2,000리, 2,500리, 3,000리의 세 등급이 있었으며, 각각에 장100을 아울러 집행하게 되어 있었다.

마지막으로 극형인 사형에는 교형과 참형이 있었다. 지금 우리 생각으로는 어떻게 죽든 죽는 것은 마찬가지라고 여길 수 있지만, 당시에는 죄에 따라 이 또한 차별을 두었다. 목을 매는 교형은 그나마 신체는 온전히 할 수 있었으므로 목을 베는 참형이 더 무거운 형벌이었다. 능지처참이란 말로 잘 알려진 반역자나 대역죄인의 목과 팔다리를 절단하는 신체절단형인 능지처사는 훨씬 가혹한 사형 집행 방식이었다. 사형을 집행할 때에는 효수라 하

김윤보, 〈종로에서 치도곤을 치다〉, 《형정도첩》(왼쪽 그림)
곤장은 모두 다섯 가지가 있었는데, 이 가운데 치도곤은 도둑을 다스릴 때 사용하였다. 고통의 강도는 태·장과는 비교가 되지 않을 정도로 강력하였다.
김윤보, 〈역적을 참수하다〉, 《형정도첩》
역적의 목을 베는 그림이다. 지금으로서는 도저히 상상할 수 없는 끔찍한 사형 장면이지만 조선시대에 대역 죄인은 종종 이같이 처단하였다.

여 참형에 처한 후 머리를 매달아 놓고 다른 사람이 볼 수 있도록 하기도 하였다. 1894년에 갑신정변을 일으킨 김옥균의 시신을 가져와 지금의 서울 양화대교 근처에서 다시 능지처참한 뒤 목을 효수한 것이 그 한 예이다.

이처럼 조선에서는 지금과는 달리 당시 신체에 고통을 가하는 형벌이 매우 많았다. 하지만 이는 전근대 시대에는 세계적으로 보편적인 현상이었다고 하겠다. 근대사회로 넘어와서야 형벌을 부과하는 방식이 신체에서 정신으로 바뀌고, 또 감옥 수감 형태로 바뀔 수 있었다.

조선왕조의 정식 사법 기구로는 중앙의 형조, 한성부, 사헌부 등 삼법사와 의금부, 그리고 지방의 관찰사, 수령 등이 있었다. 그러나 실제로는 병조, 승정원, 장예원, 종부시, 비변사, 포도청 등 기타 여러 관청이 죄인을 가두고 직접 심문할 수 있었다. 일반 사법 행정은 형조에서 관장하였으며 지방 군현의 각종 소송과 사건에 대한 상급심 역할도 형조가 맡아 수행하였다.

그런데 모든 관청에서 죄인을 자의로 처결한 것은 아니었다. 사형에 대한 최종 결정권은 오직 국왕에게만 있었고, 관청별로 죄인을 처벌할 수 있는 범위가 제한되어 있었다. 예를 들어 지방 군현에서 범죄가 발생하면 태형에 처할 만한 가벼운 범죄일 때만 수령이 직접 처결할 수 있었으며, 장형 이상의 죄에 대해서는 반드시 감영에 있는 관찰사의 지시를 받아 처리하였다. 관찰사는 유형 이하에 해당하는 범죄는 자체 처리하였지만, 살인 사건 등 사형 범죄의 경우에는 관찰사가 국왕에 보고하였고, 국왕만이 최종 사형 집행권을 행사하였다. 조선 전기에 사형수에 대해서는 대개 조정에서 세 차례 심리 과정을 거친 후 연말에 사형을 집행하도록 하였다. 백성들이 억울한 옥살이를 하는 일이 없도록 하는 조치였는데, 뒤에 가서 이런 원칙이 그대로 지켜지지 않는 경우가 많았다.

태장형, 그리고 가혹한 고문

장형 이상의 죄를 지은 범죄자가 잡히면 옥(獄)에 가둘 수 있었다. 조선시대에는 범죄자에 대한 판결이 나면 곧바로 형을 집행하였기에 감옥은 지금의 교도소와는 달리 미결수들이 머무는 구치소 성격을 지녔다. 감옥에서 죄인의 교화를 중시하기 시작한 것은 근대 이후의 일이다.

예나 지금이나 감옥에서의 생활은 매우 고통스러운 일이었다. 조선 후기 대표적 실학자인 다산 정약용은 그의 책《목민심서》에서 감옥을 '이승에서의 지옥'이라고까지 말하고 있다. 그는 또 당시 옥중에서의 다섯 가지 고통으로 형틀의 고통, 토색질의 고통, 질병의 고통, 춥고 배고픈 고통, 오래 갇혀 있는 고통을 들고 있다.

원래 옥사를 판결하는 데에는 기한이 정해져 있어 사형 죄인의 경우 30일, 도형과 유배에 처할 죄인은 20일, 태·장의 매를 가할 죄인은 10일 내에 판결하도록 하였고, 태형과 같이 가벼운 죄를 범한 죄인은 함부로 감옥에 구속하지 못하도록 정해져 있었다. 그러나 모든 사건을 정해진 기한 내에 처리할 수는 없었다. 정약용은 앞서 지적한 다섯 가지 고통 중 옥에 오래 적체되어 있는 고통을 가장 심한 것이라 지적하고 특히 농사철에는 죄인의 구속을 신중히 결정할 것을 강조하였는데, 여기서 당시 실제 사건 처리가 자주 지체되고 있었음을 엿볼 수 있다.

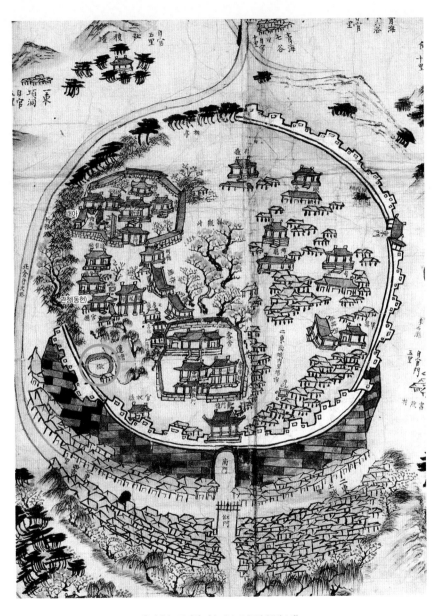

〈전라도무장현도〉(19세기, 국립중앙박물관 소장)
읍성의 남서쪽에 옥이 있다.(녹색 원) 옥의 오른쪽에는 객사가 있고 옥의 위쪽에 동헌이 있다.

일단 감옥에 갇혀 신문을 받는 자들 가운데 중죄수는 조사 과정에서 지금과는 달리 종종 고문의 고통을 겪기도 한다. 현대 법제하에서는 어떠한 목적으로도 고문은 원칙적으로 허용될 수 없으며 이는 모든 문명국가에서 마찬가지이다. 그러나 죄를 확정하기 위해 자백을 중시한 조선시대에 죄인을 신문할 때 정해진 절차에 의거한 고문이 허용되었다.

일반적으로 당시 죄인을 때리는 형구라 하면 으레 곤장만을 연상하는데 이는 잘못 알고 있는 것이다. 조선시대에 사용된 형구는 태·장, 신장, 곤장 등 세 종류가 있었다. 태·장은 앞에서 든 오형 중의 태형과 장형을 집행할 때 사용한 형구를 말하며, 이 외에 군대에서는 곤장이 조선 후기 들어 형장으로 사용되었다. 그리고 고문을 할 때에는 신장을 사용하였다.

신장은 태, 장과 길이는 비슷하나 모양이 조금 달라 손잡이는 둥글지만 치는 부분은 넓적하게 생겼다. 중한 죄를 범하여 증거물이 명백한데도 자백을 하지 않는 경우에 한 번에 30대까지 때릴 수 있었다. 방식은 조선 후기에 의자 모양을 한 '동틀'에 앉혀 놓고 발등과 무릎 사이를 줄로 묶은 다음 정강

곤장 군법을 집행하거나 도둑을 다스릴 때 썼으며, 사진 속 곤장은 대곤(大棍)이다. (국립중앙박물관 소장)

이를 쳤다. 또한 곤장은 버드나무로 만들었으며 태·장보다 충격이 훨씬 커서 군사 업무와 관련된 범죄에만 사용할 수 있었다. 따라서 지방 수령은 원래 신장이나 곤장을 사용할 수 없었다. 그렇지만 통쾌한 맛을 즐기고자 하는 수령들이 종종 불법적으로 곤장을 사용하여 문제가 되었고, 때때로 원장이라 불리는 둥글고 큰 형구를 만들어 사용하기도 했다.

이 밖에도 가혹한 고문을 하여 그 폐단이 문제가 되었다. 혹독한 고문의 대표적인 사례는 조선 후기 토포영에서 도적을 다스릴 때 사용하던 난장형과 주리형이다.

난장은 정약용이 '발가락을 뽑아 버리는 형벌'이라고 지적하였는데, 도적의 양쪽 엄지발가락을 한데 묶은 다음 발바닥을 치는 고문을 말한다. 주리는 '주리를 튼다'는 말로 잘 알려져 있듯이, 두 나무를 양쪽 정강이 사이에 얽어 끼워 비트는 형벌로 한번 이 고문을 당하면 죽을 때까지 부모 제사도 지낼 수 없을 정도로 후유증이 심각하였다고 한다. 또 중앙에서 역적을 다스릴 때 주로 행해지던 무릎을 강하게 누르는 압슬형, 발바닥을 뜨거운 불로 지지는 낙형, 붉은 칠을 한 의례용 도구로 겨드랑이 혹은 가슴을 찔러대고 신문하는 주장당문 등이 당시 자행되던 무서운 고문이었다.

그런데 이와 같은 가혹한 고문과 신체형이 모든 신분에 적용된 것은 아니다. 문무 관리나 사대부는 큰 범죄가 아니면 돈으로 대신 속죄하여 몸에 매를 대는 것을 면할 수 있었다. 또 사족 부녀자도 큰 죄가 아니면 형장을 치지 않았고, 늙은이와 어린이에게는 고문이 금지되어 있었다. 특히 여자에게 볼기를 치는 일은 욕스러운 일로 여겨졌다. 유교적인 가치관과 신분제가 강력하게 영향력을 미친 가운데 '법은 허물 수 있어도 윤리는 허물 수 없다.'라거나 '형장은 대부에까지 미칠 수 없다.'라는 생각이 보편적이었으므로 이는 어찌 보면 당연한 일이었다.

형정 운영이 달라지다

신분제에 기초한 형벌 제도와 고문은 조선 후기에 이르러서도 근본적으로는 변하지 않았다. 그러나 18세기 영·정조 대에 이르러 형정에 일부 변화가 생긴다. 이 시기 서양에서도 계몽사상의 영향으로 인신에 대한 고문을 반대하는 운동이 제기되고, 독일의 계몽절대군주인 프리드리히 대왕이 고문을 원칙적으로 폐지한 바 있어 주목되는데, 조선에서도 이와 유사한 흐름이 관찰된다. 영조는 신체에 대한 가혹한 고문을 금지하였고, 양반들이 사적으로 백성들에게 체형을 가하는 것을 막고자 하였다. 아울러 정조는 형장의 남용을 막기 위해 여러 법률 서적을 편찬하기도 하였다.

당시 형장의 남용 사례로는 도둑을 다스릴 때 나무 집게를 만들어 죄인의 급소를 집어 자백을 받거나, 곤장의 모서리로 정강이 또는 발꿈치를 때리거나, 사람을 형구에 결박하고 곤장으로 엉덩이에 마찰하여 피부가 벗겨지게 하는 일들이 드러나기도 하였다. 더구나 지방 토호들은 자신의 도망 노비들을 붙잡아 화승을 발가락 사이에 끼우고 불사르거나, 거꾸로 매달고 콧구멍에 잿물을 넣거나, 심한 경우 노끈으로 두 발의 발가락을 묶어 나무에 끼워 거꾸로 매달아 놓고 노끈을 친다거나 손발을 절단하기까지 하였다.

이러한 상황이 사회문제로 크게 대두되면서 형정의 정비가 요구되었던 시기가 18세기이다. 탕평군주인 영조와 정조는 사람이 죽고 사는 문제와 관

■ 목에 칼을 찬 죄인 모습(19세기 말)

련된 법전의 형사법 관련 조문의 정비에 큰 힘을 기울였다. 그리고 사법 담당자들의 법에 대한 무지에서 발생하는 피해를 줄이기 위해 법률 서적의 간행과 보급에 특히 힘썼다. 시체 검시에 관한 법의학 책인《무원록(無冤錄)》,《대명률》과 우리나라 법전의 형법 관련 내용을 일목요연하게 수록한《전률통보(典律通補)》, 각종 형구의 규격과 사용처를 명시한《흠휼전칙(欽恤典則)》등이 이때 편찬되었다.

이 당시 빈번하게 파견된 암행어사의 중요한 임무 중에 지방관의 형장 사용과 법률 집행이 공정한가를 염탐하는 일도 포함되었다. 억울한 옥사에 대해 국왕에게 직접 호소할 수 있는 길도 더 넓어졌다. 특히 정조는 살인 사건 보고서를 사서삼경 보듯이 여러 차례 되풀이하여 검토하여 반드시 의심이 없는 연후에 완결한 것으로 유명했다.

물론 이상의 변화를 통해 조선시대 형벌 제도의 중세적 성격이 완전히 탈피된 것은 아니지만, 적어도 이는 중세 사회 내에서의 한 단계 진전된 법 집행과 통치 운영이라는 점에서 새로운 사회에 한발 더 다가선 것이라고 할 수 있다.

힘겨운 귀양살이

끝으로 앞서 언급한 조선시대 형벌 제도 중 유배형에 대해 좀 더 자세히 살펴보자. 이른바 '귀양 간다'는 말로 잘 알려져 있는 유배형에는 여러 경우가 있었다. 일반 범죄자를 귀양 보내는 경우, 죄인의 친족으로 연좌되어 귀양 가는 경우, 공경대부나 탐관오리 등 관직자로서 귀양 가는 경우 등 다양하였다. 잘 알려진 것처럼 조선시대 정치적 이해 대립의 소용돌이 속에서 세력을 잃고 불우한 운명으로 유배된 관리 중에는 학문·사상적으로 주목되는 걸출한 인물들이 많았다. 이들의 귀양살이는 그들이 유배지에 영향을 미쳐 그곳에 독특한 유배 문화를 남기기도 하였다는 점에서 특히 주목된다.

유배형 중에는 왕족이나 고위 관료들에 한해 유배 지역 내의 일정한 장소를 지정하고 그곳에 유폐시키는 '안치(安置)'와 주위에 가시가 있는 탱자나무를 심고 밖에 나오지 못하도록 한 '위리안치(圍籬安置)'도 있었다. 따라서 위리안치시킬 때에는 주로 탱자나무가 많은 남쪽 섬 지역으로 보냈다. 경종 때 임인옥사가 발생하여 영의정 김창집이 거제도에, 영부사 이이명이 남해에, 판부사 조태채가 진도에 각각 위리안치된 것이 한 예이다.

그런데 유배지를 선정할 때 우리나라는 중국과 달리 국토 면적이 넓지 않아서 유2,000리, 유2,500리, 유3,000리의 규정을 그대로 적용할 수가 없었다. 그래서 조선 초기에는 거주 지역에 따라 유배 지역을 어느 정도 지정하였는데, 후기에는 유배지로 직행하지 않고 우회하여 감으로써 거리를 계산

김정희 유배지 김정희가 제주 유배 생활을 하면서 머물렀던 강도순의 집으로, 서귀포시 대정읍성 동문 자리 안쪽에 소재하고 있다.

하는 일도 있었다. 뒤로 갈수록 유배지를 척박한 곳으로 배치하는 사례가 늘어났는데, 지역적으로 삼수·갑산과 같은 함경도·평안도 국경 지역과 경상·전라도의 거제도·진도·추자도 등 섬 지역도 자주 이용되었다. 그러자 영조 때에는 특별한 경우가 아니면 흑산도와 같이 험한 곳이나 관청이 없는 섬에는 유배를 금지시켰지만 그 뒤로도 섬으로 보내는 유배가 자주 있었다. 한편 영조 때에는 진사 이상인 자는 유배형에 처해져도 형장을 치지 말도록 지시하여 귀양 가는 자들의 형장의 고통을 덜어 주는 수교가 반포되기도 하였다.

그럼 실제 유배인들의 귀양살이는 어떠하였을까? 유배 죄인들에 대한 대우는 귀양 간 사람이나 귀양 간 지역마다 달랐다. 어느 곳에서는 일정한 거주 지역을 마련하여 집집마다 날짜를 정하여 돌아가며 먹을 것을 주거나, 고을의 모든 백성에게서 고루 거두어 유배인들이 거처하는 곳의 집 주인에게 주기도 하였다. 한 고을에는 대체로 유배인이 열 명을 넘지 않았다. 그러나 영조 때 전라 감사는 공문을 올려 자신의 관할 지역으로 귀양 온 자가 너무 많아 도민과 유배자 모두 굶을 지경이니 다른 지역으로 옮겨 달라고 요청한 일도 있었다. 유배인이 많은 곳에서는 유배인의 숙식 제공과 관리가 큰 골칫거리였다. 정약용은 곡산 부사로 있을 때 기와집을 한 채 사서 귀양 온 자들을 거처하게 하고 백성들에게서 해마다 500냥을 거두어 그 돈으로 곡식과 반찬, 그릇 등을 구하는 비용으로 삼았다.

유배인들은 유배지를 벗어나지 않는 한 비교적 자유롭게 생활하였지만, 유배 생활은 결코 녹록한 것이 아니었다. 정약용은 18년간의 강진 유배 생활 중 지은 시에서 '조금 궁하면 불쌍히 여기는 사람이 있지만 크게 궁하면 동정하는 사람이 없네.'라고 하며 자신의 울분을 토로하였다. 귀양 온 사람이 다시 관직에 복귀할 전망이 없어 보이면 과거에 아무리 높은 벼슬을 했던 간에 귀양지에서 사람들에게 멸시와 모욕을 받기까지 하였던 것이다.

심재우 _한국학중앙연구원 교수

신분 상승 욕구와 배금주의의 합작품, 위조 범죄

유승희

조선시대 서울 사람들은 그들만의 특성이 있다. 가장 큰 특징은 농사를 짓지 않았다는 점이다. 그 이유는 도성 안에서는 경작이 법으로 금지되었기 때문이다. 그래서 서울 사람들 가운데에는 양반을 비롯해 고위 관리 및 관아의 이속, 노비, 상업 종사자, 날품팔이 노동자가 주요 층을 이루었다.

이처럼 서울 사람들은 비농업 인구였으므로 생산 활동보다는 외부의 생산력에 의존하면서 이를 판매하거나 소비하는 경향이 높았다. 그러므로 서울에서 돈은 생활의 중요한 척도가 되었다. "백성의 생업은[生民之業] 서울에서는 돈이며[京師以錢], 팔도에서는 곡식이다[八路以穀]."는 표현은 이를 두고 한 말이다. 자연 서울에서는 돈과 관련된 사건, 사고가 많았는데, 지방과 다르게 집중적으로 발생한 것이 바로 위조 행위였다.

위조품의 만연과 위조범

조선 후기 서울에서는 사치로 인한 과소비가 성행하였고, 사치가 경쟁의

대상이 되었다. 신분의 상하나 빈부의 격차에 상관없이 분수에 넘치는 사치
가 만연하였다. 의장과 복식에 있어 귀천의 구분이 없었으며, 살림살이에서
도 빈부의 차이가 없었다. 사람들은 집에 곡식 한 섬 없으면서 몸에는 비단
으로 치장하고, 아침에 저녁 끼니 걱정을 하면서도 아름답게 장식한 진기한
기물을 가지고 있었다. 그 결과 이현(梨峴), 칠패(七牌), 운종가(雲從街) 등 서
울의 주요 시장에서는 모조품을 진품처럼 판매하는 무리가 성행하였다. 서
울 사람들과 물정을 모르는 지방 사람들은 시전 판의 사기꾼들에게서 이 모
조품을 진품인 양 비싸게 사기도 하였다.

　서울에서는 돈만 주면 할 수 없는 일이 없었다. 문서 위조도 마찬가지였

놋그릇과 갓, 갓집을 바닥에 펼쳐 놓고 파는 상인의 모습(국립민속박물관 소장)
서울의 주요 시장에서는 오늘날처럼 진귀한 물건의 모조품을 만들어서 판매하는 상인들
이 비일비재했다.

다. 조선시대 문서 위조는 국가의 중범죄였다. 조선 전기에는 위조범의 단초를 없애기 위해 위조의 완성 여부와 관계없이 위조범을 모두 사형에 처했다. 그러나 후기에 이르러서는 자획이 불분명한 경우에는 사형을 적용시키지 않고 유배형에 처했다.

위조범들의 양상을 보면, 1777년(정조 1)에 이똥이, 이똥개, 김치학, 신성 등은 인신을 위조하여 사적으로 역서(曆書)를 인쇄해 판매하였다. 이들은 관상감의 장인으로, 관사의 곡식을 개인적으로 사용한 후 이를 충당하기 위해 인신을 위조하였다. 1785년(정조 9) 북부에 사는 장운창은 박정신과 함께 출장 관리에게 발급하는 역마 교부권인 파상(把上)을 위조하고 마패를 훔쳐 차고 다니면서 3년 동안 호남과 영남에서 간계를 부리기도 하였다. 1789년(정조 13) 동부의 남의진은 인신을 위조하여 몰래 전답문서를 빼내려고 하였고, 1797년(정조 21) 윤상의는 법사(法司)의 서리로 첩문(帖文)을 위조하였다. 1842년(헌종 8) 우포도청으로 잡혀 들어온 벽동에 사는 최동익은 마패를 위조하여 사기를 칠 계획으로 13냥을 주고 유기장인 조봉학에게 마패를 위조하게 하였다. 최동익이 마패를 본뜬 나무를 조봉학에게 주자, 그가 납으로 본을 뜬 후 동철로 주조하였다.

특히 조선 후기에는 가자첩(加資帖), 공명첩, 납속첩, 홍패 등의 위조가 두드러졌다. 국가는 흉년이나 전쟁으로 기근이 들었을 때 빈민을 구제하거나 군사상 필요한 물자를 얻기 위해 곡식 등 각종 재물을 바치는 사람에게 그 신분과 납속한 양에 따라 관직을 주거나 국역 부담을 한정적으로 면제시켜 사회적 신분을 상승시켜 주는 납속제를 시행하였다. 납속인이 받을 수 있는 품직(品職)으로는 노직(老職), 추증직(追贈職), 가설직(加設職) 등이 있었으며,

그 가운데 통정대부(通政大夫), 절충장군(折衝將軍), 가선대부(嘉善大夫) 등이 많았다. 납속첩을 취득한 양반은 관직을 얻을 수 있는 기회를 제공받았고, 양인의 경우는 면역할 수 있었을 뿐 아니라 신분 상승의 기회도 얻을 수 있었다.

이러한 사회 상황은 18~19세기에 이들 문서가 대거 위조되는 요인이 되었다. 서울이나 지방 사람들은 그들이 가지고 있는 경제력을 이용하여 납속첩을 얻으려고 하였으며, 위조범은 이를 이용하여 관련 문서를 위조하였다. 《일성록》순조 6년 11월 2일 을사에 등장한 위조 죄인인 정익환이 가자첩과 증직첩(贈職帖)을 위조하여 20여 곳에서 성균관 반인(泮人)과 경강 주변 사람들에게 50냥에서 100냥을 받고 판매한 사건은 이를 잘 말해 주고 있다.

매과(買科) 브로커의 등장과 홍패 위조

돈으로 관직이나 신분 상승을 꾀하려는 부류는 서울뿐 아니라 지방에서도 나타났다. 그렇기에 일반 양인이나 면천된 노비 가운데 경제력을 갖춘 자들은 유학을 사칭하고 과거에 응시하는 자가 많았다. 이들은 과거 시험의 답안지를 대신 써 주는 거벽(巨擘)과 잔글씨에 능한 서수(書手)를 이용하여 과거에 응시하였으며, 이는 과장을 문란하게 하는 원인이 되었다.

홍패를 위조할 수 있었던 데에는 과거제, 특히 무과의 폐단이 큰 역할을 했다. 무과는 임진왜란 이후 한꺼번에 1,000명 이상을 선발하는 만과(萬科)나 별시가 시행되어 무과 급제자가 대거 발생하였다. 숙종 대 만과에서 1만 8,000명을 선발하여 집안의 3대가 함께 합격했을 뿐 아니라 급제자의 이름

을 부를 때는 동명이인이 나타나 서로 싸우
는 일이 있을 정도였다. 이처럼 많은 수의
급제자를 선발했기에 무과에는 사대부뿐만
아니라 상한이나 천민 등도 대거 응시하는
것이 일반적인 추세였다.

하지만 이로 인한 불법과 부정도 적지 않
았다. 대표적으로 무과 시험을 다른 사람이
대신 치르는 대사(代射)나 차사(借射)가 만연
했다. 따라서 정약용은 이를 두고 "활 쥐는
법도 모르는 소년이라도 돈이 있으면 과거
에 오르고, 기예가 좋을지라도 돈이 없으면
불쌍하게 늙어 가므로 한 나라의 사람이 눈
을 부릅뜨며 주먹을 움켜쥐고 오직 돈만을
꾀하게 되었다."고 《경세유표》에서 한탄하였다.

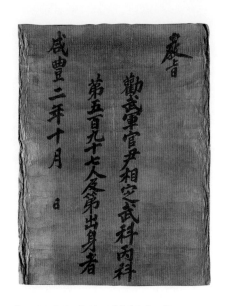

조선 후기 위조범들은 무과홍패를 위조하는
경우가 많았다.
위의 홍패는 1852년(철종 3) 권무군관 윤상정이 무
과 병과 597인에 급제한 것이다.

이처럼 무과의 경우 활쏘기의 기예가 있어야 되는데도 돈을 받고 부정으
로 합격을 시켜 주는 매과(買科)나 대사가 성행하자 이를 중간에서 알선하는
브로커가 등장하였다. 대사나 매과를 중개하는 브로커들은 무과 응시자들
에게 선전관이라는 직책을 이용하였다. 브로커들은 자신들을 선전관이라고
얘기하면서 서울의 사정을 잘 모르는 지방 출신 과거 응시자에게 접근하여
매과를 유도하였다. 하지만 이들은 매과나 대사를 알선하여 대리 무과를 치
르는 것이 아니라 위조 홍패를 지급하며 무과 응시자들을 속였다.

1842년(헌종 8) 전라도 무안에 사는 조귀철은 돈을 추심하는 일로 서울에

올라오다가 과천에 이르러 신선전(申
宣傳)이라는 사람과 함께 도성 안으로
들어왔다. 이때 신선전은 돈 330냥만
있으면 무과급제는 어렵지 않다고 조
귀철에게 얘기를 하며, 매과를 권유하
였다. 이에 조귀철은 일처리를 마치고
낙향했다가 돈 330냥을 가지고 다시
상경하여 신선전에게 주면서 매과를
부탁하였다. 이후 신선전은 사람을 시
켜 창방일 날 동작진에 있는 조귀철에
게 위조 홍패와 어사화를 주었다가 포
도청에 발각되었다.

이러한 모습은 형조의 아전을 일컫
는 〈추리(秋吏)〉라는 고소설 속에서도 살펴볼 수 있다. 소설을 보면, 서울에
거주하는 훈련원 봉사는 시골 한량에게 무과 시험 때 과녁의 명중 여부를
떠나 무조건 합격 깃발을 들어 주는 조건으로 500냥을 받았다. 그런데 당일
무과 시험장의 단속이 심하여 훈련원 봉사가 약속을 지키지 못하자 시골 한
량이 훈련원 봉사의 집으로 찾아와 화를 내며 준 돈을 돌려달라고 하였다.
이에 난처한 훈련원 봉사는 어보를 찍은 위조 홍패를 구해 한량에게 진짜
홍패라고 주었으며, 한량은 그것을 좋아라고 받아 갔다. 그러나 위조 홍패
인 줄 몰랐던 시골 한량은 고향에서 홍패를 자랑하다가 경상도 감영에 적발
되어 형조로 압송되어 처벌을 받았다.

양인들이 무과에 진출하려고 했던 이유는 과거 급제자를 향한 사회적 인식과 돈 때문이었다. 정조 대 위조 홍패를 매득한 박민행은 "암태도(巖泰島)의 경우 부자가 많은 반면, 예부터 출신자가 없으므로 과거에 합격하여 유가행렬을 하면 재물을 거두어들이는 게 육지보다 배가 된다."는 말에 솔깃하여 과거에 응시하였다. 그러나 박민행이 정시에서 떨어지자, 동행한 이종원은 후에 별시가 있다고 부추겨 그로 하여금 대사자를 내세워 과거에 응시하게 하였다. 이종원은 활을 만드는 장인 김유택을 대사자라고 속여 박민행에게 300냥을 받았다. 또한 김유택과 함께 위조 홍패를 만들고 홍패를 받을 때 쓰는 관모인 복두(幞頭)와 조화(造花), 급제자가 입을 의복, 재인(才人) 3인을 매득하여 박민행과 함께 유가를 하였다.

작가 미상, 〈사람의 일생 중 유가행렬〉《평생도》(국립중앙박물관 소장)
과거에 합격하여 유가행렬을 하는 급제자의 모습을 볼 수 있으며, 그 위로는 홍패를 들고 다리를 건너가는 또 다른 급제자의 모습을 살펴볼 수 있다.

위의 사례에서 보듯이 당시 과거에 급제한 사람이 고향에 돌아와서 베풀던 잔치인 도문연(到門宴)은 그 지역에서의 사회적 지위를 상승시키는 요인이었다. 양반이 아닌 '상천(常賤)', '상한(常漢)'

출신의 무과 급제자 또한 지역에서 차지하는 사회적 지위가 컸다. 이들이 무과에 진출하는 일차적인 목적은 과거에 급제하면 신역을 면제받기 때문이다. 신역이 면제되면 그로 인한 각종 경제적 부담이 줄어들기 때문에 자식의 신분 상승을 도모하는 데 유리하였다. 상천인의 무과 급제는 바로 사회적 지위와 신분을 상승시킬 수 있는 바탕이 되었으므로 18세기 이후 한성부를 비롯하여 지방의 많은 부민(富民)들이 매과를 통해서 무과에 응시하였고, 이 과정에서 홍패 위조가 극성을 부렸다.

위조범의 가짜 문서 만들기

1807년(순조 7) 좌변포도청에서는 어보(御寶)를 위조한 죄인 강윤상, 정신대, 한용선, 한광천 등을 모두 엄하게 곤장을 쳐서 신문하였다. 강윤상은 황해도 송화민으로 승호포수로 상경하였다가 쫓겨난 후 돈벌이를 위해 홍패 위조에 참가하였다. 그는 한용선의 부탁으로 동향인 가운데 과거에 낙방한 한광천에게 홍패를 위조해 주었다. 위조 방법은 먼저 홍패 종이에 직접 한광천의 이름을 썼으며, 황밀로 전자(篆字) 모양의 어보를 직접 만든 후 주홍색을 칠하여 찍었다. 강윤상은 이렇게 만든 위조 홍패를 한용선에게 50냥을 받고 팔았다. 정신대도 승호포수로 무과에 응시했다가 낙방하자 식주인(食主人)이었던 김일환이 홍패 1장을 위조해 주었다. 그는 다른 사람의 홍패 1장을 펼쳐 이름과 연호(年號)를 칼로 긁어 낸 후 정신대의 성명을 쓰고 어보를 찍었다. 한용선은 과거를 보려고 상경하여 보제원에 사는 이백규의 집에 머물다가 매과로 50냥을 주면 홍패를 발급해 준다는 말에 돈을 마련하여 가짜 홍패 1장을 가지고 급제자인 것처럼 하고 고향으로 내려왔다.

1797년(정조 21) 김유택은 나주(羅州)에 사는 박민행을 과거에 급제시키기 위해 순무를 깎아 어보를 위조한 후 가짜 홍패를 만들었다. 이때 김유택은 위조 홍패를 만들기 위해 전에 얻어 두었던 관교(官敎) 안에 찍힌 어보의 글자체를 칼로 베어 내서 순무 뿌리에 옮겨 붙여 허위 전자를 새겼다.

우변포도청에 잡혀 온 어보 위조 죄인 박창욱과 김기완 등은 1792년(정조 16) 인명을 살린 사람들에게 상으로 첩가(帖加)를 내린다는 말을 듣고 가짜 첩(帖)을 만들어 팔아 돈을 벌 계획을 세웠다. 그리하여 김기완이 진짜 교지 한 장을 얻어 와서는 전형(篆形)을 잘라서 나뭇조각에 붙인 후 그것을 본떠서 먼저 가짜 어보를 조각하였다. 그런 다음 호적에 찍힌 관인(官印)으로 가짜 관인과 가짜 '첩(帖)'자를 조각하고, 첩문을 써서 서울과 지방으로 다니면서 도합 199장을 팔고 350여 냥을 받았다.

위의 위조범 가운데 강윤상과 정신대는 승호포수가 되어 상경한 사람들이었다. 승호군은 식년마다 서울과 각 지방에서 뽑혀 훈련도감의 정군(正軍)이 되는 병졸이다. 이들은 가족과 함께 서울로 올라와서 생활하였으며 자기 역에서 도태되면 다시 지방으로 내려가는 경우가 많았다. 또한 승호로 뽑혀 올라온 지방민은 받는 급료가 적었기 때문에 도시 생활에 적응하기 힘들었다. 강윤상도 승호포수로 상경하여 역을 담당하다가 쫓겨난 후에는 고향으로 돌아가지 않은 채 서울에 머물고 있었다. 그는 도태된 후 마땅한 생계 유지 수단이 없자 궁핍을 면하기 위해 돈이 되는 위조에 참여하였다.

이러한 모습은 1825년(순조 25) 수진궁 마름첩[舍音帖]을 위조한 이형규의 사례에서도 확인된다. 이형규는 남포에서 살다가 향교동으로 이주한 상경

이농인으로 태안에서 상경한 장지규와 함께 수진궁 마름첩을 위조하였다. 이들은 지방에서 상경한 사람들이 많이 모여드는 여관 주변을 서성이다가 첩문을 구하는 자를 노려 위조문서를 판매하였다. 위조한 마름첩을 매득한 위방철은 선산에 거주하는 향촌민으로, 집 앞에 수진궁 소속의 논이 있어 궁답(宮畓)의 마름이 되려고 상경한 자였다. 장지규와 이형규는 마름첩을 구해 오면 60냥을 지급한다는 위방철의 말에 문서를 구해 오는 대신 자신들이 손수 첩문을 위조하였다.

이처럼 강윤상과 이형규의 예에서 보듯이 홍패나 마름첩 등의 문서 1장을 위조함으로써 얻어지는 수입은 50~60냥에 이르는 거액이었다. 따라서 서울 사람이나 상경 이농인은 위조를 쉽게 '돈을 얻을 수 있는 일[錢兩可得之事]'로 인식해 19세기 이후 서울에서의 위조 행위는 증가하는 양상을 보였다.

단순 위조가 아닌 전문 위조범의 등장

위조범들은 대부분 가난했기 때문에 돈을 벌기 위한 목적으로 위조를 행하는 일이 많았다. 그러나 이 가운데에는 위조를 가업으로 삼는 사람도 있었다. 어보와 인신을 위조하여 교지와 공명첩을 만든 박성량, 이춘웅, 팽천수 등은 발매한 위조문서의 수가 매우 많았다. 따라서 정조는 이들의 위조 행위를 일시적인 가난 때문에 한 행동이 아니라 가업으로 생각하였다.

1780년(정조 4) 김처공은 아버지인 김여택과 함께 어보를 위조해서 문서를 만들어 판 것이 100여 장에 이르렀다. 1781년(정조 5) 윤봉의는 어보를 위조하여 100여 장에 가까운 첩문(帖文)을 위조하였다. 그리하여 위조문서를 서울을 비롯해 지방에까지 판매하였는데, 윤봉의는 초범이 아닌 재범자였다. 이처럼 위조범 가운데에는 혼자서 한두 장의 위조 문건을 만들어 판매하는 단순 위조범도 있었지만, 100여 장씩 다량으로 만들어 전국에 내다파는 전문 위조범도 있었다.

어보를 위조한 죄인 박창욱, 김기완 등은 양인이지만 문자를 조금 읽을 줄 알아 품삯을 받고 글을 쓰는 일을 하면서 생계를 유지하고 있었다. 이들이 교지를 본떠 만든 위조문서는 무려 199장이었으며, 총 350여 냥을 받고 거래할 정도로 위조 규모가 컸다. 특히 박창욱은 과거에 이미 내각의 공문을 위조한 혐의로 형벌을 받고 풀려난 뒤 다시 위조 행각을 벌였다. 이렇게 위조범이 다시 똑같은 범죄를 저지르는 양상은 단순 위조범이 아닌 전문 위조범이 성행하였다는 것을 말해 준다. 이는 그만큼 서울에서 위조가 활발했음을 보여 주는 동시에 위조문서를 필요로 하는 수요층이 많았음을 역으로 보여 주는 것이다.

19세기에 이르면 몰락한 양반이 위조범으로 등장하기도 하였다. 1847년 (헌종 13) 위조범으로 잡힌 윤범기가 그 예이다. 그는 양반이지만 생계를 이유로 관문서를 위조해 판매하였다. 윤범기가 위조한 문서의 종류는 가자첩, 가선첩, 절충첩 등 납속첩과 명례궁 위첩, 각 도(道)의 금은점관문(金銀店關文), 거제도 염전관문(鹽田關文), 총위영 연철관문(鉛鐵關文) 등 다양했다. 당시 신분 상승과 경제적 이득을 요하는 부민(富民)들이 이와 연관된 문서를 많이 요구하게 되자 윤범기는 어보를 위조하여 관련 문서를 만들어 판매하였다. 윤범기는 양반으로 글을 읽고 쓸 줄 알았을 뿐 아니라 공문서의 형태도 잘 알고 있었기에 쉽게 문서를 위조할 수 있었다.

이처럼 조선 후기 서울을 중심으로 두드러지게 발생한 위조 범죄의 양상은 당시의 사회상을 그대로 보여 준다. 도시인 서울에서 살아가자면 돈이 중요한 사회적 척도였다. 따라서 고가의 기물에 쉽게 접근할 수 있는 관속이 절도 등의 범죄를 쉽게 저지를 수 있었다. 이는 위조도 마찬가지였다. 문서 위조의 실태에서 알 수 있는 사실은 상경 이농인을 비롯한 서울 사람들이 당시 만연하던 민의 신분 상승 욕구를 범죄에 이용하였다는 점이다. 조선 후기 서울은 상품화폐경제가 확대되는 가운데 신분보다는 경제적 관계, 재산의 소유 여부가 더 중요한 척도로 작용하는 사회로 변해 가고 있었다. 이러한 경향은 양반층의 범죄 행위에서도 나타나지만 특히 위조 범죄에서 뚜렷하게 알 수 있다.

유승희 _연세대 법학연구원 연구교수

5부 가치관과 세계 인식

조선시대 사람들은 우주와 세계를 어떻게 인식했을까

조선은 주자학 때문에 망했을까

조선시대는 폐불의 시기일까

17세기 서울에 왔던 중국 사신들

조선시대 사람들은 우주와 세계를
어떻게 인식했을까

노대환

뒤바뀐 지구의 운명

서양인들은 대략 기원전 5세기경에 이르러 몇 가지 우주 체계를 구상해 냈다. 관점은 크게 두 가지인데 하나는 지구를 중심에 놓고 설명하는 방식이고 다른 하나는 태양을 중심에 놓고 설명하는 방식이었다. 2세기 중반경에는 프톨레마이오스가 자신의 우주론을 제시하였다. 그는 하늘은 공과 같은 모양을 하고 돌며, 지구 역시 공처럼 생겼고, 지구는 하늘 한가운데 위치한 채 어떤 종류의 운동에도 끼지 않는다고 설명하였다. 이 이론이 나온 후로 지구는 1,400여 년 동안 우주의 중심으로서의 지위를 유지할 수 있었다.

지구의 운명을 뒤바꿔 놓은 이는 코페르니쿠스(1473~1543)였다. 그는 30여 년에 걸친 끈질긴 연구 끝에 '지구는 태양 주위를 1년에 한 번 도는 구형의 한 행성에 불과할 뿐'이라는 결론을 도출해 냈다. 이는 지구가 신이 창조한 우주의 중심 행성이라는 교회의 가르침과 정면으로 배치되는 주장이었다. 이 때문에 그는 교회의 박해가 두려워 감히 자신의 연구를 공표할 엄두를 못 내다가 임종에 다다른 1543년에 가서야, 그것도 타의에 의해 논문을 발표할 수 있었다. 이로써 프톨레마이오스의 지구중심설은 무너지고, 태양은 자신의 지위를 회복할 기회를 갖게 되었다. 물론 코페르니쿠스의 우주론도 완전하지는 않았다. 그는 우주가 천체가 붙어 있는 투명한 수정체들로 겹겹이 둘러싸여 있다고 생각하는 등 몇 가지 점에서 여전히 전통 천문학 체계를 고수하였다.

1588년 티코브라헤(1546~1601)는 혜성 등의 관측을 통해 행성이 태양의 주위를 회전하고, 또한 태양이 정지하고 있는 지구의 주위를 회전한다는 모델을 만들어 냈다. 태양중심설과 지구중심설을 결합시켜 놓은 것이었는데 수정 천구가 존재한다는 전통적인 우주관을 정면으로 부정했다는 점에서 중요한 의미를 지닌다. 한편 티코브라헤의 밑에 들어갔다가 운 좋게도 스승으로부터 천문 관측 자료들을 고스란히 넘겨받았던 케플러(1571~1630)는 그 자료들을 토대로 행성들이 태양을 중심으로 타원운동을 한다는 완전한 태양 중심의 우주론을 제시할 수 있었다. 이로써 서양의 우주론은 중세에서 근대로 넘어가는 긴 여정을 마치게 되었다.

동양적 우주론

중국의 우주론은 춘추전국시대에 그 기본적인 골격이 마련되었다. 동양에서 우주에 대한 관심은 점성적 측면을 강하게 띠었다는 점이 특징이다. 한나라 때의 학자 동중서(B.C. 179~104)는 일식이나 월식 혹은 혜성과 같은 천체 현상은 정치의 잘못을 지적하기 위해 하늘이 내리는 경고라는 이른바 '재이론(災異論)'을 만들어 냈는데, 이후 천문 지식의 꾸준한 축적에도 불구하고 이는 동양에서 천문관의 기본 논리로 자리 잡았다. 그 때문에 동양에서는 일찍부터 특이한 천문 현상에 주목하고 하늘의 구역을 지상의 지역과 연관시켰다. 이런 과정을 거치면서 중국 나아가 우주에 관한 기본적인 인식 틀이 형성되어 갔다. 그런 점에서 서양이 신에 대한 호기심에서 우주를 관찰하기 시작한 반면 동양에서는 지상에서 출발하여 그 관심을 하늘로 돌리게 되었다는 설명은 타당성이 있다고 할 수 있다.

중국인들은 하늘을 우선 자미원, 천시원, 태미원의 세 구역으로 크게 구분하고, 목성이 11.86년에 하늘을 한 바퀴 돌아 제자리에 돌아오는 점에 착안하여 다시 12등분[12次]으로 세분하였다. 또 그 주변에 자리 잡은 다른 별들은 황도를 기준으로 28개의 기본적인 별자리로 지정되었는데 이를 28수라 불렀다. '분야설'은 바로 28수의 별자리를 지상의 지역과 연결시킨 것인데, 조선의 경우는 미(尾)와 기(箕)의 별자리인 '기미분' 지역으로 설정되었다.

고대 중국인들은 우주가 어떻게 만들어진 것으로 생각하였을까? 그 해답을 찾는 데는 기원전 140년경에 쓰인 《회남자》라는 책이 참고가 된다. 이 책에 따르면 '태시(太始)'라는 원초적인 혼돈 상태에서 시작하여 우주가 생겨났으며, 우주는 기(氣)를 낳고 그 기 가운데 맑고 밝은 것은 하늘이 되고, 무겁고 탁한 것은 땅이 되었다고 한다. 이처럼 자연주의적인 우주생성론의 입장을 지니고 있던 중국인들은 우주의 구조에 관하여 몇 가지 다른 의견을 제시하였다. 《진서》의 〈천문지〉에는 여섯 가지 우주 구조론이 소개되어 있는데 그 가운데 과학적이라 할 수 있는 것은 개천설(蓋天說)과 혼천설(渾天說)이다.

개천설은 흔히 '천원지방(天圓地方)'이라는 개념으로 표현되는데 하늘은 둥그스름한 뚜껑으로 되어 있고 그 아래 평평한 땅이 있다는 이론이다. 하늘은 북극을 중심으로 회전하며 태양은 계절에 따라 각기 다른 반원을 그리며 도는 것으로 설명된다. 반면 혼천설은 하늘은 달걀 껍데기, 땅은 노른자와 같은 형태를 하고 있으며 달걀 껍데기가 해와 달, 5행성을 비롯하여 모든 별을 싣고 달걀 노른자위를 덮어 남북의 지축을 중심으로 동에서 서로 회전한다

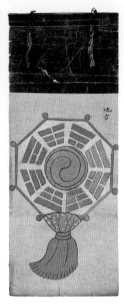

천원과 지방(목아불교박물관 소장)
둥근 하늘과 평평한 땅을 상징하는 번(幡)이다. 번은 불교에서 부처와 보살의 위덕을 나타내고 도량을 장엄·공양하기 위해 사용하는 깃발로 법회 등 큰 행사가 있을 때 전각 주변에 건다.

는 이론을 말한다. 땅을 노른자로 비유한 것은 단지 구조상의 설명일 뿐이며 혼천설도 기본적으로 땅은 평평하다는 '지방' 관념을 바탕으로 하고 있었다. 이 두 이론 사이의 논쟁은 상대적으로 치밀한 혼천설의 승리로 끝났다. 송대의 천문학 및 구조론은 기본적으로 혼천설을 주축으로 구성된 것이었다.

우주에 관한 중국에서의 연구는 서양의 연구와 비교해 본다면 미흡한 수준이다. 사실 중국인들은 우주론 자체에 그다지 큰 관심을 갖고 있지 않았다. 육조시대 이후 천문학 연구는 주로 역법 분야에 집중되어 있을 뿐 우주론에 대해 탐구한 흔적은 거의 찾아볼 수 없다. 중국인들은 천원지방설이나 재이론을 통해 자신들이 필요한 모든 것을 이미 얻었다고 생각했는지도 모

른다. 그들은 이 두 가지를 통해 중국은 세계의 중심에 위치해 있고, 중국의 천자는 하늘을 대리하여 정치를 행한다는 철저히 중국 중심적인 세계관을 만들 수 있었다. 송대에 들어 중국의 우주론은 혁명적이라 평가될 만한 발전을 이루었다고 하지만 천원지방 관념에는 별다른 변화가 없었다. 오히려 송대에는 '지방' 관념을 바탕으로 중국과 다른 국가를 차별화하는 '화이론'의 이론화 작업이 활발히 진행되었다. 중국이 세계의 중심에 위치해 있다는 것은 부정할 수 없는 진리였지 과학적으로 검증받아야 할 대상이 아니었다. 결과적으로 우주론이 관심의 주 대상이 아니었기 때문에 중국 중심의 세계관을 구축할 수 있었지만 잘못된 우주론을 고수한 탓에 반복적으로 역법을 개정해야 하는 수고를 계속 해야 했다.

조선 초기 사람들이 본 우주와 세계

고대사회의 사람들에게도 하늘은 신비와 경외의 대상이었다. 사람들은 하늘에 어떤 절대자가 존재하면서 기상 현상을 주재하는 것으로 믿었다. 하늘의 왕인 환인의 아들 환웅이 바람, 구름, 비를 관장하는 이들을 인솔해서 인간 세상에 내려온다는 단군신화의 줄거리는 하늘에 대해 고대인들이 가지고 있던 원초적 관념을 잘 보여 준다. 이러한 관념은 중국에서 한학(漢學)이 도입되면서 함께 소개된 '재이론'과 결합하였다.

삼국시대 사람들의 천문관은 기본적으로 '재이론'을 바탕으로 하고 있다. 천문의 이상 징후를 살피는 것은 정치를 담당하는 이들에게는 빠뜨릴 수 없는 일이었다. 삼국은 각기 '일관(日官)'이라는 천문 담당 관리를 두었다. 이들

은 여러 가지 천문 현상을 관측했겠지만 그렇다고 관측 자료를 바탕으로 독
자적인 역법을 만들었던 것은 아니다. 백제에서는 중국 남북조시대 하승천
(何承天)이 만든 원가력(元嘉曆)을 받아 사용한 것으로 나타나는데 고구려나
신라 역시 마찬가지였을 것이다. 고려 또한 중국의 역법을 사용하였지만 독
자적인 역법 계산술을 가지고 있었고, 이를 가지고 일식과 월식 등을 자체
적으로 예측하기도 하였다.

　　조선을 개창한 이성계는 즉위 얼마 후인 1395년(태조 4) 새로 천문도를 만

들고 이를 돌에 새기도록 하였는데
이것이 〈천상열차분야지도(天象列次
分野之圖)〉다. 여기에는 동양 천문학
의 기본 개념인 3원, 12차, 28수를
중심으로 하여 1,464개의 별을 표시
해 놓았다. 건국하자마자 천문도를
만들도록 했던 것을 보면 당대인들
이 천문에 상당히 중요한 의미를 부
여하고 있었음을 알 수 있다. 천문도
에는 권근의 발문이 들어 있는데, 제
왕이 하늘의 뜻을 살펴 정치를 행하
는 데 '역상수시(曆象授時: 천문을 살펴
백성들이 일할 때를 가르쳐 주는 일)'가
제일 중요한 일이라는 사실을 강조
하고 있다.

〈천상열차분야지도〉 부분(서울역사박물관 소장)
가운데 원의 중앙이 북극이고 북극을 중심으로 모두 1,464개
의 별이 28수(사진의 선들)에 따라 배치되어 있다. 둥근 띠 모양
은 은하수를 나타낸다.

제왕은 하늘의 뜻을 살펴야 한다는 점을 내세우고 있는 데서 나타나듯이, 조선시대 사람들의 우주관도 '재이론'적 관념을 바탕으로 하고 있었다. 《조선왕조실록》에는 일식이나 월식, 혜성 출현과 같은 특이한 천문 현상은 관측되는 대로 빠짐없이 수록되어 있다. 그리고 이상 현상이 일어났을 때에는 정치가 잘못되어 그렇다는 왕이나 신하들의 언급이 자주 등장한다. 물론 당시 사람들이 고대사회의 사람들처럼 천문 현상을 천상 세계의 절대자가 부리는 조화로 생각하였던 것은 아니다. 그것은 다만 인간의 의지와는 별개로 이루어지는 자연현상까지도 정치 담당자가 책임져야 할 부분이라는 점을 강조함으로써 그만큼 정사에 신중하도록 독려하는 의미를 지녔다.

한편 조선시대 사람들은 우주의 모양에 대해서는 중국과 마찬가지로 대체로 개천설이나 혼천설 가운데 하나를 지지하고 있었다. 천원지방은 의심할 수 없는 사실로 받아들여지고 있었는데 이는 곧 중국적 세계관의 수용을 의미한다. 조선에서 그려진 최초의 세계지도인 〈혼일강리도〉는 전체적으로 중국을 중심으로 하면서도 조선이 상대적으로 크게 부각되어 있어 당시 사람들의 세계관이 어떠하였던가를 짐작케 한다. 그들은 당시 동아시아 사회의 초강대국인 중국을 인정하고 그 안에서 자신의 독자적인 세계를 구축하고자 하였던 것이다. '소중화'라는 용어는 그러한 조선의 위치를 단적으로 보여 준다.

'중화 조선'적 세계관의 형성

명을 중심으로 한 동양적 국제 질서는 청의 등장으로 일대 격변을 맞게 되었다. 이런 와중에서 조선은 왜란과 호란이라는 혹독한 시련을 겪었다. '승리한 싸움'이라 평가되었던 왜란과 달리 두 차례의 호란은 조선에 치유하기 어려운 정신적 상처를 안겼다. '존주론(尊周論)'은 호란의 충격에서 벗어나 사회체제를 재정비하기 위해 내세워진 논리였다. 그것은 중화 문화의 계승자였던 명이 멸망하고 청이 주인 행세를 하고 있으므로 중화 문화의 정통 계승자는 조선이라는 의식이 발로된 것이다.

'중화'라는 용어는 일반적으로 세 가지 관념을 포함하고 있다. 즉 중국은 혈연적으로는 한족(漢族)의 국가이며, 문화적으로는 삼대의 발달된 문화를 계승하였고, 지리적으로 세계의 중심에 해당한다는 것이다. 이 가운데 특히 지리적 중화관은 각별한 의미를 갖고 있었다. 중국이 세계의 중심에 위치해 있다는 것은 그곳이 애초 선택된 지역이라는 사실을 내포하고 있다. 중국 황제가 하늘의 아들이라는 의미에서 '천자'로 칭해졌던 것도 그러한 지리적 중화관에 크게 의지하였다. 이러한 중화 관념이 언제부터 형성되기 시작하였는가는 확인할 수 없다. 다만 전국시대부터 원형의 세계 한가운데에 중국이 위치해 있는 모습을 띤 〈천하도〉라는 이름의 세계지도가 만들어지고 있던 것으로 보아 상당히 오래 전부터 중화 관념이 존재하고 있었음을 알 수 있다.

중화주의는 중국을 정점으로 한 차별적 세계관을 만들어 냈다. 중국의 주변국들은 중국과의 상대적인 관계에 따라 그 지위가 자리매김 되었다. 지역적으로도 중심부에 위치해 있으면서 중국 문화의 영향을 받은 것으로 인식된 조선과 일본 등은 그런대로 대접을 받을 수 있는 국가에 속하였다. 반면 중국과 멀리 떨어진 지역의 서양인들은 아예 사람 축에도 끼지 못하였다.

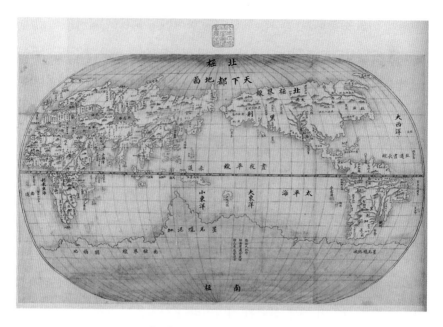

〈천하도지도〉(서울대학교 규장각한국학연구원 소장)
지도의 중앙 경선을 태평양 중심에 둠으로써 중국을 중심으로 하는 동아시아를 중앙 부
분에 배치하였다. 이는 전통적인 중화사상을 고려하여 의도적으로 유럽 중심의 구도를
태평양 중심의 구도로 바꾼 것이다.

《삼재도회》라는 중국 서적에는 세계의 변두리 쪽에는 한쪽 눈만 가진 사람,
팔이 긴 사람과 같은 각양각색의 괴물들이 사는 곳처럼 묘사되어 있다.

　조선인들 역시 그 차별적 세계관을 바탕으로 세계를 인식하였다. 당시 조
선인들이 알고 있던 서양 국가라고 해야 영국이나 프랑스 등 몇 나라에 불
과했지만 그곳 사람들은 조선인에게도 한낱 금수와 같은 존재로 비칠 뿐이
었다. 그런데 그 세계관의 정점에 위치해 있던 명이 멸망하고 청이 들어서
자 조선은 자신을 세계의 정점에 올려놓았다. 비슷한 시기에 유교 문화권에
포함되어 있던 일본이나 월남에서도 각각 자신들만이 유일한 중화국가라는
중화주의가 등장하고 있었음은 흥미롭다.

서양 우주론의 수용을 둘러싼 갈등

17세기에 들어 서양 선교사들이 포교를 목적으로 중국에 속속 건너왔다. 이들은 자신들의 지적 능력을 보여 주기 위해 천문과 역학 분야에 관여하였다. 당시 서양과 중국의 천문학 연구 수준은 격차가 컸기 때문에 서양 선교사들은 어렵지 않게 과학적 능력을 발휘할 수 있었다. 서양 선교사로는 최초로 북경 땅을 밟은 마테오 리치는 유럽에 보낸 편지에 "만약 중국이 전 세계라면, 나는 틀림없이 세계 최대의 수학자이며 동시에 세계 최고의 자연철학자라고 자부할 수 있다."라고 공언할 정도였다. 우주 구조에 대한 지식을 갖추고 있던 서양 선교사들은 중국인들보다 정확하게 일식이나 월식을 예측하였고 나아가 천문학에 관한 각종 서적도 출판하였다. 비록 그들이 소개한 것은 최신 이론이 아니라 당시 유럽에서 통용되고 있던 아리스토텔레스–프톨레마이오스의 우주론이었지만 그 영향력이 적지 않았다. 당시 서양의 천문서적들은 구형인 지구를 중심으로 몇 겹의 천체가 둘러싸고 있는 우주를 보여 주었다.

조선 지식인들도 17세기경부터 중국을 통해 서양 과학과 접촉하면서 우주에 관한 새로운 지식을 습득할 수 있었다. 서양 우주론을 처음 접한 조선 지식인들은 혼란스러웠다. 서양인들이 그린 세계지도에는 그래도 중국이 중간쯤에 그려져 있었지만 만약 지구가 정말 둥글다면 세계의 중심에 중국이 있다는 논리는 성립할 수 없다. 그래서 서양 천문학에 조예가 있었던 이익(1681~1763)은 "중국은 둥근 땅덩어리의 한 조각에 불과하다."라는 당시로서는 파격적인 주장을 하였다. 지구설에서 한 걸음 나아가 지전설을 주장한 홍대용(1731~1783)은 같은 논리를 확장하여 중국 사람들은 자기들이 세계의 중심에 산다고 하여 '중국'이란 말을 쓰고 있지만 각자가 사는 곳이 바로 중심이라고 설명하기도 하였다. 새로운 지식을 수용했던 이들은 별자리와 땅을 관련시켜 길흉을 점치는 재이론적 태도는 너무 허망하여 거론할 가치조차 없는 것으로 비판하였다. 하지만 당시 조선에서 서양 천문학을 이해하고 새로운 우주론을 받아들인 사람은 극소수였다.

대부분의 조선 지식인들은 전통적인 우주관과 세계관을 버리지 않았다. 그들은 서양의 새로운 과학적 지식이 확산되는 것에 두려움을 느끼고 있었다. 전통적 세계관을 지켜 내기 위해서는 서양의 천문학적 성과에 대한 새로운 해석이 필요하였다. 예를 들어 안정복(1712~1791)은 중국은 사람 몸의 심장에 해당해 성인의 학문이 나오고, 서양은 위장에 해당하여 과학기술에 뛰어나다고 주장하였다. 그 결과 서양의 성과를 일정 정도 인정하면서도 중국의 지위를 흔들지 않을 수 있게 되었다.

19세기에 들어 서양 세력이 조선에 본격적으로 나타나 통상을 요구하고 국내 천주교 신자도 늘어나자 서양을 배척해야 한다는 척사론이 고조되었다. 척사론자들은 서양 세력을 막기 위해 새로운 논리를 만들어 냈다. 김평묵(1819~1891)은 오행과 지리를 결합시켰다. 중국인은 오행의 온전한 기를 받고 태어나 총명하고 심성도 좋지만, 서양은 해가 지는 서쪽 땅에 위치해 있어 천지의 지극히 치우친 기운을 타고났기에 본성이 온전치 않을 뿐만 아니라 그 때문에 재물과 여색을 제멋대로 탐하는 등 나쁜 짓을 자행한다는 것이다. 그래서 중국인들은 사람이지만 서양인들은 짐승에 가깝다고 주장하였다. 세계지도에 서양이 서쪽에 그려져 있음에 착안하여 차별의 논리를 구상한 것이다. 척사론자들에게 중화 관념은 절대 포기할 수 없는 진리였고 이 진리에 맞추어 과학적 사실을 재단하였다.

　서양의 우주론은 엄청난 폭발력을 가진 것이었다. 하지만 조선에서는 전통의 무게에 눌려 그다지 강력한 반향을 일으키지 못하였다. 근대 서양 세계가 보여 주었던 폭력성 때문에 서양 과학을 부정적으로 인식하고, 그 결과 전통에 더욱 집착하였던 측면도 있다. 따라서 서양 과학의 수용에 따라 전통적 세계관이 어떻게 변화되어 갔는가를 살피는 일도 중요하지만 왜 한편에서는 서양 과학을 거부하고 전통적 세계관을 고수하려 했는지 이해하려는 노력도 필요하다.

노대환 _동국대 교수

조선은 주자학 때문에 망했을까

송양섭

'주자학'이라는 단어는 대부분의 사람들에게 '고루함', '공리공담', '망국' 등 부정적인 수사를 떠오르게 한다. 주자학에 대한 부정적인 인식은 우리 나라가 스스로 근대화하지 못하고 일제의 식민지 지배를 거친 쓰라린 경험에서 연유하는 바 크다. 일제 식민 사학자들은 조선 지배를 합리화하기 위하여 한국사를 깎아내리는 데 온 힘을 기울였다. 그들은 조선 후기의 당쟁을 부각시켜 당파성론을 전개하면서 당파에 의한 분열이 한국 민족의 민족성이라고 강변하고, 이를 우리에게 주입하는 데 주력하였다. 또한 암울한 식민지 치하에서 한국의 지식인들은 국권 상실에 대한 반성 차원에서 성리학과 당쟁을 비판하였다. 결국 이 두 가지 요인이 상승작용을 일으켜 우리 민족은 '주자학 망국론'을 움직일 수 없는 사실인 양 받아들이게 되었던 것이다.

오늘날도 많은 사람들이 당파성, 당쟁을 망국의 원인이라 여기고 있다. 그리고 주자학이 이를 초래하였다고 생각한다. 이처럼 주자학에 대해 편견을 갖고 기피하게 된 것은 대부분 앞의 과정을 거치면서 나타난 현상이다. 그

러나 식민 사학의 극복이 우리의 지나간 역사를 미화하는 차원에서 이루어
진다면 이는 곤란한 일이 아닐 수 없다. 일제강점기 민족주의 역사가들이 비
판하였듯이 주자학이 가지고 있는 여러 가지 문제 또한 무시해서는 안 된다.

그러므로 주자학에 대하여 성급하게 긍정·부정의 평가를 내리기에 앞서
주자학이 어떤 사상인지 알아야 할 필요가 있다. 아울러 우리는 역사적 산
물로서 주자학이 가지고 있는 기능과 그 본질에 대해 차분히 살펴보아야
한다.

성리학과 주자학

주자학과 성리학은 어떤 관계에 있을까? 우
리가 흔히 주자학이라 부르는 학문은 엄격히
말하여 성리학의 일부에 불과하다. 성리학(性
理學)은 원래 '성명의리의 학[性命義理之學]'의
준말이다. 성리학은 중국 송대의 사대부층에
의하여 새로운 유학 사상 체계로 성립되었다.
당말 송초를 거치며 역사의 전면에 나타난 사
대부들은 이전의 유학이 가지고 있지 않았던
우주론·존재론·인성론 등에 대한 치밀한 철학
적 기초를 마련하면서 유학을 재해석하였다.

유학을 선진(先秦) 유학, 한당(漢唐) 유학 등
시대에 따라 나눌 경우 바로 송명(宋明)시대의

| 채용신, 〈주자상〉(성균관대학교 박물관 소장)

유학을 가리켜서 성리학이라 한다. 그뿐만 아니라 대표적 학자와 경향에 따라서도 성리학은 다양한 명칭으로 불린다. 정주학(程朱學)·주자학(朱子學)·육왕학(陸王學)·양명학(陽明學)·이학(理學)·도학(道學)·심학(心學)·신유학(新儒學) 등의 명칭이다. 정호·정이 형제와 주희·육구연·왕수인이 이 학문을 이루는 데 결정적인 역할을 하였고 이들은 또 나름대로 이(理) 또는 심(心)에 더 치중하는 방식을 취했다. 이 가운데 주로 송대에 일어난 송학, 정주학, 주자학, 이학, 도학이 한 계통이고 주로 명대에 일어난 명학, 육왕학, 양명학, 심학이 또 다른 한줄기를 이룬다.

우리나라에서는 역사적으로 전자인 정주계의 이학이 크게 흥하였고 후자인 육왕계의 심학은 별로 발달하지 않았다. 조선 후기에는 정주계의 이학 중에서도 주자학이 지배 사상의 주류를 이루었다. 그러므로 현재에 이르기까지 우리 사회에서는 성리학이라고 하면 대부분 주자학을 가리키게 되었다.

성리학의 수용과 사회적 기능

고려 말의 사회·경제적 변화를 배경으로 지방에서는 새로운 중소 지주층이 성장하였다. 이들을 흔히 신진사대부라고 부르는데, 바로 이들에 의해 우리 역사상 처음 성리학이 수용되었다. 이들은 국가권력을 잡고 토지 겸병을 일삼는 권문세족에 대항하여 재지(在地) 지주로서의 기반을 유지·확대하였으며 나아가 중앙 정계로 진출하여 조선 건국 과정을 주도하였다. 조선왕조 초기 이들이 개혁적 성격을 띠고 새로운 질서를 만들어 나가는 과정에서 성리학은 중요한 이념적 지주로 작용하였다.

그러나 15세기 후반부터 학문·사상계의 동향은 사회문제를 해결할 수 있는 새로운 이념을 정립하는 데 힘쓰기보다는 시문 중심의 사장학(詞章學)과 예제(禮制)를 강조하는 쪽으로 흘러가고 있었다. 이는 훈구파가 등장하여 정치를 주도하면서 나타난 현상이었다. 다른 한편 이 시기에 이르러 향촌에 생활 근거를 두면서 성리학을 추구하고 있던 사림파(士林派)가 대두하였다. 이들은 재지사족의 입장에서 지배층 전반이 도덕적 실천을 통해 당면한 사회문제를 적극적으로 해결해야 한다는 주장을 폈다. 그렇다면 훈구파가 외면한 당시의 사회문제를 사림파는 왜 적극적으로 해결하려 했을까?

15세기 전반부터 다시 시작된 토지 겸병은 16세기 중엽에는 크게 확대되어 많은 농민이 토지를 상실하였고, 양인에서 노비로 전락하는 사람도 늘어만 갔다. 여기에는 양인 농민의 과중한 조세 부담도 작용하였지만, 지배층의 비리와 탐학이 더 큰 문제로 작용하고 있었다. 세조 대 이래의 공신 세력 및 조상 대대로 벼슬을 해 온 가문출신인 훈구파는 특권을 이용하여 부를 더욱 확대해 가고 있었다. 이들과 달리 사림파의 모집단인 지방 사족은 관리들의 부정과 농민의 유리로 인한 향촌 사회 내부의 불안을 심각하게 인식하였다.

이러한 사정 속에 15세기 후반부터 시작된 사림파의 중앙 정계 진출은 16세기 들어와 더욱 활발해졌다. 이제 이들은 당시 사회 모순과 훈구파(勳舊派)의 비리를 적극적으로 비판하는 한편 정치 및 사회 개혁을 추진하기 시작하였다. 훈구파의 부도덕한 정치로 일반 농민은 물론 향촌 내의 중소 지주층의 입지도 흔들린다고 보고 성리학에 바탕을 둔 왕도 정치(王道政治)를 주창하였으며, 군주를 비롯한 지배층의 도덕적 수양과 이를 통한 사회 안정을 꾀하고자 하였다. 성리학적 이념을 정치적으로 구현하고자 한 것이었다.

사림파는 이와 아울러 성리학적 향촌 질서의 구현을 추구하였는데, 그 대표적인 것이 향약 보급 운동이었다. 그들은 향촌 사회가 동요하고 사족들의 경제 기반이 흔들리자 그들의 모집단인 사족들을 중심으로 촌락 사회를 재조직하고 지배를 유지하기 위해 향약(鄕約) 시행을 적극 추진하였다. 향약의 "덕 있는 일은 서로 권하고[德業相勸], 잘못은 서로 바로잡아 주며[過失相規], 어려운 일은 서로 돕고[患難相恤], 예의로 서로 사귄다[禮俗相交]."라는 덕목은 향촌 사회를 도덕률로 묶어 두고 이를 통해 사족의 신분제적·경제적 지배를 합리화하려는 것이 그 목적이었다. 이처럼 사림파는 향촌 사회에 자치적 기능을 부여하고 유교적 도덕 윤리를 함양함으로써 지배층의 비리를 배제하는 방향으로 사회 개혁을 꾀하였다. 향촌 사회의 구성원인 지주와 전호 사이의 관계를 신분제적인 질서 아래 규정하고 구성원 간의 도덕적 화합을 강조하는 성리학적인 사회윤리는 사족 지주들의 이해에 부합되는 것이기도 했다.

사림파는 중앙 정치의 파행성과 향촌 사회의 불안정을 극복하기 위해 정치 및 사회 개혁을 추진한 세력이었다. 16세기에 발달한 성리학=주자학은 사림파의 개혁 추진에 이론적 근거로 기능하였다. 즉 이 시기 주자학은 조선 사회의 개혁 이념으로 일정한 역할을 하였던 것이다.

성리학 이해의 심화

16세기를 거치면서 조선 사회는 성리학의 단순한 수용 단계를 넘어서게 되었다. 개혁의 이념적 근거인 성리학을 학문적 깊이를 갖춰 탐구하기 시작했던 것이다. 이황과 기대승, 성혼과 이이 사이에서 사단 칠정(四端七情) 논쟁이 그 대표적인 예였다. 이처럼 학문적 연구와 논쟁을 거치면서 성리학은 조선 나름의 독자적인 사상 체계로 자리 잡

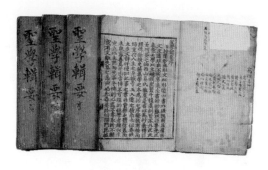

이이의 《성학집요》(국립중앙박물관 소장)
1575년(선조 8)에 율곡 이이가 지은 책으로, 군주의 학문에 요점이 되고 도학(道學)의 정수가 될 만한 내용을 유교 경전에서 뽑아 엮었다. 이 유물은 1755년(영조 35)에 간행된 것이다.

아 갔다. 도덕과 그 실천을 중요시하는 기풍은 예학의 발달로 이어졌으며, 사우(師友) 관계를 중요시하는 흐름과 연결되어 이황·조식·이이의 제자들을 중심으로 학파가 서서히 형성되어 갔다. 이황과 이이의 출현과 이들 간의 활발한 학문적 논쟁에서 알 수 있듯이 이 시기는 조선 성리학의 황금기였다.

17세기로 들어선 때까지만 해도 아직은 다른 학파의 견해를 무조건 배타시하거나 주자학 일변도의 교조적 색채를 띠는 상황은 아니었다. 자기 학파의 주장만을 고집하고 주자학 이외의 사상을 배척하게 된 것은 17세기 이후 전개된 정치 상황의 산물이었다. 당파가 여러 갈래로 나뉜 위에 각 당파가 서로 다른 학문적·사상적 논리로 무장하여 치열한 정권 다툼을 한 결과인 것이다.

그 대표적인 예로 17세기 후반에 일어난 두 차례의 예송(禮訟)을 들 수 있다. 당시 정국은 율곡 학통을 계승한 송시열, 송준길 등 서인(西人)이 주도하고 있었으며, 이들은 주자학을 절대 신봉하였다. 이 상황에서 남인(南人) 계

열 중 급진적인 성향을 보이거나 유교 근본주의적 색채를 띠었던 윤휴, 허목 등이 주축을 이뤄 주도권을 빼앗으려는 목적에서 일으킨 것이 예송이었다.

주요 논쟁점은 효종과 효종비의 상에 인조의 계비가 몇 년 복(服)을 입느냐였다. 송시열 등은 '천하동례(天下同禮)'의 원칙을 통하여 왕실과 일반 사대부 사이에 차등 없는 예법의 보편적 적용을 주장하였다. 이에 반하여 남인은 '왕자례 부동사서(王者禮不同士庶)'라 하여 왕실의 독자적인 예법 적용을 주장하였다. 전자는 사족 중심 정치를 옹호하려는, 후자는 왕권을 강화하려는 의도가 각각 깔려 있었다. 이처럼 예송은 정파 간의 이데올로기 투쟁이었으며, 예송에서의 패배는 곧 실각을 의미하였다.

도덕의 실천성 강조에서 비롯된 예학 역시 예송 단계에서는 그 학문적 의미가 크게 퇴색되었다. 그럼에도 예학은 더욱 발달하였다. 예송에서의 치열한 학문적 대결 여파로 자기 학파의 학문적 정통성 강화 노력도 지속되었으나, 이제는 학파의 논리를 극단적으로 강조하는 주장이 대두하거나 학파 내부에서 의견이 대립되기도 하였다. 이러한 양상은 18세기에 들어와 더욱 심해졌다.

일례로 호락논쟁(湖洛論爭)을 살펴보자. 호락논쟁은 다른 학파 사이에서도 일어나기는 했지만, 주로 송시열의 학통을 받은 권상하의 문하에서 전개되었다. 그중 한원진과 이간 사이에서 전개된 논쟁이 가장 대표적인 것으로, 요점은 인성(人性)과 물성(物性)이 같은가 다른가였다. 이 논쟁은 16세기 중엽부터 전개된 사단 칠정 논쟁의 연장이었으며, 19세기 말에 이르기까지 조선 성리학계의 최고의 이론적 관심사였다. 이 논쟁은 조선 사상계가 주자의 이론을 무비판적으로 수용하지 않고 이를 비판적으로 재검토하여 독자적 사상 체계를 발전시켜 왔음을 보여 준다.

〈허목상〉, 《선현영정첩》(서울대학교 규장각한국학연구원 소장)

조선의 성리학이 당파 싸움과 밀접한 관계가 있다면, 그것은 주로 17세기에 해당된다고 볼 수 있다. 그러나 주자학이 당파의 원인이라기보다는 오히려 당파 싸움에 주자학이 이용된 측면이 강했다. 이는 정치 싸움의 도구로 이용된 주자학이 차츰 변용력을 상실하고 사상적 탄력성을 잃어 가는 과정이었다.

주자학의 교조화와 '근대'

18세기의 성리학에서는 호락논쟁 외에 정통론과 명분론의 강화와 성리학적 가치관을 사회에 확산시키려는 꾸준한 노력들이 두드러진다. 이와 아

〈윤휴상〉(국립중앙박물관 소장)
윤휴는 주자와 다르게 경전 해석을 했다 하여 사문난적으로 몰렸다.

울러 주자학이 사상계를 지배하게 되었다. 주자의 사상이 아닌 여타의 사상에 대해서는 '이단', '사학(邪學)'이라는 이름으로 배척하고 탄압한 것이다. 당초 정치적·사회적 개혁의 이념적 지주였던 성리학은 이제 그 사회 개혁적 기능이 점차 탈색되어 갔다.

개혁 이념의 보수화를 어찌 보면 보편적인 현상이기도 해서 주자학의 운명은 사실 사회변화 속에서 예견된 것이었다. 17세기 후반부터 본격화한 농업 및 상공업의 발전은 종전과 사뭇 다른 양상을 띠고 있었다. 농업의 경우 논에서의 모내기 및 이모작의 확산과 밭에서의 다양한 상품작물 재배가 이루어졌고, 지방 상업과 무역이 크게 성하였으며, 수공업과 광업도 발전하고 있었다. 그러한 가운데 양반 신분이 되고자 하는 사람들이 급증하고, 상업 또는 수공업 중심지가 도시로 성장하였다. 이제 사회는 14~16세기에 긍정적 기능을 하였던 성리학과는 질적으로 다른, 한 차원 발전된 사상을 바라고 있었다.

18세기 이후의 정치 및 사상계가 이러한 사회 밑바닥의 변화를 적극적으로 수용하지는 못하였다. 정국은 노론 중심으로 한 세기 넘게 주도되었고 정계의 주류에 접근할 수 있는 정파는 일부에 불과했다. 18세기에는 노론 중에서도 서울 및 경기도 일대에 거주하는 명문가 출신이 주로 권력을 장악하였으며, 19세기로 접어들면서는 그 수가 더욱 줄어 몇몇 세도 가문에 의한 세도 정치가 전개되었다. 이들은 권력과 함께 서울로 집중되는 국가의 부를 향유하면서 자신들의 권력과 권위 유지에 급급하였다. 이제 주자학은 사회를 이끌어 가는 이념이라기보다 적대적인 또는 위협이 될 만한 사상을 탄압·제거하는 무기로 사용되기 시작하였고, 그에 따라 더욱 교조화되어 갔다.

하지만 당시 사상계의 흐름이 주자학 일변도만은 아니었다. 일찍이 16세기에 수용된 양명학은 주자학에 비해 주관적인 실천을 강조하는 측면이 있었으나, 18세기에는 이미 기존의 성리학자들에 의해 이단으로 지목되어 있었다. 따라서 정권에서 소외된 소론(少論) 가문을 중심으로 몇몇 학자들이 양명학을 연구하는 수준에 머물렀고, 그 역할도 미미하였다.

하지만 주자학이 퇴행적 모습만 보인 것은 아니었다. 이 시기 사상계에 나타난 주목할 만한 특징으로 이른바 실학으로 알려진 경세학파(經世學派)의 대두를 들 수 있다. 이들은 성리학을 기반으로 현실문제에 적극적인 관심을 기울이면서 국가·사회체제에 대한 개혁론을 적극적으로 개진하였다. 현실 사회의 모순을 직시하고 이를 바로잡기 위한 개혁안의 이론적 바탕을 중국 고대의 이상사회에서 찾고자 하였다. 이제 주자학은 종래 그리 중시하지 않았던 경세학의 전개라는 새로운 국면을 맞이한다. 왜란과 호란을 거치면서 무너져 내린 국가체제를 추스르고 새로운 국가 운영을 위한 각종 제도론과 변통론이 활발하게 제기되는 시점에 사상계도 적극적으로 자신의 목소리를 내고 있었던 것이다. 정치투쟁의 이념이나 공허한 관념 논쟁과 구별되는 또 다른 전개였다. 유형원·이익·정약용 등은 안민(安民)을 위한 방법으로 강력한 국가권력을 통해 당시 가장 중요한 생산수단인 토지에 대한 공적 성격을 제고하고

《명물도수》(김성동 소장)
명목(名目)·사물(事物)·법식(法式)·수량(數量) 따위를 담은 조선시대 교양서다.

이를 바탕으로 균산(均産)과 균부(均賦)를 꾀하고자 하였다. 바야흐로 성리학은 '수기(修己)'를 넘어 '치인(治人)'의 단계에 도달하고 있었던 것이다.

19세기에 접어들어 주자학은 국가와 사회를 지배하는 압도적인 체제이념으로 더욱 경직화하는 양상을 보인다. 경세학은 점차 위축되어 갔고 이제는 현실 체제를 유지하기 위한 방안에 몰두하거나 지적인 자기만족에 그치는 경우가 많았다. 사회 모순을 해결할 사상이나 의욕을 지니지 못한 사람들만이 정권의 핵심에 남아 '이단사상'을 가혹하게 탄압하거나 체제 유지에 장애가 되지 않을 정도로 통제하고 있었다.

주자학의 경직성은 성리학적 지배 이념과 배치되는 천주교가 퍼져 나가면서 더욱 강화되었다. 정조 때에도 천주교를 사악한 종교라 하여 금지하고 신주를 불사른 천주교 신자를 처형하기도 하였으나 적극 탄압하지는 않았다. 그러나 천주교가 일부 사족과 일반민 사이에 빠르게 퍼져 나가자, 1801년 이승훈·이가환 등 300여 명의 신도를 처형하였으며 1839년에는 프랑스 신부 세 명과 많은 신도를 사형에 처하였다. 이처럼 지배층은 천주교를 체제 유지 차원에서 가혹하게 탄압하였을 뿐만 아니라 불교나 도교는 물론, 정감록과 같은 감결(鑑訣) 등에 담긴 각종 사상들도 이단으로 간주하여 배척하였다.

19세기는 1811년 평안도 농민전쟁, 1862년 삼남을 중심으로 폭발한 농민항쟁 등 '민란(民亂)'의 시대였다. 이는 조선 후기의 각종 사회·경제적 변화를 수용, 능동적인 대응책을 취하지 못하고 수구적인 자세로 일관하고 있던 위정자의 사상적 경직성이 당시 총체적인 사회 모순과 맞물려 벌어진 상황이었다. 엄혹한 시기 주로 사변적·철학적 논구에 치중했던 성리학이 유연하고도 적절한 대응을 하기에는 역부족이었다.

주자학 자체는 중세적 사상이었다. 경세학파의 논의도 마찬가지였다. 중세 사회가 마감되고 근대사회로 옮겨 가던 시점에서 주자학은 이미 그 임무를 마침과 함께 생명력도 다하였다. 주자학이 역사 발전에 장애로 작용하였다고 해도 그 책임을 주자학 자체에서 찾는 것은 문제가 있다. 오히려 그 책임의 대부분은, 당시의 역사적 현실을 직시하여 새로운 단계에 맞는 사상을 만들어 내고 수용하려 노력하기보다는 주자학을 고수하면서 자기 이익을 도모하는 수단으로 사용한 사람들에게 지워져야 할 것이다.

하지만 주자학이 용도 폐기되었는가는 다른 차원의 문제이다. 근대사회로 이행하면서 주자학은 정치 교학의 지위를 상실했지만 사회 운영과 구성원의 심성에 문화적 유전자로 각인되면서 독특한 '근대' 색채를 만들어 내는 중요한 요인으로 작용했던 것이다. 20세기 접어들어 일제강점기를 거치면서도 독특한 양상을 보이는 한국 고유의 정치문화와 사회조직 방식이 어떠한 형태로든 주자학과 연관되어 있는 것은 아닐까?

송양섭 _고려대 교수

조선시대는 폐불의 시기일까

양혜원

전통으로서의 불교

조선시대는 유교를 숭상하던 시기이므로 불교는 철폐되었다는 인식이 있다. 이는 조선시대의 장기적 흐름으로 보았을 때 타당성을 지니기도 하지만, 이와 같은 시각으로 조선사회를 바라보면 이해하기 어려운 현상들이 종종 목격된다. 예컨대 수천 수백으로 헤아리는 사찰의 수나 몇 만으로 기록되는 승도(僧徒)의 수라든가, 현재 남아 있는 전통사찰 건물이 대부분 조선시대에 건립되었다든가 하는 것들이다.

불교는 4세기에 한반도로 들어온 이후 거의 천 년 동안 주된 이데올로기로 작용하면서 조선이 건국될 무렵에는 이미 토착화한 전통, 즉 국풍(國風)의 한 부분으로 인식되고 있었다. 설사 최상위 정치 집단은 유교로의 이념적 전환을 이루고자 했을지라도, 이미 생활 습속과 문화 속에 깊이 자리한 불교를 단시일에 없애는 일은 불가능하였다.

때문에 조선 전기는 중앙의 억불과 숭불이 밀고 당기며 혼재하는 시기였다. 불교를 구시대적 이념으로 배척하여 사회경제적 규모의 감축이 제도적으로 시도되는 한편, 불교적 가치를 유지하고 확장하기 위하여 불교계 내부와 왕실의 다양한 노력이 경주되기도 하였다.

불교의 폐단과 억불론

오랜 기간 숭상되어 온 불교는 사회에 깊숙이 스미어 하나의 전통 사상이 되었으나 거대한 기득권이 되면서 폐단도 만만치 않았다. 고려 말 문인 이색(李穡)의 글에는 "머리를 깎고 떠도는 자가 인구의 절반이나 된다."고 하였으며 조선 개국 직후 실록에서 "백성의 삼분의 일이 승(僧)"이라고 언급할 만큼 출가자의 수는 너무 많은 상태였다.

또 조선이 개국한 지 거의 백년이 되었음에도 성종 대 전국 사찰 수가 1만에 이른다고 할 정도로 사찰의 수도 포화 상태였다. 신도들의 경제적 지원을 바탕으로 존립하는 승과 사찰이 많다는 것은 곧 이를 부양해야 하는 사회의 부담이 크다는 의미이다. 지나치게 많은 승 및 사찰 수와 더불어, 이미 고려 말 사원전이 전국 토지의 팔분의 일에 달할 정도였던 불교계의 막대한 부는 새로 창건된 조선에서 해결해야 할 첨예한 사회문제 가운데 하나가 되었다.

사회와 제도를 일신하려는 개혁의 기운이 불같이 일었던 조선 전기에 타락한 기득권으로서 불교계를 비판하는 논조는 신랄하였다. 역사상 단골로 등장하는 불교 비판의 논리는 중국 당나라 유학자 한유(韓愈)의 주장과 맥을 같이 한다. 한유에 따르면, 백성에는 원래 사농공상(士農工商)의 네 종류가 있다. 농공상 셋이 생산한 물질을 사농공상 넷이 나누었는데, 여기에 도교

도사와 불교 승려가 생기면서 넷이서 나누던 것을 여섯이서 나누어야 하니 백성이 곤궁해지지 않을 수 없다는 것이다. 한유의 이러한 주장은 생산에 종사하지 않아도 되는 부류는 사, 즉 선비뿐이고 도사나 승려는 인정할 수 없다는 유학자로서의 입장에서 나온 것이다. 산술적으로 허술해 보이기도 한 논리이지만 이해하기 쉽게 설명한 덕분에 불교의 비생산성을 비판할 때 종종 인용되는 대표적 주장이 되었다.

정도전 등의 유학자 관료들은 한유와 꼭 같은 논리를 들어 불교를 비판하였으며, 생산 활동에 종사하지 않는 승려를 향해 놀고먹는 무리[좌식자(坐食者)]라는 비난을 넘어 나라의 재물을 좀먹는 해충이라는 표현까지 서슴지 않았다. 역설적으로 이러한 강경한 비판들은 당시 여러 제도적 규제에도 줄지 않는 승도 수에 대한 조정의 고민이 얼마나 깊었는지 보여 준다. 그와 동시에 당시 사회에 불교가 얼마나 만연해 있었는지를 의미하는 것이었다.

법전에 규정된 승의 지위

'승(僧)'은 요즘 '승려(僧侶)'라는 용어로 흔히 불리는데, 조선시대에 이들을 지칭하는 일반적 용어는 '승', 혹은 '승도'였다. '승'은 단수와 복수 모두로 사용되며, 복수의 의미를 강조할 때 '도(徒)', 혹은 '려(侶)'의 글자를 붙여 '승도(僧徒)' 혹은 '승려(僧侶)'로 쓰기도 하였다. 대체로 의미가 동일한 용어들이지만 중국이나 우리나라에서는 승, 승도라는 용어를 사용한 반면, 일본에서는 승려라는 용어를 사용하였다. 특히 조선의 법전에서는 '승'이라는 용어를 일관되게 사용하고 있음을 볼 수 있다.

조선 개국 당시 지나치게 많은 승도 수는 조정이 직면한 심각한 사회 문제였다. 이러한 승도 과잉 현상은 고려 말 이래 조정에서 지속적으로 해결책을 모색하던 사안이기도 하였는데, 머리를 깎고 출가한 사람에게 면역(免役)을 인정해 주는 관행이 널리 행해지던 것이 가장 큰 폐단이었다. 조선은 이 문제를 개혁적 제도의 확립으로 극복하고자 하였다.

조선의 첫 번째 공식 법전은 태조 6년에 성립한 《경제육전(經濟六典)》이다. 이 법전에는 불교 및 승과 관련한 다양한 조문이 수록되어 있다. 이에 따르면 국가에서 인정하고 면역의 특권을 받을 수 있는 승은 도승(度僧)이라는 제도적 절차에 따라 출가하여 도첩(度牒)이라는 문서를 발급 받은 자로 정하고 있다. 그런데 이 도승제의 내용을 살펴보면 도첩 발급 조건으로 양반자제(兩班子弟)라는 높은 신분과 오승포 100필이라는 정전(丁錢) 납부를 규정하였다. 여기서 양반이란 문자 그대로 문무양반을 뜻한다. 우리에게 익숙한 조선 후기 양반과 달리 조선 초의 양반은 현직 관료에 한정되는 극소수 존재들로서 법에서 도승 대상을 양반자제로 제한한다는 것은 도첩을 받은 도첩승의 사회적 신분이 상층 관인 자제에 한정된다는 의미이다.

또한 이들은 과거(科擧)와 같이 국가에서 실시하는 승과(僧科)를 보아 합격하면 승직(僧職)을 제수 받을 수 있었으며, 승직에 올랐다가 환속하더라도 과거 시험을 면제받고 승직에 준하는 관직을 받을 수 있도록 법으로 규정하고 있었다. 《경제육전》의 이상과 같은 내용은 조선 초 도첩승의 지위가 상당히 높았음을 의미한다.

그러나 조선의 체제가 정비되고 관료들의 세대교체가 이루어져 가면서 승의 제도적 위상도 점차 낮아지기 시작했다. 조선의 두 번째 공식 법전이

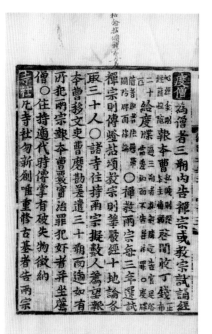

《경국대전》 (서울대학교 규장각한국학연구원 소장)
〈예전〉의 도승 조항 수록면이다. 승이 되고 석 달 안에 양종과 예조에 신고하여 왕의 허락을 얻은 후 정전을 내면 도첩을 발급해 준다는 내용과 승과 시행, 사찰의 주지 임명과 교체 등에 대한 규정이 수록되어 있다.

자 만세의 성법을 지향하여 조선 통치 체제의 틀로 평가되는《경국대전》에는 여전히 도승 조항이 수록되어 도첩을 받는 절차와 승과 과목과 선발 인원 등을 상세히 정하고 있다. 그러나 도승 대상을 신분적으로 제한하는 '양반자제'라는 문구가 사라지고 환속한 승직자에 대한 관직 서용 규정이 삭제되었다. 실록에는 환속 승직자 서용 규정의 변화와 관련한 다음과 같은 사례가 전한다.

성종 임금 때 손한우라는 사람이 있었다. 그는 출가 후 선종 승과에 응시하여 합격하였고 대선사라는 승직까지 지내다가 환속한 인물이었다. 승과에 합격하면 선종의 경우 중덕에서 선사를 거쳐 대선사, 판선종사로 승진하는데, 대선사란 선종 교단을 총괄하는 판선종사에 오르기 전단계의 자리이므로 승정체제 내에서 꽤 높은 승직이었다. 이에 손한우는《경제육전》조항을 근거로 "대선사도 임금이 내린 벼슬이니 관직으로 바꾸어 벼슬을 받기를 바랍니다."라는 상언을 올렸다. 환속한 자신에게 대선사의 승직에 준하는 관직을 달라는 것이었다.

이에 조정에서는 대선사가 어느 정도의 관직에 준하는 것인지 예조에 물었는데, 예조에서 선종의 첩정을 받아 '대선사는 동서반 4품에 준한다.'는 보고를 하였다. 4품은 참상관에 준하는 자리로 일반 관인들도 과거와 같은 특별한 계기가 없으면 오르기 힘들었기 때문에 결코 낮다고 볼 수 없는 자리이다. 이에 조정에서는《경제육전》이 당시 통용되는 법전이 아니라는 이유로 대선사에 준하는 관직의 수여를 거부하고 손한우에게 1계자(階資)를 더해 주는 것으로 사안을 마무리 짓고 있다. 손한우의 사례에서 성종 후반에 이르면 이전과 달리 승직을 적극적으로 평가하지 않으며 환속자의 관직 서용 규정도 더 이상 작동하지 않게 되어 간다는 점을 알 수 있다.

간절한 바람을 담아 내는 신앙

제도적 선제 조치로 조선의 정체 내에서 불교의 입지는 약화되어 갔지만, 이것이 조선시대 불교의 소멸을 의미하는 것은 아니다. 불교는 진리를 추구하는 하나의 사상이자 사람들의 바람을 담아 내는 오래된 신앙이기도 하였다. 사람들은 아기를 갖게 해 달라거나 과거에 합격하게 해 달라거나 무병장수하게 해 달라는 등 많은 소원을 품고 절에 찾아가 기도하였다. 간절한 바람을 실은 기도는 하나의 기원으로 개인의 속삭임이 되어 사라지기도 하였지만, 종종 염불이나 독경, 불전에 절을 올리는 수행, 재(齋) 등의 형태로 이루어지기도 하였다. 또 불경(佛經)을 베껴 쓰거나 판각·간행하기도 하고, 불상이나 불화를 제작하거나 탑과 절을 짓는 불사(佛事)에 재물을 기꺼이 희사하여 후세에 남기기도 하였다.

조선을 건국한 이성계가 독실한 불교도였음은 잘 알려져 있다. 그는 건국 직전인 1391년에 금강산의 가장 높은 봉우리인 비로봉에 올라 새 왕조 개창의 바람을 담아 부처님의 사리를 봉안하였다. 사리란 부처님의 유해를 가리키는 것으로, 불교도들에게 특별한 예배와 신앙의 대상이 되는 성물(聖物)이다. 이성계가 사리를 봉안한 금강산은 예로부터 《화엄경(華嚴經)》에 등장하는 일만 이천 불을 거느린 법기보살(法起菩薩)의 상주처로 알려져 있었으며 가장 영험한 기도처이기도 하였다. 법기보살은 담무갈보살(曇無竭菩薩)이라고도 하는데, 고려 태조 왕건이 금강산에서 담무갈보살을 친견하고 예를 갖추었다는 설화가 전해지는 것으로 보아 금강산은 이미 고려 초부터 불교 성지로 명성이 있었던 곳이다. 고려 후기에 이르러 금강산은 원나라 황실에까지 이름난 기도처가 되었으며, 여말선초 삼대 화상 가운데 한 명인 나옹혜근(懶翁惠勤, 1320~1376)은 물론 조선의 첫 왕사가 된 무학 자초(無學自超, 1327~1405)도 금강산에 주석하거나 방문하였다는 기록이 남아 있다.

이성계가 발원한 이 사리장엄구는 1932년 방화선 공사 도중 금강산 월출봉에서 우연히 발견되었다. 일명 '이성계 발원 사리장엄구'로 불리는데, 사

이성계 발원 사리장엄구, 1390·1391년(공양왕 2·3), (국립중앙박물관 소장)
이성계는 조선 건국을 목전에 두고 불교적 성지인 금강산 비로봉에 사리를 봉안하였다.
부인 강씨와 훗날 개국공신이 된 여러 동지들을 포함한 만여 명의 사람들이 함께 동참하
였음이 명문으로 드러난다.

리장엄구란, 사리를 안치하는 용기를 포함하여 사리 봉안 시 탑에 들어가는 일체의 공양구를 의미한다. 이성계 발원 사리기는 팔각의 몸체에 원뿔형 지붕을 얹은 집 모양 사리기를 외합으로 삼고, 그 안에 화려한 연꽃받침을 놓고 길쭉한 구형 몸체를 얹은 후 그 위에 다시 4층 원반 상륜을 장식한 탑모양 사리기를 넣었다. 이는 당시 유행하던 라마식 탑을 본뜬 것으로, 이 탑모양 사리기 안에 다시 긴 원통형 유리로 된 사리병을 넣어 부처님의 사리가 봉안되었다. 유리 부분 외에 전체적으로 은으로 만든 이 3중의 사리기는 은판 판조 기술에 고도로 숙련된 타출기법을 활용하여 뛰어난 장인에게 의뢰하여 제작한 것임을 짐작할 수 있다. 이 사리기는 1개의 금동 사발과 5개의 백자 사발, 귀이개 등과 함께 잘 다듬은 석함에 매납되었다. 사리기와 백자 사발 등에는 발원문과 함께 시주자의 이름이 새겨져 있는데, 이성계와 강씨 부인, 불사를 도운 월암스님과 훗날 개국 공신이 되는 여러 측근의 이름이 보인다.

새나라 개창의 꿈을 품고 역성혁명을 위한 정치적 행보를 차근차근 밟아가던 이성계는 자신의 정치적 야망을 이해하고 지원했던 둘째 부인 강씨와 함께 금강산 비로봉에 간절한 바람을 묻었다. 특히 미륵이 세상에 출현하여 참된 교화를 베풀고 새로운 세상이 오기를 바란다는 대담한 염원을 자신과 지지자들의 이름과 함께 새겨 매납한 일은, 노골적으로 드러내지 못하는 가슴 속 소망이 부처님 사리를 봉안하는 불사를 통해 실현되기를 바라는 강력한 발원 행위였다. 사리를 봉안한 이듬해, 이성계는 조선의 건국조가 된다.

신앙의 결과로 남은 불상과 불화들

조선시대 내내 각종 불사는 불교적 신앙 행위로 사람들에게 널리 행해졌다. 특히 착한 공덕을 쌓아 좋은 과보를 받는다는 공덕신앙은 종종 부처님의 형상을 짓는 불상이나 불화 제작으로 이어지기도 하였는데, 현재 남아 있는 다수의 조각과 그림들은 조선시대 사람들의 신앙과 염원을 잘 보여 주고 있다.

조선시대의 불상이나 불화 발원문에 거의 빠짐없이 등장하는 문구는 국왕의 만수무강을 기원하는 것이었다. 이는 조선뿐 아니라 그 이전 시기 발원문에서도 마찬가지이다. 왕실의 보전이 곧 국운과 연결되는 전근대 사회에서 국왕과 왕실의 안위를 일차적으로 기원하는 일은 국가불교적 성격을 띤 우리나라 불교의 모습을 잘 보여 주는 예이기도 하다.

특히 불상이나 불화를 제작할 때 적어 넣는 발원문(發願文)에는 제작에 기여한 시주자의 이름이 나열되어 있어 주목된다. 오늘날 우리가 전통 사찰에 방문했을 때 볼 수 있는 불상과 불화의 절대다수는 조선시대에 조성되었는데, 왕실의 일원이나 세력가는 물론 남녀노소나 신분귀천을 막론한 신도들의 명단이 붙은 발원문을 통해 광범위한 불교 신앙을 확인할 수 있다. 이들의 시주가 모여 정성 가득한 아름답고 섬세한 불상과 불화로 탄생되었던 것이다.

조선 전기 불화는 왕실의 적극적 지원을 바탕으로 제작된 경우가 많다. 대표적으로 거론되는 불화가 보물 '회암사명 약사여래삼존도(檜巖寺銘 藥師如來三尊圖)'이다. 적갈색 비단 바탕에 금니(金泥)로 세밀하게 그려 낸 이 불화는 1565년(명종 20)에 문정왕후가 아들인 명종의 만수무강과 세손의 탄생을 기원하며 일시에 발원한 불화 가운데 하나이다. 문정왕후는 명종의 모후로 당시 막강한 권력의 소유자였을 뿐 아니라 독실한 신앙을 가진 불교의 후원자 가운데 한 명이었다. 당시 조선 최대 사찰이었던 양주 회암사(檜巖寺) 중창 불사가 있었는데, 이때 문정왕후는 석가모니불과 미륵불, 아미타불, 약사불 등을 각각 금니화와 채색화로 50점 씩 총 400점의 제작을 후원하였다. 당대 최고 기량을 지닌 궁중화원들의 격조 있고 섬세한 필력을 보여 주는 문정왕후 발원 불화는, 400점 가운데 6점 정도가 현존할 뿐이지만 조선 전기 왕실 발원 불화의 경향성과 높은 수준을 잘 드러내고 있다.

조선 후기가 되면 민간에서 수십 혹은 수백 명이 힘을 모아 제작한 불화가 많다. 이 가운데 눈에 띄는 것이 대형 괘불(掛佛)의 제작이다. 조선 후기 새로이 등장한 불화로서 괘불은 그 제작 연대가 17세기 초에서 20세기까지 이르며 전국적으로 80여 점 이상이 현존한다. 법당 안에서 치를 수 없는 큰 법회가 야외에서 열릴 때 특별히 불단(佛壇)을 차려 놓고 행사를 치르는데, 그때 전면에 거는 불화가 괘불이다. 법회를 장엄하고 불단의 교주를 상징하는 불화는 뒷자

'회암사'명 약사여래삼존도, 1565년(명종 20),
(보물, 국립중앙박물관 소장)
중종의 계비 문정왕후가 아들 명종의 만수무강과 세손의 탄생을 기원하며 불화 400점을 제작하였는데, 그 가운데 한 점이다. 고승 보우(普雨)가 쓴 화기(畵記)가 남아 있다.

리의 대중에까지 보여야 하므로 세로 10미터 이상, 폭 7~8미터에 이르도록 거대하게 제작되는 경우가 많았다.

괘불은 평소에는 기다란 괘불함에 말아 넣어 보관하다가 야외 의식이 있을 때 꺼내서 사용한다. 크기가 커서 한 번 옮겨 괘불대에 걸어 올리는 데만 통상 20여 인 이상이 필요하다. 전통 사찰에서 대웅전 등 중심 전각 앞에는 1~2미터 내외의 돌기둥이 대칭으로 세워져 있는 모습을 흔히 볼 수 있다. 이 돌기둥은 그 위에 높은 장대를 세워 괘불을 걸기 위한 괘불석주(掛佛石柱)로서 오늘날 괘불이 남아 있지 않은 절에도 많이 남아 있다. 이로써 조선 후기 웬만한 규모의 절이면 괘불을 갖추고 있었음을 알 수 있다.

특별한 법회가 있는 날, 야외에 대형 법단이 차려져 형형색색의 꽃과 공양물이 올라가고 건물 높이만 한 화려한 부처님 형상이 내걸려 위엄을 드러내면 범패가 시작되고 절 안을 가득 채운 인파가 괘불을 향해 기도를 올린다. 괘불을 걸고 시행되는 대형 의식은 주로 죽은 자의 천도를 기원하기 위할 때가 많았고 그 외에도 부처님의 성도(成道)를 기념하는 등 각종 재일(齋日)에 열리곤 하였다. 화려한 불화, 의식에 수반된 범패와 염불, 재회 후 대

전라남도 강진 미황사 괘불재 모습
미황사에는 보물로 지정된 괘불이 봉안되어 있는데 길이 10.65m, 폭 4.48m의 대작이
다. 사진은 야외 법회를 위해 괘불을 괘불대에 걸어 올리는 장면이다.

중에게 나누어지는 공양물 등은 큰 행사가 잘 없던 그 시절에 사람들의 시
청각을 사로잡는 인상적인 종교 의례로 자리하였으며, 오늘날까지 괘불 의
식의 전통이 이어지고 있다.

양혜원 _서울대 규장각한국학연구원 책임연구원

17세기 서울에 왔던 중국 사신들

한명기

자존 의식에서 재조지은으로

한국과 중국은 전통적으로 사대 관계를 유지해 왔다. 신라와 당의 관계, 고려와 송·원과의 관계, 조선과 명·청과의 관계 등 시대에 따라 차이는 있지만 양국 사이에는 이른바 책봉 체제에 바탕을 둔 외교 관계가 유지되어 왔다. '대국은 소국을 어루만지고 소국은 대국을 섬긴다'는 '자소사대(字小事大)'의 관념 아래 중국으로부터 책봉을 받고 조공을 바치는 행태가 양국의 가장 대표적인 관계였다. 이 때문에 과거 일제의 식민사가들은 사대관계를 조선 외교의 굴욕적인 상징으로 치부했고, 우리 스스로도 이를 별로 기억하고 싶지 않은 일로 기피해 온 것도 사실이다.

그러나 조선시대 전 시기 동안 양국 관계가 문자 그대로 자존심을 내팽개친 무조건적인 사대 관계는 아니었다. '사대관계'는 고정된 것이 아니라 시대 상황과 국제적인 역관계를 조선 나름대로 고려하여 탄력적으로 운용하였다고 할 수 있다. 조선 초기에 특히 그러했다. 1388년 요동 정벌에 나섰던 이성계가 위화도에서 회군한 것을 들어 그를 사대주의자로 매도하고, 조선

영은문과 모화관(《경기감영도》 부분, 호암미술관 소장)
모화관은 조선시대 중국 사신을 영접한 곳으로 1407년(태종 7) 송도(松都) 영빈관(迎賓館)을
모방하여 서대문 밖에 건립했다. 영은문은 중국 사신을 맞아들이던 문이다. 그림의 건물
이 모화관이고, 덩그러니 서 있는 것이 영은문이다.

건국을 부정적으로 보기도 하지만 그렇게만 평가하기는 곤란하다. 조선이
명을 대국으로 받들며 조공했지만, 외교적 형식일 뿐 자존심까지 내팽개치
고 섬긴 것은 아니었다. 조선 초기의 사대 관계는 국가 안보를 유지하면서
그들의 앞선 문물을 수용하려는 현실적인 생존의 방도였다. 이 시기 조선
지식인들 가운데는 조선을 중국과는 구분되는 별개의 세계로 인식했던 인
물들이 있었다. 또 조선의 건국이 중국과 마찬가지로 천명(天命)에 의해 이
루어졌다고 생각하는 인물도 있었다. 조선의 기원을 중국의 아류가 아닌 단
군에서 비롯되는 것으로 파악하는 자존 의식을 보였고, 세조는 황제만이 행

할 수 있다는 교제(郊祭)를 지내려 한 '참람함'을 보이기도 했다. 나아가 조선이 문명국 명의 가장 충순한 번국(藩國)이라고 자부하면서 그 점을 일본에 대한 문화적 우월 의식의 근거로 내세우기도 했다.

16세기가 되자 조선 지식인들의 명에 대한 숭앙의식은 더욱 고조되었다. 명을 조선이 지성으로 섬겨야 할 상국이자 부모국, 나아가 "조선과 명은 한 집안"이라는 인식이 퍼져 갔다. 이와 맞물려 조선 초기처럼 명에 대해 자존 의식을 내세운 사례를 찾기는 어렵다. 더욱이 임진왜란이 일어나 조선이 위기에 처한 상황에서 명의 지원군이 참전한 뒤로는 명에 대한 인식이 이전과는 질적으로 달라졌다. 전쟁 초반 일본군에게 일방적으로 밀리던 상황에서 선조는 국경 도시 의주까지 밀려갔다. 명에 사신을 보내 원군을 요청하는 한편, 최악의 경우 압록강 너머 요동 지역으로 건너갈 생각까지 했다. 이런 처참한 상황에서 명군이 참전하고, 1593년 1월 평양 전투에서 승리하자 조선 조야는 감격하였다. 평양전투 승리를 계기로 전세가 역전되고 선조를 비롯한 조선 집권층이 재집권할 수 있는 계기가 마련되었기 때문이다.

명의 참전은 결코 조선을 돕기 위한 목적만은 아니었다. 일찍부터 왜구의 침입에 시달렸던 명으로서는 일본군이 조선을 장악하고 압록강을 건너 요동으로 들어오는 것을 가장 크게 우려했다. 명군의 참전은 자국을 전장으로 만들지 않으려는 의도에서 이루어졌다. 실제로 평양 전투에서 승리한 이후 명군은 일본군과 전투를 계속하는 데 매우 소극적이었다. 평양 전투의 승리로 최소한의 참전 목표는 이미 달성되었기 때문이었다. 이제 명군의 존재는 조선에게 버거운 짐이 되었다. 별로 싸울 의사가 없는 그들에게 군량과 군수품을 제공해야만 했으며, 그들의 횡포로 인해 엄청난 민폐를 입어야 했다. 또

〈의순관영조도〉(서울대학교 규장각한국학연구원 소장)
1572년(선조 5) 10월에 명나라 사신이 신종(神宗)의 즉위를 알리기 위해 의주 의순관에 들렀을 때의 모습이다.

명군 지휘관들에 의해 조선 조정의 자존심은 송두리째 뭉개지고 말았다.

그럼에도 임진왜란을 계기로 조선에서는 명의 참전을 '나라를 다시 만들어 준 은혜[再造之恩]'으로 숭앙하는 분위기가 퍼져갔다. 명군의 참전은 조선이 유지되는 데 결정적 역할을 했기 때문이다. 명군의 장수를 모시는 생사당(生祠堂)을 세우고, 그들의 공적을 찬양한 서적을 편찬하는 등 수많은 보훈 사업이 이어졌다. 이러한 관념은 조선 후기 내내 유지되었다. 또 시간이 지나면서 명 또한 자신들이 조선에 엄청난 은혜를 베풀었고 그 때문에 막대한 손실을 입었다고 생색을 내기 시작했다. 명은 임진왜란을 '조선을 원조한 전쟁[東援之役]'으로 불렀거니와 오늘날 중국에서는 임진왜란을 항왜원조(抗倭援朝)로 부른다. '조선을 구원했다[援朝]'는 사실을 강조하려는 것이다.

중공군이 참전했던 1950년의 한국전쟁을 '항미원조(抗美援朝)'라고 부르는 것 역시 유사한 인식에서 나온 것이지만.

은이 있으면 기운이 있다?

임진왜란 이후 조선과 명의 관계는 전쟁 이전과 상당히 달라졌다. 당장 전쟁을 계기로 수많은 군인들과 상인들이 조선을 자유롭게 드나들면서, 또 명군이 10년 가까운 장기간 동안 조선에 주둔하면서 명은 조선의 내부 사정을 이전보다 훨씬 잘 알게 되었다. 거기에 참전을 계기로 조선에서 명을 숭앙하는 의식이 심화되고, 명도 조선에 시혜자(施惠者)로 자부하면서 전쟁 이후 조선에 왔던 명의 사신들은 어깨에 힘이 잔뜩 들어갔다. 조선은 이제 명 사신들에 대한 접대에 과거보다 훨씬 더 신경을 쓸 수밖에 없었다.

문제가 되었던 것은 의전 절차나 형식 등이 아니라 주로 경제적 부담이었다. 가장 심각했던 것은 조사(詔使)라고 불리는 환관 출신 사신들의 과중한 뇌물 요구, 특히 은화에 대한 지나칠 정도로 집요한 요구였다. 조선에서 그들에게 주는 뇌물의 액수는 보통 수만 냥에 이르는 엄청난 양이었다. 재조 지은에 대한 보답을 강요받았던 선조나, 차자(次子)로서 즉위하여 명의 책봉 승인이 필요했던 광해군, 반정이라는 쿠데타를 통해 즉위하여 명에 대해 정당성이 약했던 인조 등 명에 대해 '아쉬운 소리'를 해야만 했던 국왕들은 울며 겨자 먹기로 뇌물을 마련할 수밖에 없었다.

본래 조선은 명에 대한 세공품(歲貢品)에서 금과 은을 제외시켰다. 국내 생산이 부진한 데다 한번 길이 열리면 중국인들의 요구를 감당할 수 없을 것을 우려하여 세종 때에 사신을 보내 교섭한 결과였다. 이후 조선에서는 은이 나지 않는 것으로 치부되었고 그 상황은 임진왜란 때까지 이어졌다. 이전까지는 서울에 오는 명 사신에게 주는 예물은 대부분 백저포(白苧布)를 비롯한 토산품이었다. 그러나 임진왜란 당시 군인과 상인들이 조선을 누비면서 명은 조선에서도 은이 생산되는 사실을 알게 되었다. 실제로 당시 명군 지휘부는 조선 조정에 은광을 개발하라고 촉구하곤 하였다.

당시 명은 일조편법(一條鞭法)으로 상징되는 은 본위의 부세 제도를 운용하고 있었다. 16세기 초·중반, 명에는 밖으로부터 은이 쏟아져 들어왔다. 해금령(海禁令)을 뚫고 왜구(倭寇)라 불리는 무장 상단들이 일본과 활발하게 밀무역을 벌였다. 그들은 명의 생사와 비단, 도자기 등을 일본에 건네고 은을 획득하였다. 시간이 지나면서 포르투갈 상인들도 밀무역에 가담하였다. 이어당시 남미 지역을 식민지로 장악하고 있던 스페인 상인들도 명과의 무역에 끼어들었다. 그들은 포토시를 비롯한 남미의 은광에서 채굴된 은을 태평양 연안의 아카풀코로 운반하고, 다시 필리핀으로 실어 날랐다. 필리핀으로 들어온 남미산 은의 최종 목적지는 중국이었다. 졸지에 중국은 '은의 나라'가 되어 갔다. 서양 사람들은 중국 황제는 모든 집기를 은으로 만들어 사용한다고 믿을 정도였다. 중국 경제는 은의 유통을 바탕으로 번영을 구가하였다. 실제로 임진왜란을 맞아 조선에 참전했던 명군은 봉급으로 은을 받았다. 이들 군인과 상인들을 통해 조선에도 은이 뿌려지고, 애초 면포와 쌀을 화폐로 쓰던 조선 사람들도 시간이 지나면서 은을 이용한 거래에 익숙해져 갔다.

해마다 수십 톤에 이르는 어마어마한 양의 은이 유입되었지만 중국에서는 늘 은이 부족하다는 아우성이 터져 나왔다. 몽골과 여진 등 '오랑캐'를 막기 위한 군자금으로 변방으로 흘러간 은이 제대로 순환되지 않았기 때문이다. 더욱이 재정 지출이 폭증하면서 16세기 말에 이르러 명 정부의 은 창고는 텅텅 비어 버렸다. 우선 임진왜란을 비롯한 세 개의 커다란 전쟁을 치르면서 군사비가 폭증하였다. 황궁이 불에 타면서 복구하는 데 들어간 비용, 황태자 책봉 의식과 혼례에 지출된 액수가 수천만 냥에 이르렀기 때문이다.

한 푼의 은화가 아쉬운 상황에서 신종(神宗)은 응급책을 내놓았다. 1596년부터 태감(太監)이라는 환관들을 전국에 보내 광세(礦稅)라 불리는 세금을 징수하였다. 태감들은 미세한 양의 은까지도 거두기 위해 민간 가옥을 철거하고 무덤까지 파헤쳤다. 그 과정에서 폭행은 다반사였고 살인도 서슴지 않았다. 백성들은 아우성을 쳤고 민변(民變)이라 불리는 반란까지 일어났다. 광세지폐(礦稅之弊)라 불리는 악정 때문에 명의 멸망이 촉진되었다는 평가가 나올 정도였다.

'광세지폐'는 조선에도 영향을 미쳤다. 당시 신종이 요동에 파견했던 태감 고회(高淮)는 조선에서도 은과 각종 물자를 뜯어냈다. 우선 부하들을 조선 조정에 보내 엄청난 양의 토산물을 조공으로 내놓으라고 요구하였다. 또 조선이 임진왜란이 끝난 뒤 폐지하려고 했던 중강(中江)의 시장을 존속시키라고 조선을 압박하였다. 명의 '은혜'를 입었던 조선이 시장을 마지못해 존속시키자 고회는 부하들을 중강에 보내 상세를 은으로 징수했다. 고회는 떨떠름해 하는 조선에 "명의 은혜를 갚는 것은 당연하다"고 훈수했다.

고회뿐만이 아니었다. 임진왜란이 끝난 뒤 조선에 왔던 명 사신들은 은에 관한 한 '흡혈귀' 같은 태도를 보였다. 그들은 명이 베푼 은혜를 은으로 갚으라고 요구했다. 그 서막은 1602년(선조 35) 3월, 황태자 책봉을 알리려고 조선에 왔던 고천준이란 자가 열었다. 고천준의 은에 대한 요구가 워낙 심하여 당시의 사관은 그의 탐학을 묘사하여 "의주에서 서울에 이르는 수천 리에 은과 삼(蔘)이 한 줌도 남지 않았고 조선 전체가 전쟁을 치른 것 같았다."라고 적었다. 조선 조정은 그에게 질린 나머지 그가 다녀간 뒤 징색이 두려워 광해군의 왕세자 책봉을 요청하는 일도 연기하였다. 책봉을 요청하려면 1만 냥 이상의 은과 1,000근 이상의 인삼을 준비해야 했기 때문이다.

'칙사 대접'은 은 대접?

고천준에게서 비롯된 명사들의 은 징색은 광해군 대에 절정에 달했다. 이 시기에는 거의 10만 냥에 육박하는 엄청난 액수였다.

광해군은 즉위 과정에서 심한 우여곡절을 겪었다. 명은 광해군이 후궁의 소생이자 차자라는 이유로 왕세자로 승인하는 것을 거부하였다. 그 와중에 선조 말년 영창대군을 왕세자로 밀고 있던 유영경 일파는 광해군을 노골적으로 견제하였다. 광해군은 심각한 정치적 위기에 처했다. 1608년 선조가 급서하는 바람에 광해군은 일단 즉위했지만 이후에도 명은 광해군을 책봉하는 데 뜸을 들였다. 명은 장자인 임해군(臨海君)이 살아 있는데 차자인 광해군을 책봉하는 것은 '강상을 어지럽히는 것'이라고 완강히 거부하였다. 1608년, 광해군을 빨리 책봉해 달라고 요청하기 위해 명에 갔던 조선 사신이 "임해군이 광해군에게 왕위를 양보했다."고 말하자 명은 사실 여부를 조사한다는 명목으로 만애민과 엄일괴 등을 파견하였다. 엄연히 왕으로 즉위해 있는데 '왕의 자격'을 심사하겠다며 명의 사문관(査問官)이 들이닥쳤을 때 광해군의 심정이 어떠했을까? 그렇다고 그들을 쫓아 버릴 수도 없었다. 심사가 뒤틀리는 일이긴 하지만 조선에서 왕 노릇하는 데 명의 책봉이 절실한 상황을 무시할 수는 없었다. 광해군은 이 골치 아픈 상황을 결국 은으로 때웠다. 당시 임해군은 강화도에 귀양 가 있었다. 만애민과 엄일괴는 임해군을 면담한 뒤 의혹을 품은 듯이 보였지만 은화 수만 냥을 받고는 유유히 돌아갔다.

이후 조선은 확실히 명 사신의 '봉'이 되었다. 명에서는 이제 '조선 가서 한밑천 잡자'는 풍조가 생겼다고나 할까? 1609년(광해군 1) 광해군의 책봉례(册封禮)를 주관하기 위해 왔던 환관 유용이란 자도 강적이었다. 그는 북경을 출발할 때부터 "조선 국경에 발을 들여 놓으면 기필코 10만 냥을 얻으리라."라고 공공연히 떠벌렸다. 의주에서 서울로 이르는 도중의 접대 비용을 모두 은으로 바치게 하고, "은만 주면 식사나 차(茶) 제공은 없어도 된다."고 했다. 유용은 책봉의 예를 주관하면서 약 6만 냥의 은을 챙겨 갔다.

그것은 분명 악순환이었다. 1610년 왕세자 책봉 의식을 주관하려고 왔던 사신 염등이란 자의 은에 대한 탐욕도 광기 그 자체였다. 장마 때문에 임진강 다리가 떠내려가서 자신의 행차가 지체되자 그 대가로 은 1천 냥을 요구했다. 심지어 서울에서는 자신이 지나는 곳에 은으로 다리를 놓으라고 요구했다. 당시 열악한 재정 형편에서 그의 요구를 들어주는 것은 사실 무리였다. 하지만 '첩자'이자 '차자' 콤플렉스를 지닌 데다 즉위 이후에도 갖가지 역모 사건을 치르는 등 왕권을 위협받고 있던 광해군은 왕세자를 빨리 책봉하여 왕권을 공고히 하려는 의도에서 무리인 줄 알면서도 요구에 응할 수밖에 없었다. 때문에 은을 구하기 위해 민간에 가혹한 징색이 이어졌고, 그 일은 임진왜란의 후유증에서 아직 벗어나지 못한 백성들에게는 큰 고통이 될 수

❶ 홍제원을 출발하여 모화관에 들어가
는 장면(《봉사도》 부분)
❷ 중국 사신들을 위한 산대놀이 장면
(《봉사도》 부분)
❸ 궁궐에서 중국 사신에게 예를 행하는
장면(《봉사도》 부분)
《봉사도(奉使圖)》는 1725년(영조 1) 조선에 왔
던 청나라 사신 아극돈(阿克敦: 1685~1756)이
각종 행사 절차 및 풍속·풍경을 담아 그린
20장짜리 화첩이다.

밖에 없었다. 더욱이 사신들을 따라온 명 상인들의 요구를 들어주는 것도 버거운 일이었다. 그들이 사신의 위세를 믿고 허접한 물화를 강제로 떠넘기거나 터무니없는 가격을 요구하여 괴롭혔기 때문이다.

조선에는 은이 남아날 여유가 없었다. 1621년 태창(泰昌) 황제의 즉위 사실을 알리려고 왔던 칙사 유홍훈, 양도인 등은 약 8만 냥을 거두어 갔다. 특히 유홍훈은 조선에서 챙긴 '한밑천'으로 고향에 거대한 저택을 마련하여 명에서도 화제가 되었다. 조선은 '젖과 꿀이 흐르는 땅'이자 '엘도라도'였던 셈이다.

더욱이 광해군 후반, 후금(後金)의 세력이 날로 강성해지던 상황에서 광해군은 후금과 명 사이에서 아슬아슬한 양단 외교를 벌이고 있었다. 명은 재조지은을 들먹이며 후금을 치는 데 필요한 병력 징발과 선박 제공 등을 요구했다. 광해군은 곤혹스러울 수밖에 없었다. 그는 명의 무리한 요구를 거절하기 위한 방편으로서 사신들을 은으로 구워삶았다. 광해군은 1621년 군대 파견을 독촉하기 위해 조선에 왔던 양지원이란 자에게 수만 냥의 은을 제공했다. 양지원의 수탈은 명에서도 문제가 되어 그는 귀국 후 탄핵을 받아 관직을 삭탈당하고 7만 냥의 은을 추징당했다.

인조반정 이후에도 상황은 달라지지 않았다. 1625년(인조 3) 인조의 책봉을 위해 왔던 왕민정, 호양보 등 두 환관이 조선에 왔다. 당시는 후금이 요동을 점령하여 명에서 조선으로 오려면 위험한 바닷길을 이용할 수밖에 없었다. 그 때문에 배가 침몰하는 사고가 많아 대부분의 명 신료들은 조선으로 오는 것을 될 수 있으면 피하려 했다. 그러나 왕민정 등은 개의치 않았다. 혹시 못 올까 봐 당시 명의 실력자였던 환관 위충현에게 미리 수만 냥의 은을 뇌물로 바치고 조선에 오기를 자원했다. 소식을 들은 조선 조정은 바

짝 긴장했다. 그들은 서울에 머무는 동안 매일 1만 냥씩의 은을 요구했고 심지어는 '좌지은자(坐支銀子)'라고 하여 앉아 있을 때에도 대가로 은을 요구했다. 행차할 때 다리가 없는 곳에서는 '무교가(無橋價)'란 명목으로 징색했고, 은 5천 냥을 내놓고 인삼 5백 근을 구입한 다음 은을 도로 빼앗았다. 그들이 지나간 고을은 쑥밭이 되었다. 조선 상인들은 그들을 '중원의 대도(大盜)'라고 불렀다. 당시 조선 조정은 그들을 위해 약 13만 냥의 은을 준비했는데 그중에는 모문룡에게 빌린 것도 있었다. 결국 중국 사신

마제은(명·청 대, 계명대학교 박물관 소장)
말발굽 모양의 은제 덩어리로 실제 교환 매개의 주체가 된 은 덩어리 중 하나이다. 당시 동전은 보조화폐의 역할만 하였을 뿐이다.

접대를 위해 중국에서 돈을 빌리는 격이었다. 이러한 은의 수탈이 당시 재정 운용에 엄청난 주름살을 가져옴에도 인조는 반정 이후의 불안정한 상황에서 왕권과 체제의 안정을 위해 지출할 수밖에 없었던 것이다.

강왈광 이후

명 사신들 가운데 예외적인 인물도 있었다. 1625년에 왔었던 한림원 학사 강왈광(姜曰廣)이다. 그는 조선에서 주는 아무런 예물도 받으려고 하지 않았다. 물론 은을 요구하지 않았다. 국경 지방에서 그를 맞은 원접사 김류가 예물을 받지 않아 황공하다고 하자 그는 "하루에 먹고 나서 배부르면 그만이지 어찌 이 때문에 백성들을 곤궁하게 할 수 있느냐."라고 반문하여 김

류를 경악하게 했다. 그는 상인들도 데려오지 않았다. 강왈광의 청렴은 조선 전체를 감동시켰다. 그가 돌아가는 날 서울 장안에는 그를 환송하기 위해 1만 5천 여 명의 백성들이 늘어섰다. 인파에 막혀 그의 행차는 움직일 수 없었다. 모인 인파 중에는 그를 만나려고 1백 리 밖에서 먹을 것을 싸들고 와서 3일 동안을 기다린 사람도 있었다. 눈물을 흘리며, 심지어 통곡하면서 그와의 이별을 아쉬워하는 분위기였다.

명이 망하고 청이 들어서면서 은 징색은 대폭 줄어들었다. 아직 화폐경제가 성숙하지 않은 자연경제 단계에서 중원을 손에 넣은 청은 은보다는 직물, 과일, 약재 등 토산물을 더 귀중하게 여겼다. 그들이 북경으로 들어가 화폐경제의 맛을 알고 난 뒤에 상황은 달라졌다. 그들도 은을 요구하기 시작했다. 그러나 효종·현종 연간 그 액수는 대개 수천 냥 수준이었다. 명 사신들의 침탈에 비하면 보잘것없었다. 조선과 청 사이의 책봉·조공 관계는 고종 때까지 이어졌지만 은의 징색에 관한 한 17세기 명 사신들과 같은 행태는 없었다.

임진왜란 이후 조선에서는 전란으로 피폐해진 사회경제를 살리려면 은광을 개발하고, 상업을 진흥시켜 새로운 부원(富源)을 확충해야 한다는 중상론(重商論)이 크게 강조되었다. 하지만 고회, 고천준 이후 명 사신들에게 엄청난 양의 은을 수탈당하면서 그 같은 주장들은 이내 힘을 잃었다. 명에서 알게 되면 더 큰 수탈을 당할 것이라는 피해의식 때문이었다. 요컨대 17세기 전반 조선의 은을 훑어갔던 명 사신들의 행태는 조선의 사회경제사에 커다란 그림자를 드리웠던 셈이다.

한명기 _명지대 교수